2022 年江苏省淮安市清江浦区教师招聘考试幼儿园教育理论基础真题试卷(一)

(满分 100 分　时间 90 分钟)

本套试卷共 36 小题,包括单项选择题(10 题)、填空题(10 小题)、判断题(10 题)、简答题(4 小题)、案例分析题(2 小题)。

一、单项选择题(在每小题列出的四个备选项中只有一个是符合题目要求的,请将其代码填写在括号内。错选、多选或未选均无分。本大题共 10 小题,每小题 1 分,共 10 分)

1. 下列食物中含维生素 C 最丰富的是(　　)

A. 牛奶　　B. 鱼虾　　C. 新鲜蔬菜　　D. 面包

2. 幼儿科学学习的核心是(　　)

A. 认知　　B. 探究　　C. 理解　　D. 操作

3. 对幼儿良好的生活与卫生习惯要求不包括(　　)

A. 愿意饮用白开水　　B. 常喝白开水

C. 主动饮用白开水　　D. 积极饮用白开水

4. 教师针对不同发展水平的幼儿提供了不同难度的操作材料,这遵循的原则是(　　)

A. 因材施教原则　　B. 直观性原则

C. 整体性原则　　D. 活动性原则

第 4 题

5. 福禄贝尔在幼儿园教育实践中设计的活动玩具被称为(　　)(常考)

A. 思物　　B. 积木　　C. 恩物　　D. 念物

6. 口语学习的关键期是(　　)

A. 0 ~ 2 岁　　B. 1 ~ 3 岁

C. 3 ~ 5 岁　　D. 4 ~ 6 岁

7. 教师是社区资源的(　　)

A. 整合者　　B. 支持者　　C. 引导者　　D. 组织者

8. 明确规定"儿童有权享有休息和闲暇,从事与儿童年龄相宜的游戏和娱乐活动,应尊重并促进儿童充分参加文化和艺术生活的权利"的是(　　)

A.《中华人民共和国未成年人保护法》　　B.《3 ~ 6 岁儿童学习与发展指南》

C.《幼儿园工作规程》　　D.《儿童权利公约》

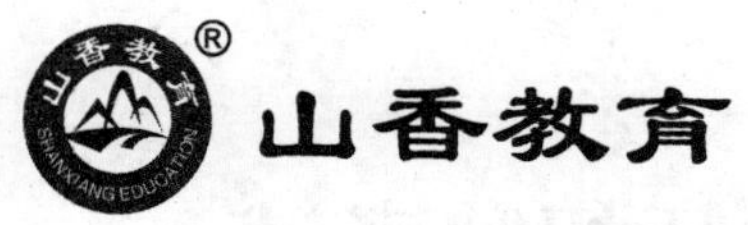

江苏省教师招聘考试

幼儿园教育理论基础真题试卷 I

(本真题试卷由山香教师招聘考试命题研究中心收集、整理)

9. 在幼儿的身体各系统中，耗氧量最高的是(　　)

A. 循环系统　　B. 消化系统　　C. 神经系统　　D. 呼吸系统

10. 徐老师通过分析幼儿观察向日葵生长变化的记录表，评价幼儿观察的细致性、系统性等发展情况，徐老师使用的评价方法是(　　)(常考)

A. 问卷法　　B. 观察法　　C. 调查法　　D. 作品分析法

第 10 题

二、填空题(在下列每小题的空格中填上正确的答案。错填、不填均不得分。本大题共 10 小题，每空 0.5 分，共 10 分)

11.《幼儿园工作规程》中指出，幼儿园适龄幼儿一般为________周岁至________周岁。

12. 幼儿园教育应尊重幼儿的人格和权利，尊重幼儿________和________，以________为基本活动，保教并重，关注个别差异，促进每个幼儿富有个性的发展。(常考)

13. 幼儿园必须把保护幼儿的________和促进幼儿的________放在工作的首位。

14. ________和________是幼儿社会学习的主要内容。

15. 艺术是人类________、________和________的重要形式，也是表达自己对周围世界的认识和情绪态度的独特方式。

16. ________是幼儿道德发展的核心问题。

17. 儿童注意的四种基本品质：注意的广度、________、注意的稳定性、________。

18. 一种学习对另一种学习的影响称为学习的________。

19. 在刚入园时，当与家人暂时分离后，幼儿会出现情绪不安的表现，称为________。

20. 帕登把儿童游戏分为六种，包括偶然的行为、________、独自游戏、平行游戏、________和________。

第 20 题

三、判断题(判断下列各命题的正误，并在题后括号内打"√"或"×"。本大题共 10 小题，每小题 1 分，共 10 分)

21. 最近发展区存在于儿童心理发展的关键期。(　　)

第 21 题

22. 给幼儿提供的游戏材料越多越好。(常考)(　　)

23. 幼儿园应当培养幼儿良好的大小便习惯，不得限制幼儿便溺的次数、时间等。(　　)

24. 幼儿的学习是以直接经验为基础，在游戏和日常生活中进行的。(　　)

25. 幼儿园教师应当创设富有教育意义的环境氛围，将教学作为幼儿的主要活动。(　　)

26.《幼儿园教师专业标准(试行)》是幼儿园教师实施保教行为的基本规范。(　　)

27. 表演游戏的指导原则是表演性先于游戏性，并且二者需要统一。(易错)(　　)

第 27 题

28. 幼儿的语言学习具有个别化的特点，教师与幼儿的个别交流、幼儿之间的自由交谈等，对幼儿语言发展具有特殊意义。(　　)

29. 对幼儿进行生长发育评价时，最重要和最常用的形态指标是身高和体重。 （ ）

30. 幼儿辨别空间方位首先是从自身开始，并以自身为坐标来辨别周围客体的方位。 （ ）

四、简答题（本大题共4小题，每小题5分，共20分）

31. 简述学前儿童的心理发展趋势。

32. 某园小班发生一例传染病，该园应该立即采取哪些措施？

33. 《3~6岁儿童学习与发展指南》对幼儿“感知和理解数、量及数量关系”，提出了哪些教育建议？（常考）

34. 结合《幼儿园教师专业标准（试行）》，简述幼儿园教师专业知识中“幼儿保育和教育知识”有哪些？

五、案例分析题(本大题共 2 小题,每小题 10 分,共 20 分)

35. 材料:在进行建构游戏时,瑞瑞说:“我想搭宝塔。”萱萱说:“我想搭围墙。”卉卉说:“我想搭小桥。”李老师说:“那你们一起搭个公园,怎么样?”孩子们想了一下说:“好吧。”于是他们为搭建公园忙碌了起来。约二十分钟后,他们铺好了路,建好了桥。搭好了二层宝塔,在搭第三层的时候,由于身高原因,无法盖顶,孩子们反复尝试都没有成功,大家很沮丧,正要放弃时,李老师问:“有什么工具可以让我们变高呢?”卉卉一听立刻说,我们可以用梯子,于是他们迅速找来了人字梯,盖好第三层之后,又搭起了第四层,这时李老师走过来悄悄扶着梯子,笑眯眯地看着大家。

问题:

(1)结合材料,分析老师三次介入幼儿游戏的时机是否适合,并说明原因。(5 分)

(2)结合实践,分析教师应如何适时介入幼儿的游戏活动。(5 分)

36. 材料:大班户外活动时,几个孩子围在池塘边,茜茜说:“快看,这里有花。”美美说:“好漂亮的花啊!”皮皮说:“这是荷花。”明明说:“荷花像云朵一样洁白。”贝贝说:“荷花里面会有莲子吗?”这时,其他孩子们也陆续围了过来,你一言我一语,七嘴八舌地谈论了起来。

问题:

(1)结合材料,分析这一偶发事件所隐含的教育价值。(5 分)

(2)结合材料,简述幼儿园日常谈话活动的指导策略。(5 分)

2022年江苏省淮安市淮阴区教师招聘考试幼儿园教育理论基础真题试卷(二)

(本套试卷共56小题,目前已收录52小题)

本试卷分为两部分,共56小题。第一部分为公共知识部分,依次为单项选择题(16小题)、多项选择题(6小题)、判断题(10小题)。第二部分为幼儿专业知识部分,依次为填空题(10小题)、单项选择题(10小题)、简答题(2小题)、论述题(2小题)。

第一部分　公共知识部分

一、单项选择题(在每小题列出的四个备选项中只有一个是符合题目要求的,请将其代码填写在括号内。错选、多选或未选均无分。本大题共16小题,每小题1分,共16分)

1. 下列不属于《学记》的教育思想的是(　　)

A. 不愤不启,不悱不发　　B. 化民成俗,其必由学

C. 教学相长,及时而教　　D. 道而弗牵,强而弗抑,开而弗达

2. "教育不应再限于学校的围墙之内"体现了(　　)教育的理念。(易混)

A. 前制度化　　B. 制度化　　C. 非制度化　　D. 前三项兼有

3. 在教育工作中谨记"欲速则不达"的道理,即教育工作要遵循人身心发展的(　　)

A. 顺序性　　B. 阶段性　　C. 不平衡性　　D. 互补性

第3题

4. "学者未必是良师"体现了教师职业的(　　)

A. 权威性　　B. 道德性　　C. 学术性　　D. 专业性

5. 马克思主义观点认为,培养全面发展的人的唯一方法是(　　)(常考)

A. 脑力劳动与体力劳动相结合　　B. 城市与农村相结合

C. 知识分子与工人农民相结合　　D. 教育与生产劳动相结合

6. "寓德育于教学之中,寓德育于活动之中,寓德育于教师榜样之中,寓德育于学生自我教育之中,寓德育于管理之中",这体现了德育过程是(　　)

A. 对学生知、情、意、行的培养与提高的过程

B. 促进学生思想内部矛盾斗争的发展过程,是教育与自我教育相结合的过程

C. 长期的、反复的、逐步提高的过程

D. 组织学生的活动和交往,统一多方面教育影响的过程

7. 课程资源指的是(　　)

A. 教师和学生

B. 课程标准和教科书

C. 国家课程、地方课程和学校课程

D. 有利于实现课程目标的各种因素

8. 赫尔巴特的"教学永远具有教育性"思想反映了(　　)

A. 直接经验与间接经验的关系

B. 知识与能力的关系

C. 知识与思想品德的关系

D. 教师与学生的关系

9. 第斯多惠有一句名言:"一个坏的教师奉送真理,一个好的教师则教人发现真理。"这体现了教学中要贯彻(　　)(常考)

A. 启发性原则

B. 循序渐进原则

C. 直观性原则

D. 因材施教原则

10. 某个学生在课堂上故意弄出声响以引起老师注意,这时老师采取(　　)的处理方式最为适宜。

A. 言语提醒　B. 非言语暗示　C. 有意忽视　D. 暂时隔离

11. 有个学生迟到了,推门而进,师生这时不由自主地转向教室门,这是注意的(　　)

A. 分散　B. 起伏　C. 转移　D. 分配

第 11 题

12. "外行看热闹,内行看门道"体现了知觉的(　　)

A. 理解性　B. 选择性　C. 整体性　D. 恒常性

13. 许多人利用早晚时间学习、记忆,其效果优于白天,这是因为早上和晚上所受的抑制干扰是(　　)

A. 双重抑制　B. 单一抑制　C. 前摄抑制　D. 后摄抑制

14. "足智多谋,随机应变"体现了思维的(　　)

A. 广阔性　B. 批判性　C. 灵活性　D. 敏捷性

15. "先天下之忧而忧,后天下之乐而乐"体现了哪种情感(　　)

A. 道德感　B. 美感　C. 理智感　D. 心境

第 15 题

16. 学生中流传的"大考大玩、小考小玩、不考不玩"具有一定的道理,可以说明这一现象的理论是(　　)

A. 耶克斯—多德森定律

B. 动机强化说

C. 动机需要论

D. 归因理论

二、多项选择题(下列各题备选答案中至少有两项是符合题意的,请找出恰当的选项,并将其代码填在相应的括号内,多选、错选或少选均无分。本大题共 6 小题,每小题 1.5 分,共 9 分)

1. "四书"是中国封建社会正统的教育内容,下列著作属于"四书"的是(　　)

A.《大学》　B.《中庸》　C.《论语》　D.《春秋》

2. 创造性与智商存在一定的关系，下列表述正确的是(　　)(易错)

A. 高创造性者智商一定不低

B. 高智商者，创造性可能高也可能低

C. 低智商者，创造性一定低

D. 低创造性者，智商一定低

3. 能体现具有潜移默化特点的德育方法是(　　)

A. 让学校的每一面墙壁都开口说话

B. 桃李不言，下自成蹊

C. 让学校的一草一木，一砖一石都发挥教育影响

D. 春风化雨

4. 布置作业时，教师应当遵守的要求有(　　)

A. 作业内容要符合课程标准

B. 作业分量要适宜，难易要适度

C. 要向学生提出明确的要求

D. 教师应反馈清晰、及时

5. 班级管理的模式有(　　)

A. 常规管理　　B. 平行管理　　C. 民主管理　　D. 目标管理

6. 最重要和最良性的学习动机是(　　)

A. 父母的期待　　B. 浓厚的兴趣

C. 教师的鼓励　　D. 远大的理想

第6题

三、判断题(判断下列各命题的正误，并在题后括号内打"√"或"×"。本大题共10小题，每小题0.5分，共5分)

1. "孟母择邻"的故事表明了环境因素决定着人的身心发展变化。(常考)　(　　)
2. 天才并非天生之才。　(　　)
3. 培训进修是教师应当享有的权利，而不是教师应履行的义务。　(　　)
4. 用测量知识的题目去测量学生的智力，这样的测验显然缺乏区分度。　(　　)
5. 人的各种心理活动中，都伴随着注意这种心理状态，因此注意是一种独立的心理过程。　(　　)
6. 机械记忆就是死记硬背，学习过程中应尽量避免。　(　　)
7. 客观题答案明确，判断公正，所以在考试中应越多越好。　(　　)
8. 人在激情状态下，认识和自控能力会减弱，所以总是做错事。　(　　)
9. 只要教育得法，人人都可以成为歌唱家、科学家或诗人。　(　　)
10. 没有惩罚的教育是不完整的教育。　(　　)

第二部分　幼儿专业知识部分

一、填空题(在下列每小题的空格中填上正确的答案。错填、不填均不得分。本大题共10小题,每小题2分,共20分)

1. 幼儿园教育是基础教育的重要组成部分,是我国学校教育和________的奠基阶段。(常考)

2. 家长要理解幼儿的________,严禁"拔苗助长"式的超前教育和强化训练。

3. 为深入贯彻《国家中长期教育改革和发展规划纲要(2010~2020年)》和《国务院关于当前发展学前教育的若干意见》,指导幼儿园和家庭实施科学的________,促进幼儿身心________,制定《3~6岁儿童学习与发展指南》。

4.《幼儿园教育指导纲要(试行)》中提出,要建立良好的师生、________关系,让幼儿在集体生活中感到温暖,心情愉快,形成安全感、________。(常考)

5.《新时代幼儿园教师职业行为十项准则》要求我们要潜心培幼育人,落实________的根本任务。

6. 幼儿身心发育尚未成熟,需要成人的________,但不宜过度________,以免剥夺幼儿自主学习的机会,养成过于依赖的不良习惯,影响其主动性、独立性的发展。

7-10 缺。

二、单项选择题(在每小题列出的备选项中只有一个是符合题目要求的,请将其代码填写在括号内。错选、多选或未选均无分。本大题共10小题,每小题2分,共20分)

1.《3~6岁儿童学习与发展指南》以为幼儿后继学习和(　　)奠定良好素质基础为目标。

A. 全面发展　　B. 终身学习　　C. 终身发展

2. 幼儿每天户外活动时间一般不少于两小时,其中体育活动时间不少于(　　)

A. 1小时　　B. 2小时　　C. 3小时

3. 幼儿艺术活动的能力是在大胆表现的过程中逐渐发展起来的,教师的作用应主要在于激发幼儿感受美、表现美的情趣,丰富他们的(　　),使之体验自由表达和创造的快乐。

A. 创造思维　　B. 情感体验　　C. 审美经验

4. 幼儿园教育工作评价实行以(　　)为主。

A. 管理人员评价　　B. 教师自评　　C. 家长评价

5. 幼儿园应本着(　　)的原则,争取家长的支持。

A. 尊重、民主、平等　　B. 尊重、平等、合作　　C. 平等、互助、合作

6. 语言是(　　)的工具。

A. 交流和思维　　B. 语言发展　　C. 各个领域

第6题

7. 幼儿的社会性主要是在日常生活和(　　)中通过观察和模仿潜移默化地发展起来的。

A. 游戏　　　　B. 教育　　　　C. 劳动

8.《教育部关于大力推进幼儿园与小学科学衔接的指导意见》中提出,要改变衔接意识薄弱,小学和幼儿园教育(　　)的状况。

A. 脱节　　　　B. 分离　　　　C. 分叉

9.《幼儿园教育指导纲要(试行)》中指出,要用幼儿感兴趣的方式发展基本动作,提高动作的(　　)

A. 协调性　　　　B. 灵敏性　　　　C. 协调性、灵活性

10. 以下不属于3 ~4 岁幼儿喜欢并适应群体生活的典型表现的是(　　)

A. 对群体活动有兴趣

B. 愿意与家长一起参加社区的一些群体活动

C. 对幼儿园的生活好奇,喜欢上幼儿园

三、简答题(本大题共2小题,每小题5分,共10分)

1. 幼儿园户外场地可以设置哪些活动区?(至少列举三个)

2. 如何做好班级疫情防控工作?

四、论述题(本大题共 2 小题,每小题 10 分,共 20 分)

1. 请你设计一种体育游戏,包括:游戏名称、游戏目标、游戏玩法。

2. 请你列举幼儿园夏季课程实施过程中,可利用的三种本地自然资源,并就其中一种在过程中如何运用做详细阐述。

2021 年江苏省镇江市教师招聘考试幼儿园教育理论基础真题试卷(精编)(三)

(本套试卷共 59 小题,目前已收录 50 小题)

本试卷分为两部分,共 59 小题。第一部分为教育基础知识,依次为单项选择题(15 小题)、多项选择题(5 小题)。第二部分为学科专业知识,依次为单项选择题(20 小题)、判断题(10 小题)、填空题(3 小题)、简答题(5 小题)、案例分析题(1 小题)。

第一部分　教育基础知识

一、单项选择题(在每小题列出的四个备选项中只有一个是符合题目要求的,请将其代码填写在括号内。错选、多选或未选均无分。本大题共 15 小题,每小题 1 分,共 15 分)

1— 4. 缺

5. 教师职业道德的灵魂是(　　)

A. 关爱学生　　B. 爱岗敬业

C. 为人师表　　D. 教书育人

第 5 题

6. 教育者应该根据受教育者在不同时期的身心发展特征,施予特定的教学方式。这是基于个体身心发展的(　　)规律。

A. 阶段性　　B. 顺序性

C. 互补性　　D. 个别差异性

第 6 题

7. 下列人物中提出"泛智"教育的是(　　)

A. 卢梭　　B. 夸美纽斯　　C. 洛克　　D. 杜威

8. 马克思关于人的全面发展学说,是我国制定教育目的的指导思想和理论基础。这里的全面发展是指________和________充分而自由的发展。(　　)

A. 智力　体力　　B. 品德　智力

C. 体力　品德　　D. 审美能力　品德

9. 老师评价小于同学"谦虚有礼、团结同学、友爱互助、学习成绩优异"。老师对小于的评价属

于(　　)

A. 总结性评价　　　　B. 形成性评价

C. 定性评价　　　　D. 定量评价

10. 有的人遇事总是举棋不定、优柔寡断。这说明他缺乏的意志品质是(　　)

A. 自觉性　　　　B. 自制性

C. 坚韧性　　　　D. 果断性

第 10 题

11.《中华人民共和国未成年人保护法》规定，任何组织或者个人不得披露未成年人的个人隐私。上述内容是对未成年人实施(　　)

A. 家庭保护　　B. 社会保护　　C. 司法保护　　D. 学校保护

12. 王老师在给学生讲鱼类动物时，拿鲸鱼举例，解释鲸鱼是用肺呼吸的，而鱼类的本质特征是用鳃呼吸，所以鲸鱼不属于鱼类，以防止学生把"生活在水里""外形与鱼一样"当作鱼类的本质特征。王老师采用的教学方式是(　　)

A. 实物直观　　B. 模像直观　　C. 概念分析　　D. 变式分析

13. 小刚上课害怕被点名回答问题，当他发现坐在教室后排并趴在桌上时，就不太可能被提问，他后来就越来越多地表现出类似的行为。从行为主义的观点看，该学生曾受到(　　)

第 13 题

A. 正强化　　B. 负强化　　C. 惩罚　　D. 塑造

14. 一位父亲将两瓶一样的饮料分给 6 岁的小明和 8 岁的小光两兄弟。一开始两个孩子都知道两瓶饮料一样多，父亲将其中一瓶倒入一个大杯中，另一瓶倒入两个小杯中，让他们挑选，小明选了大杯饮料并开心地说这杯多，而小光在一旁说其实两边一样多。这可以判断小明和小光的认知水平分别处于(　　)

A. 感知运动阶段和前运算阶段　　B. 前运算阶段和具体运算阶段

C. 感知运动阶段和具体运算阶段　　D. 具体运算阶段和形式运算阶段

15. 在学习过程中，学习者将所学内容画成网络关系图。这种学习策略属于(　　)

A. 精细加工策略　　B. 元认知策略

C. 组织策略　　D. 资源管理策略

二、多项选择题(在每小题列出的四个备选项中有两个或两个以上是符合题目要求的，请将其代码填写在括号内。错选、多选或未选均无分。本大题共 5 小题，每小题 1 分，共 5 分)

16. 教育民主化的内容包括(　　)

A. 否定教育等级化、特权化和专制性　　B. 实现教育机会均等

C. 享受教育资源机会均等　　D. 追求教育的自由化

17. 对儿童受教育的权利做出规定的有(　　)

A.《中华人民共和国宪法》　　B.《中华人民共和国刑法》

C.《中华人民共和国教育法》　　D.《中华人民共和国义务教育法》

18. 为了取得良好的教学效果,教师上课应符合的基本要求是(　　)

A. 目标明确　　B. 内容准确　　C. 结构合理　　D. 方法得当

19. 性格特征差异的分析一般是从(　　)进行的。

A. 对现实态度的性格特征　　B. 性格的理智特征

C. 性格的情绪特征　　D. 性格的意志特征

20. 奥苏贝尔认为,学校情境中学生的成就动机主要有三方面的内驱力,即(　　)

A. 认知内驱力　　B. 自我提高内驱力

C. 直接内驱力　　D. 附属内驱力

第 20 题

第二部分　学科专业知识

三、单项选择题(在每小题列出的四个备选项中只有一个是符合题目要求的,请将其代码填写在括号内。错选、多选或未选均无分。本大题共 20 小题,每小题 1 分,共 20 分)

21.《3 ~6 岁儿童学习与发展指南》全面、系统地明确了 3 ~6 岁每个年龄段幼儿在学习与发展领域的(　　)和目标。

A. 高发展期望　　B. 一般发展期望

C. 正确发展期望　　D. 合理发展期望

22. 儿童心理发展的最基本的自然物质前提是(　　)

A. 生理成熟　　B. 遗传　　C. 环境　　D. 教育

23. 陈鹤琴“活教育”理论中“活教育”方法的核心是(　　)

A. 教和学　　B. 教和做　　C. 做　　D. 学和做

24. 实施幼儿德育最基本的途径是(　　)

A. 教学活动　　B. 亲子活动　　C. 阅读活动　　D. 日常生活

25. 下列活动区域安排不合理的是(　　)

A. 表演区和角色区相邻　　B. 科学区和益智区相邻

C. 阅读区和建构区相邻　　D. 美工区和科学区相邻

26. 幼儿语言发展的基本顺序是(　　)

A. 听、读、说、写　　B. 听、说、读、写

C. 说、听、读、写　　D. 说、听、写、读

27. 根据《幼儿园教育指导纲要(试行)》,我国幼儿园的教育内容是(　　)和启蒙性的。(常考)

A. 社会的　　B. 发展的　　C. 灵活的　　D. 全面的

28. "敢于尝试有一定难度的活动和任务"是(　　)幼儿在人际交往方面的典型表现。

A. 3 ~4 岁　　B. 4 ~5 岁　　C. 5 ~6 岁　　D. 6 ~7 岁

29. 下列选项中,既是幼儿科学学习的目标,也是幼儿科学学习的方法的是(　　)

A. 兴趣　　B. 猜测　　C. 探究　　D. 验证

30. 幼儿教师要建立班级(　　),营造良好的班级氛围,让幼儿感受到安全、舒适。

A. 日常规范　　B. 秩序与规则

C. 常规和要求　　D. 行为流程

31. 幼儿艺术领域学习的关键不在于(　　)

A. 引导幼儿学会用心灵去感受和发现美

B. 在大自然和社会文化生活中萌发幼儿对美的创造

C. 丰富幼儿的想象力和创造力

D. 引导幼儿用自己的方式去表现和创造美

32—33. 缺

34. 晨间检查的方法是一问、二摸、三看、四查。下列不属于"三看"的是(　　)(常考)

A. 看咽喉　　B. 看皮肤　　C. 看身高　　D. 看脸色

35—37. 缺

38. 学前儿童美术教育本质上是一种(　　)

A. 美术知识教育　　B. 美术技能教育

C. 审美教育　　D. 美术知识和美术技能教育

39. 为儿童选择美术欣赏作品时应遵循经典性原则、(　　)原则和题材的多样性原则。

A. 差异性　　B. 主体性　　C. 基础性　　D. 灵活性

40. 以自然教育理论为依据,在道德教育上提出了自然后果法的是(　　)

A. 夸美纽斯　　B. 福禄贝尔　　C. 洛克　　D. 卢梭

四、判断题(判断下列各命题的正误,并在题后括号内打"√"或"×"。本大题共 10 小题,每小题 1 分,共 10 分)

41. 皮亚杰认为,从认知活动的本质来看,游戏的特征是"同化"超过了"顺应"。(常考)　(　　)

42. 幼儿园园长由举办者任命或者聘任,并报当地主管的人事行政部门备案。　(　　)

43. 5 ~6 岁幼儿能初步理解量的相对性。　(　　)

44. 幼儿园制订的具体月度计划属于幼儿园的中期目标。 (　　)

45. 幼儿园环境具有两个特点:教育性和可塑性。 (　　)

46. 4~5 岁幼儿能大体讲出所听故事的主要内容。(易混) (　　)

47. 幼儿园应当成立家长委员会。家长委员会在幼儿园园长指导下工作。 (　　)

48. 蒙台梭利教育法由四要素构成:有准备的环境、教师、教材和教具。 (　　)

49. 尊重幼儿的合法权利意味着教师要根据幼儿的意愿安排教学活动。 (　　)

50. 角色游戏的直接依据是文学作品的内容和情节。 (　　)

五、填空题(在下列每小题的空格中填上正确的答案。错填、不填均不得分。本大题共 3 小题,每空 0.5 分,共 10 分)

51. 幼儿园每年________招生,小班________人,中班________人,大班________人,混合班________人,学前幼儿班不超过________人,全园不超过________人。

52. 幼儿园教育应尊重幼儿的________和________,尊重幼儿身心发展的________和________,以________为基本活动,________并重,关注________,促进每个幼儿________的发展。

53.《3~6 岁儿童学习与发展指南》从________、________、________、________、________五个领域描述幼儿的学习与发展。

六、简答题(本大题共 5 小题,共 24 分)

54. 简述陶行知先生的“六大解放”。(6 分)

55. 简述建立良好师幼关系的策略。(6 分)

56. 简述实施《3～6岁儿童学习与发展指南》应把握的四个方面。（常考）（4分）

57. 简述引导幼儿对美的表达与表现的核心要点。（易错）（3分）

58. 简述教育工作评价重点考察的方面。（5分）

七、案例分析题(本大题共16分)

59. 材料:

学期初,丁老师为了创设并营造良好的美工环境,收集、购买了许多自然材料,如落叶、松果、木片、树枝、花生壳、贝壳、螃蟹壳等,应有尽有。幼儿进入区域以后,端着一筐筐材料、摆摆弄弄、敲敲打打,没一会儿就放下这些自然材料,跑到其他区玩了。丁老师面对一柜子混乱材料无从下手,而美工区开设一段时间后,也没有看到幼儿利用材料进行创作。

问题:

(1)分析丁老师投放材料的方式是否适宜。(4分)

(2)结合丁老师的做法,请您谈谈区域材料投放需要注意哪些要点。(12分)

2021年江苏省南通市教师招聘考试
幼儿园教育理论基础真题试卷(四)

(满分100分　时间120分钟)

本套试卷分为两部分,共54小题。第一部分为教育基础知识,依次为单项选择题(6小题)、判断题(6小题)、简答题(1小题)、抄写题(1小题)。第二部分为学科专业知识,依次为填空题(6小题)、单项选择题(20小题)、判断题(10小题)、简答题(2小题)、案例分析题(1小题)、活动设计题(1小题)。

第一部分　教育基础知识

一、单项选择题(在每小题列出的四个备选项中只有一个是符合题目要求的,请将其代码填写在括号内。错选、多选或未选均无分。本大题共6小题,每小题1.5分,共9分)

1. 人的认知过程包括(　　)、记忆、思维、想象过程。

A. 感知觉　　B. 观察　　C. 注意　　D. 情绪

2. 教师板书时常用红笔标出易错部分。这是运用了知觉的(　　)

A. 理解性　　B. 选择性　　C. 恒常性　　D. 整体性

3. 教师在课堂上"眼观六路,耳听八方"。这是(　　)的体现。

第3题

A. 注意的范围　　B. 注意的转移

C. 注意的分配　　D. 注意的稳定性

4. 孩子不会游泳,但可以通过模仿学会。这是(　　)

A. 机械学习　　B. 强化学习

C. 发现学习　　D. 观察学习

5. 多元智力理论认为,(　　)高者往往学习数学比较轻松。

A. 人际智力　　B. 言语智力

C. 音乐智力　　D. 逻辑—数学智力

6. 教学工作的中心环节是(　　)

A. 备课　　B. 作业检查与批改

C. 上课　　D. 课外辅导

二、判断题(判断下列各命题的正误,并在题后括号内打"√"或"×"。本大题共 6 小题,每小题 1 分,共 6 分)

7. 心理学是研究教育现象、揭示教育规律的科学。 ( )

8. 根据学生身心发展的个别差异性特点,教育应做到循序渐进。 ( )

9. 自主学习就是让学生有更多的学习时间。 ( )

10.《中小学教师职业道德规范》(2008 年修订)指出,教师要爱国守法、爱岗敬业、关爱学生、教书育人、为人师表、终身学习。 ( )

11."让学校的每一面墙都说话"体现了榜样示范的德育方法。 ( )

12.《中华人民共和国义务教育法》规定,国家实行十二年义务教育。 ( )

三、简答题(本大题共 4 分)

13. 人的气质类型分为哪几种?

第 13 题

四、抄写题(本大题共 1 分)

14. 德国教育家雅思贝尔斯认为教育的本质是:一棵树摇动另一棵树,一朵云推动另一朵云,一个灵魂唤醒另一个灵魂。

第二部分　学科专业知识

五、填空题(在下列每小题的空格中填上正确的答案。错填、不填均不得分。本大题共6小题，每空1分，共10分)

15.《新时代幼儿园教师职业行为十项准则》中规定，教师应坚定________方向，自觉爱国守法，规范________行为。

16.《3～6岁儿童学习与发展指南》以为幼儿________和终身发展奠定良好素质基础为目标。

17. 幼儿的思维特点是以具体形象思维为主，应注重引导幼儿通过________、亲身体验和________进行科学学习。

18. 幼儿园应当将________作为重要的教育资源，支持幼儿自主选择和主动学习。

19.《3～6岁儿童学习与发展指南》在健康领域中包含三个子领域：分别是________、________、生活习惯与生活能力。

20. 幼儿期是口语发展的重要时期。幼儿的语言能力是在________和________的过程中发展起来的。

六、单项选择题(在每小题列出的四个备选项中只有一个是符合题目要求的，请将其代码填写在括号内。错选、多选或未选均无分。本大题共20小题，每小题1分，共20分)

21. 我国创立最早的公立学前教育机构是(　　)

A. 湖南幼稚园　　B. 河北幼稚园

C. 湖北幼稚园　　D. 鼓楼幼稚园

22. 幼儿园应当鼓励和支持幼儿根据自身兴趣、需要和(　　)，自主选择游戏内容、游戏材料和伙伴。

A. 活动结果　　B. 教育目标

C. 主题活动　　D. 经验水平

23. 关于《幼儿园教师专业标准(试行)》的基本理念，以下表述不正确的是(　　)

A. 师德为先　　B. 幼儿为本　　C. 知识为重　　D. 终身学习

24. 建立在有感染力的真实事件和真实问题基础上的教学称为(　　)

A. 情境式教学　　B. 支架式教学

C. 发现式教学　　D. 交互式教学

25. 对幼儿发展状况的评估，要注意：明确评价的目的是了解幼儿的(　　)

A. 发展需要　　B. 技能掌握情况　　C. 学习特点　　D. 学习水平

26. 在《幼儿园教师专业标准(试行)》中,"勤于学习,不断进取"属于(　　)领域的基本要求。

A. 沟通与合作　　B. 激励与评价

C. 个人修养与行为　　D. 保教知识

27. 4~5岁幼儿对环境具有了一定的适应能力,比如能在较热或较冷的户外环境中连续活动(　　)

A. 1小时以上　　B. 半小时左右

C. 10分钟左右　　D. 3小时

第27题

28. 以"生活教育"为理念,创办中国化、平民化的幼稚园,建立生活教育课程理论体系的是(　　)

A. 陈鹤琴　　B. 张宗麟　　C. 张雪门　　D. 陶行知

29. 下列不属于幼儿园活动室布置原则的是(　　)

A. 教育性原则　　B. 主体性原则

C. 创造性原则　　D. 色彩性原则

30. 教师根据教育、教学目的,按照一定的目标设计的游戏称为(　　)

A. 有规则游戏　　B. 结构游戏

C. 角色游戏　　D. 表演游戏

31. 下列关于儿童动作发展规律的认识,不正确的是(　　)

A. 从整体动作到分化动作　　B. 从小肌肉动作到大肌肉动作

C. 从上部动作到下部动作　　D. 从无意动作到有意动作

第31题

32. 儿童出现想象萌芽的时期是(　　)岁。

A. 1.5~2　　B. 2~2.5　　C. 2.5~3　　D. 3~3.5

33. 教师在向小班幼儿提出一些简单规则时,应避免使用否定性语句。这是由于(　　)

A. 按规定不能用　　B. 小班幼儿语言理解特点

C. 评价时更方便　　D. 容易造成幼儿逆反心理

34. 下列不属于学前儿童心理健康标准的是(　　)

A. 正常发展的智力　　B. 乐于与人交往

C. 反应适度的情绪　　D. 道德发展良好

35. 中班幼儿常会有告状行为。这体现的幼儿情感是(　　)

A. 理智感　　B. 美感　　C. 道德感　　D. 实践感

第35题

36. 我国《幼儿园工作规程》规定,全日制幼儿园每日户外活动时间不得少于(　　)小时。(常考)

A. 1　　B. 2　　C. 1.5　　D. 2.5

37. 幼儿园应当把安全教育(　　),并定期组织开展多种形式的安全教育和事故预防演练。

A. 融入一日生活　　B. 重点反复强调

C. 交给监护人负责　　D. 进行个别教育

38. 幼儿园应当建立卫生消毒、(　　)制度和病儿隔离制度,配合卫生部门做好计划免疫工作。

A. 减少体育活动　　B. 晨检、午检

C. 提供预防的药物　　D. 增加消毒用量

39. 教育教学中“一刀切”的方式违背了幼儿身心发展的(　　)

A. 整体性　　B. 阶段性　　C. 互补性　　D. 不均衡性

40. 在提供游戏材料时,下列行为不适宜的是(　　)

A. 根据幼儿发展需要　　B. 引发幼儿探索活动

C. 支持幼儿游戏　　D. 选用价格高的玩具

七、判断题(判断下列各命题的正误,并在题后括号内打“√”或“×”。本大题共10小题,每小题1分,共10分)

41. 幼儿午睡时间可根据幼儿的年龄、季节的变化和个体差异适当减少。(　　)

42. 幼儿园应定期进行火灾、地震等自然灾害的逃生演习。(　　)

43. 幼儿园可以按年龄编班,但不可以混合编班。(常考)(　　)

44. 教师与幼儿的沟通就是要求教师平时多用言语的形式表扬、指导幼儿,学会倾听。(　　)

45. 幼儿园应当成立家长委员会,家长委员会在幼儿园园长指导下工作。(　　)

46. 按照皮亚杰的理论,儿童出现自我中心思维是在感知运动阶段。(　　)

47. 常用“像不像”“好不好”等标准来评价幼儿会限制幼儿对艺术的大胆表现。(　　)

48. 幼儿园教育工作评价实行以园长和有关管理人员进行定性评价为主的制度。(　　)

49. 幼儿教师要重视自身日常态度言行对幼儿发展的重要影响与作用。(　　)

50. 幼儿辨别空间方位是从以客体为中心逐步过渡到以自我为中心的。(易混)(　　)

八、简答题(本大题共2小题,每小题5分,共10分)

51. 根据《幼儿园教育指导纲要(试行)》,教师应如何科学合理地安排和组织一日生活?

52.《3～6 岁儿童学习与发展指南》中社会领域“具有初步的归属感”的教育建议有哪些？

九、案例分析题(本大题共 10 分)

53. 材料：

贝贝上了大班后，父母越来越焦虑。因为看到和贝贝隔壁同龄的小兰上培训班后，已经能写许多字，会做算术题了，而贝贝整天沉浸在搭积木、画画、看图画书中，什么都不会。于是贝贝妈妈用微信联系老师说：“幼儿园总是在玩游戏，如果再不上拼音和算术课，我们担心贝贝跟不上小学教学，你们幼儿园是不是应该多上点课，早点让贝贝适应小学生活。”

问题：

(1)请你分析这一现象。(5 分)

(2)如果你是贝贝班上的老师，你将如何与家长交流？(5 分)

十、活动设计题(本大题共 20 分)

54. 幼儿园常态疫情防控要求保持 1 米安全距离、戴口罩、勤洗手。请选择其中一个内容为题材，设计一个大班集体教育活动，要求包含设计意图、活动目标、活动准备、活动重难点、活动过程等内容。

2020年江苏省常州市教师招聘考试
幼儿园教育理论基础真题试卷(五)

(满分100分　时间120分钟)

本套试卷共36小题,包括填空题(6小题)、单项选择题(15小题)、判断题(10小题)、简答题(3小题)、综合题(2小题)。

一、填空题(在下列每小题的空格中填上正确的答案。错填、不填均不得分。本大题共6小题,每空1分,共20分)

1. 幼儿的学习是以直接经验为基础,在________和________中进行的。要珍视________和________的独特价值。

2. 幼儿园是对3周岁以上学龄前幼儿实施________和________的机构。

3. 幼儿园教职工应当尊重、爱护幼儿,严禁________、________、________和变相体罚、侮辱幼儿人格等损害幼儿________的行为。

4.《3~6岁儿童学习与发展指南》艺术领域中强调,艺术是人类________、________和________的重要形式,也是表达自己对周围世界的________和________的独特方式。(易错)

5. 发展幼儿语言的关键是创设一个能使他们________、________、________、________并能得到积极应答的环境。

6. 幼儿园应当建立患病幼儿用药的________制度,未经监护人委托或者同意,幼儿园不得给幼儿用药。

二、单项选择题(在每小题列出的四个备选项中只有一个是符合题目要求的,请将其代码填写在括号内。错选、多选或未选均无分。本大题共15小题,每小题2分,共30分)

1. (　　)是园所生存的基础,是园所发展的动力和取得成效的关键,甚至可以说是园所的灵魂。(易错)

A. 生源　　B. 师资　　C. 园所文化　　D. 信誉

2. 选择幼儿园教育活动内容的依据是(　　)

A. 教学计划安排　　B. 教学顺序

C. 幼儿的兴趣与发展水平　　D. 幼儿园要求

3. 3~6、7岁幼儿的思维以(　　)为主。

A. 具体形象思维　　B. 抽象逻辑思维

C. 直观行动思维　　D. 语言思维

4. 教师将感兴趣的并认为有价值、有意义的行为和反应,以及表现观察对象个性的行为事件记录下来,供日后分析。这种观察法称为(　　)(易混)

A. 轶事记录法　　B. 日记描述法

C. 实况详录法　　D. 定时观察法

5. (　　)是世界上第一部论述学前教育的专著。

A.《理想国》　　B.《雄辩术原理》

C.《人的教育》　　D.《母育学校》

6. 焦虑—回避型依恋的儿童在游戏活动中容易(　　)

A. 不愿与同伴合作,带有破坏性

B. 探究兴趣浓厚,对游戏专注、认真

C. 喜欢与同伴合作进行游戏,心情愉快

D. 对游戏不认真、不专注,并且缺乏乐趣

第 6 题

7. "能以匍匐、膝盖悬空等多种方式钻爬"是(　　)幼儿动作发展的典型表现。

A. 5~6 岁　　B. 3~4 岁

C. 4~5 岁　　D. 6 岁以后

8. 下列哪项不是开放性材料(　　)

A. 塑料瓶盖　　B. 电动汽车玩具　　C. 积木　　D. 珠子

9. "活教育"方法论的提出者是(　　)(易错)

A. 陈鹤琴　　B. 陶行知　　C. 张雪门　　D. 张载

10. 多数研究认为,(　　)是儿童亲社会行为的正式发生期。

A. 1~4 岁　　B. 2~5 岁

C. 3~5 岁　　D. 3~6 岁

11. 社会教育主题方案架构的基本思路是(　　)

A. 认知—体验—学习—实践—积累

B. 学习—体验—实践—积累—迁移

C. 认知—体验—积累—实践—迁移

D. 学习—体验—实践—迁移—积累

12. 幼儿发展评价的方法不包括(　　)

A. 作品分析法　　B. 谈话法

C. 问卷调查法　　D. 家长评价法

第 12 题

13. 加强室内通风是有效避免病毒扩散的方式之一,幼儿园内活动室和睡眠室应每天早、中、晚 3 次进行开窗通风,每次不少于(　　)

A. 30 分钟　　B. 20 分钟　　C. 15 分钟　　D. 10 分钟

14. 教师带领幼儿到室外菜地里观察黄瓜的生长过程不属于(　　)

A. 室外观察　　B. 个别物体的观察

C. 比较性观察　　D. 长期系统性观察

15. 开学前,幼儿园教师制作了问卷表格,用这种表格对自己班级的幼儿进行家访,在家访中与幼儿家长、幼儿进行了互动,问了一些关于生活习惯养成、情绪情感、语言表达、积木搭建、性格特点、兴趣等方面的问题,也对主要监护人的学历、工作、家庭情况进行了大概的了解,在每个幼儿相应的表格上进行选择和文字描述。这种评价方法属于(　　)

第 15 题

A. 诊断性评价　　B. 形成性评价　　C. 终结性评价　　D. 自我评价

三、判断题(判断下列各命题的正误,并在题后括号内打"√"或"×"。本大题共 10 小题,每小题 1 分,共 10 分)

1. 创造性游戏就是角色游戏。(　　)
2. 教师应以专业化的语言和幼儿沟通。(　　)
3. 对幼儿的作品,教师要用探究、了解的态度去欣赏与解读。(　　)
4. 儿童的认知过程以有意注意为主。(　　)

第 4 题

5. 《学记》中说:"时过然后学,则勤苦而难成。"这句话表明儿童心理发展具有可变性。(　　)

第 5 题

6. 提出"父母是孩子的第一任教师"主张的教育家是张雪门。(易混)(　　)
7. 体操不适合作为幼儿运动会项目,但是百米短跑适合作为幼儿运动会项目。(　　)
8. 《幼儿园教师专业标准(试行)》的基本理念是幼儿为先、教师为本、能力为重和终身学习。(　　)
9. 幼儿园课程内容的选择既要来源于生活,又要高于生活。(　　)
10. 斯金纳提出"人的心灵最初只是一块白板,它的成长取决于后天的学习经验"。(　　)

四、简答题(本大题共 3 小题,每小题 6 分,共 18 分)

1. 幼儿园的适宜材料应具备哪些特征?

2. 教师应如何对幼儿的结构游戏进行指导？

3. 幼儿园人际交往的教育目标是什么？（常考）

五、综合题（本大题共 2 小题，第 1 小题为论述题，12 分，第 2 小题为案例分析题，10 分，共 22 分）

1. 材料：

在“小小餐厅”游戏中，服务员豆豆为了推销自己的新菜品（彩泥做的面条）这样说道：“请您品尝我们的新菜品—水果味面条，这种面条很好吃，软软的，吃起来像在咬棉花糖，闻起来香香的，有水果的味道。”客人们听了豆豆的介绍，都陆续地坐了下来。丁丁说：“请给我来一份苹果味的面条。”豆豆很有礼貌地回答：“好的，你稍等。”

问题：请结合上述材料，分析角色游戏的特点，并结合日常实践从游戏过程中、游戏后等环节论述角色游戏的指导要点。

2. 材料：

区域活动开始了，阳阳在玩用打气筒打气球的游戏，沐子高高兴兴地来到阳阳身边问：“阳阳，我和你一起玩，好吗？”阳阳却毫不客气地说：“不行！”并且转身招呼其他孩子一起玩。沐子的笑脸没有了，嘟起小嘴，眼泪也啪嗒啪嗒地掉了下来。徐老师走到沐子身边询问情况，沐子说：“我喜欢阳阳，想和他一起玩，可他不让……”徐老师抱了抱沐子说：“你被阳阳拒绝了，心里有点难受，对吗？”沐子哭着说：“是的，我还想和阳阳一起玩……”徐老师继续抱着沐子直到她情绪渐渐平稳，不再哭泣。

问题：请结合上述材料，先分析教师的教育行为是否妥当并说明理由，再提出促进沐子和阳阳同伴交往的策略。

2020 年江苏省无锡市教师招聘考试
幼儿园教育理论基础真题试卷(六)

(满分 100 分　时间 90 分钟)

本套试卷共 34 小题,包括单项选择题(10 小题)、判断题(10 小题)、填空题(9 小题)、简答题(3 小题)、实践应用题(1 小题)、活动设计题(1 小题)。

一、单项选择题(在每小题列出的四个备选项中只有一个是符合题目要求的,请将其代码填写在括号内。错选、多选或未选均无分。本大题共 10 小题,每小题 2 分,共 20 分)

1. 在儿童画《医生打针》中,儿童总爱将注射针画得又粗又长。这说明儿童的想象具有(　　)(常考)

A. 经验性　　B. 情境性　　C. 愿望性　　D. 夸张性

第 1 题

2. 传统教育的最大弊病就是把学科作为教育的中心,从外部把教材强加给儿童,而倡导把教育中心从学科转移到儿童身上的学者是(　　)

A. 卢梭　　B. 蒙台梭利　　C. 杜威　　D. 维果斯基

3. 常说的“呆小症”是严重缺乏(　　)导致的。

A. 碘　　B. 铁　　C. 锌　　D. 铜

第 3 题

4. 教师在设计教学活动中关注到了合理安排幼儿的活动时间、活动强度,注意采用多种方式动静交替地开展活动。这体现了幼儿园教育活动设计的(　　)原则。

A. 趣味性　　B. 科学性　　C. 主体性　　D. 启发性

5. 陶行知先生在 1927 年创办的中国第一个乡村幼稚园是(　　)(常考)

A. 南京鼓楼幼稚园　　B. 湖北武昌蒙养院

C. 南京实验幼儿园　　D. 南京燕子矶幼稚园

6. 4 ~5 岁幼儿要知道保护眼睛,不在光线过强或过暗的地方看书,连续看电视时间不超过(　　)分钟。

A. 10　　B. 15　　C. 20　　D. 30

7. 下列哪种游戏不属于创造性游戏(　　)

A. 娃娃家游戏　　B. 小超市游戏

C. 飞行棋游戏　　D. 小舞台游戏

第 7 题

8. 班里有位小朋友生日到了,其家长带来了一个生日蛋糕,让老师和小朋友们分享。作为老师,你认为最合理的处理方法是(　　)

A. 在班级里为这位小朋友庆祝生日并分享蛋糕

B. 婉言拒绝家长,让她带回蛋糕

C. 向家长说明情况并婉言拒绝,同时在班级内用其他方式为这位小朋友庆祝生日

D. 和其他小朋友一起分享蛋糕

9. 游戏活动中,班上的男孩儿们最喜欢用插塑积木拼搭各种手枪、宝剑,然后打斗玩耍。看到这种情况,你认为该如何介入(　　)

A. 和幼儿一起讨论"怎样玩更合适"并为幼儿的游戏提供支持

B. 把幼儿拼搭好的手枪、宝剑拆掉,制止打斗游戏

C. 不予干预,继续让幼儿玩打斗游戏

D. 直接把插塑积木拿走

10. 活动中,一名幼儿在玩"公交车"游戏,他把小椅子当作小汽车开来开去。按照皮亚杰的认知发展理论,该幼儿的认知发展正处于哪个阶段(　　)(易混)

第 10 题

A. 感知运动阶段　　B. 前运算阶段

C. 具体运算阶段　　D. 形式运算阶段

二、判断题(判断下列各命题的正误,并在题后括号内打"√"或"×"。本大题共 10 小题,每小题 1 分,共 10 分)

11. "欣赏艺术作品时会产生相应的联想和情绪反应"是《3 ~ 6 岁儿童学习与发展指南》中艺术领域对 5 ~ 6 岁幼儿提出的目标。(　　)

12. 自我认识和自我评价是幼儿自我认知发展的重要标志。(常考)(　　)

13. 5 岁时,幼儿就开始出现性别认同,并知道某些词和某些东西对应哪一性别。(　　)

14. 幼儿教师和家长应经常和幼儿一起观看体育比赛或有关体育赛事的电视节目,培养他对体育活动的兴趣。(　　)

15. "培养一个儿童需要一个村庄"突出了合力教育的重要性。(　　)

16. 大班下学期可以增加一些拼音认读和 20 以内加减法的练习,以便于更好地进行幼小衔接。(　　)

17. 陶行知提出了"行为课程理论",强调以行动为中心。(　　)

18. 很多幼儿在绘画时,会先在白纸上画一条基底线(基底线往往被幼儿看作道路、土地等),然后将自己画的事物排列在线上,这是他们在有意识地表现自己和环境的关系。(　　)

19. 3 岁的琪琪已经会数 10 以内的数了,所以如果让她拿 5 个苹果,她是肯定不会拿错的。(易错)(　　)

第 19 题

20. 水痘是一种常见的、传染性极强的呼吸道传染病,多在冬春季流行。(　　)

三、填空题(在下列每小题的空格中填上正确的答案。错填、不填均不得分。本大题共 9 小题,每空 1 分,共 10 分)

21. 幼儿园应当把安全教育融入________,并定期组织开展多种形式的安全教育和事故预防演练。

22. 人际交往和________是幼儿社会学习的主要内容,也是其社会性发展的基本途径。

23. 评价应自然地伴随着整个教育过程进行。综合采用观察、谈话、________等多种方法。

24. 如果想进行计数、计算、分类、回形针拼图、玩棋子等游戏活动,你会把这些活动安排在________区。

25. 幼儿在活动过程中表现出的________和良好行为倾向是终身学习与发展所必需的宝贵品质。

26.《幼儿园教师专业标准(试行)》的基本理念是________、幼儿为本、能力为重、终身学习。(常考)

27. 幼儿园教育活动内容的选择要体现以下原则:既适合幼儿的现有水平,又有一定的________;既符合幼儿的现实需要,又有利于其长远发展;既贴近幼儿的生活来选择幼儿感兴趣的事物和问题,又有助于拓展幼儿的经验和________。

28. 幼儿园应与家庭、________密切合作,与小学相互衔接,综合利用各种教育资源,共同为幼儿的发展创造良好的条件。(常考)

29. 一名幼儿因得不到心爱的玩具正在哭泣,此时成人给他一颗糖,他马上破涕为笑。这表明幼儿的情绪具有________。

四、简答题(本大题共 3 小题,每小题 5 分,共 15 分)

30. 简述如何科学、合理地安排和组织幼儿一日生活。(常考)

31. 简述区域活动材料投放原则。

32. 如何结合大班幼儿一日生活组织实施劳动教育活动，请至少提出 5 条建议。

五、实践应用题（本大题共 20 分）

33. 中班幼儿在散步的时候，发现幼儿园里的向日葵开花了，他们非常感兴趣。作为教师可以怎样利用这一自然资源开展系列教育活动，请简要说明设计思路，并罗列出系列活动的框架（包括活动领域、活动名称、组织形式）。

六、活动设计题(本大题共25分)

34. 以“职业”为线索,设计一个大班社会活动,内容包括活动目标、活动准备和活动过程。

2020年江苏省江阴市教师招聘考试
幼儿园教育理论基础真题试卷(精编)(七)

(本套试卷共35小题,目前已收录25小题)

本套试卷共35小题,包括填空题(5小题)、判断题(10小题)、单项选择题(15小题)、简答题(2小题)、案例分析题(2小题)、活动设计题(1小题)。

一、填空题(在下列每小题的空格中填上正确的答案。错填、不填均不得分。本大题共5小题,每小题2分,共10分)

1. ________和________是幼儿社会学习的主要内容。(常考)

2. 幼儿园的生活活动是指幼儿在园的一切活动,包括幼儿园每天进行的所有保育、教育活动,包括________的活动和幼儿的________。

3. ________是一种主动、自愿、愉悦、假想的________性活动,是学前儿童获得知识的最有效手段。

4. 教师是儿童一日生活的________、________和组织者。

5. 幼儿的语言能力是在________和________的过程中发展起来的。(易错)

二、判断题(判断下列各命题的正误,并在题后括号内打"√"或"×"。本大题共10小题,每小题1分,共10分)

6.《幼儿园教育指导纲要(试行)》指出,幼儿园的教育活动,是教师以多种形式有目的、有计划地引导幼儿生动、活泼、主动活动的教育过程。 ( )

7. 中班幼儿能够单脚连续向前跳5米左右。(易混) ( )

8. 幼儿每天的户外活动时间不少于1.5小时,其中体育活动时间不少于1小时。 ( )

9. 家长应允许幼儿犯错误,告诉他改了就好。不要打骂幼儿,以免他因害怕惩罚而说谎。 ( )

10—15. 缺

三、单项选择题(在每小题列出的四个备选项中只有一个是符合题目要求的,请将其代码填写在括号内。错选、多选或未选均无分。本大题共15小题,每小题1分,共15分)

16. 丽丽比明明高,比乐乐矮,体现了量的( )

A. 相对性　　B. 绝对性　　C. 守恒性　　D. 不稳定性

17. "老子打儿子"被认为是天经地义的,是家庭的私事,别人无权干涉。这是下列哪种儿童观的典型表现( )(常考)

A. 儿童是私有财产　　B. 儿童是有罪的

C. 儿童是小大人　　D. 儿童是白板

18. 郑老师搜集矿泉水瓶、报纸、纸箱、塑料绳等材料,并将其改造成适合幼儿的教学材料。这体现了郑老师(　　)

A. 随机教育的能力　　B. 利用环境的能力

C. 教学生成的能力　　D. 教学反思的能力

19. 幼儿园教育工作评价以(　　)

A. 家长评价为主　　B. 幼儿评价为主

C. 教师自评为主　　D. 园长评价为主

20. 小班幼儿堆积木时说:"我要搭小桥。"边说边将积木堆起来,一会儿又将堆起来的积木推倒,再将推倒的积木重新堆起来……如此往复,乐此不疲。这说明小班幼儿结构游戏的特点是(　　)

第 20 题

A. 无建构计划

B. 喜欢简单重复的过程

C. 能根据游戏情境的需要,不断产生新的建构主题

D. 有建构主题,易变化

21. 批评民国时期的幼儿教育存在三大弊病,提倡建设适合中国国情的、省钱的和平民的幼稚园的教育家是(　　)(常考)

A. 陶行知　　B. 陈鹤琴

C. 张雪门　　D. 张宗麟

22. 以多元智能理论和非普遍性发展理论为基础的幼儿教育评价方法是(　　)

A. 多彩光谱评价　　B. 档案袋评价法

C. 问卷调查法　　D. 作品分析法

23. 让幼儿直接感知认识对象的方法是(　　)

第 23 题

A. 直观法　　B. 活动法

C. 欣赏法　　D. 口授法

24. 幼儿园应与家庭、(　　)密切合作,与小学相互衔接,综合利用各种教育资源,共同为幼儿的发展创造良好的条件。(常考)

A. 社区　　B. 社会　　C. 环境　　D. 教师

25. 教师在活动前要善于激发幼儿的学习兴趣和动机。这体现的是(　　)

第 25 题

A. 发展适宜性原则　　B. 目标性原则

C. 主体性原则　　D. 保教结合原则

26. 幼小衔接主要是培养幼儿的(　　)

A. 入学适应性　　B. 学习能力　　C. 学习态度　　D. 责任感

27—30. 缺

四、简答题(本大题共 2 小题,每小题 5 分,共 10 分)

31. 实施《3 ~6 岁儿童学习与发展指南》应把握哪几个方面?(常考)

32. 陶行知主张要解放儿童的创造力,其具体要求有哪些?

五、案例分析题(本大题共 2 小题,每小题 15 分,共 30 分)

33. 材料:

小班班主任李老师见班上幼儿对跳跃活动很感兴趣,便组织了一次集体活动,设置青蛙跳、自由练习跳跃动作、跳房子等环节来满足幼儿的发展需要。活动结束后,幼儿满头大汗,他们说游戏太好玩了、就是太累了。

问题:请评析李老师的做法是否合理。

34. 材料：

某幼儿园为庆祝“六一”儿童节，将组织全体幼儿参加表演。大一班王老师为了能够在表演中获奖，从全班幼儿中挑出了形象、气质和艺术才能比较好的一些幼儿进行排练，准备参加表演。剩余幼儿则由保育员带着玩，不能作为演员上台表演。

问题：王老师的这种安排是否妥当？为什么？

六、活动设计题(本大题共25分)

35. 请设计一个关于“爱”的集体活动，要求写出活动名称、设计意图、活动目标、活动准备及活动过程。

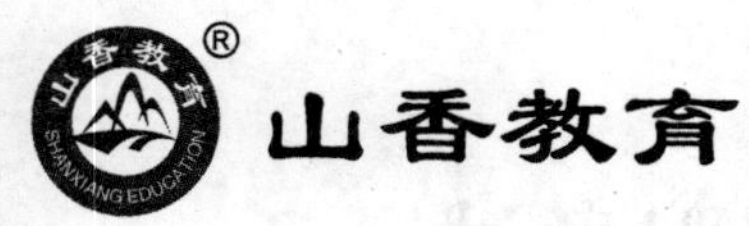

江苏省教师招聘考试

幼儿园教育理论基础真题试卷Ⅱ

2020年江苏省淮安市教师招聘考试幼儿园教育理论基础真题试卷(八)

2020年江苏省苏州市姑苏区教师招聘考试幼儿园教育理论基础真题试卷(精编)(九)

2019年江苏省淮安市教师招聘考试幼儿园教育理论基础真题试卷(十)

2019年江苏省连云港市东海县教师招聘考试幼儿园教育理论基础真题试卷(精编)(十一)

2019年江苏省泰州市高港区教师招聘考试幼儿园教育理论基础真题试卷(十二)

2019年江苏省南通市如东县教师招聘考试幼儿园教育理论基础真题试卷(十三)

2018年江苏省淮安市经济开发区教师招聘考试幼儿园教育理论基础真题试卷(十四)

2017年江苏省南通市如东县教师招聘考试幼儿园教育理论基础真题试卷(十五)

(本真题试卷由山香教师招聘考试命题研究中心收集、整理)

2020年江苏省淮安市教师招聘考试
幼儿园教育理论基础真题试卷(八)

(满分100分 时间120分钟)

本套试卷共39小题,包括填空题(8小题)、单项选择题(10小题)、判断题(10小题)、名词解释(4小题)、简答题(4小题)、论述题(2小题)、活动设计题(1小题)。

一、填空题(在下列每小题的空格中填上正确的答案。错填、不填均不得分。本大题共8小题,每空1分,共10分)

1.《3~6岁儿童学习与发展指南》以为幼儿________和________奠定良好素质基础为目标。

2.健康是指人在身体、心理和________方面的良好状态。

3.幼儿园应与家庭、社区密切合作,与小学相互衔接,综合利用各种________,共同为幼儿的发展创造良好的条件。

4.幼儿科学学习的核心是激发探究兴趣,________过程,发展初步的探究能力。(常考)

5.幼儿的语言学习具有________的特点,教师与幼儿的个别交流、幼儿之间的自由交谈等,对幼儿语言发展具有特殊意义。

6.幼儿园的教育内容是全面的、________的,可以相对划分为健康、语言、社会、科学、艺术等五个领域,也可作其他不同的划分。

7.马斯洛的需要层次理论中最高层次的需要为________。

8.艺术是人类感受美、________和________的重要形式,也是表达自己对周围世界的认识和情绪态度的独特方式。

第7题

二、单项选择题(在每小题列出的四个备选项中只有一个是符合题目要求的,请将其代码填写在括号内。错选、多选或未选均无分。本大题共10小题,每小题1分,共10分)

1.幼儿园教育是基础教育的重要组成部分,是我国学校教育和(　　)的奠基阶段。(易错)

A.启蒙教育　　B.素质教育

C.科学教育　　D.终身教育

2.教育活动内容的组织应充分考虑幼儿的学习特点和认识规律,各领域的内容要有机联系,相互渗透,注重综合性、(　　)、活动性,寓教育于生活、游戏之中。

A.科学性　　B.趣味性　　C.创造性　　D.知识性

3.教师应成为幼儿学习活动的支持者、(　　)、引导者。

A.参与者　　B.教导者

C. 合作者　　　　　　　　　　　　　　D. 管理者

4. 将游戏分为功能游戏、建构游戏、扮演游戏以及规则游戏的是(　　)

A. 马斯洛　　　　　　　　　　　　　　B. 斯米兰斯基

C. 加德纳　　　　　　　　　　　　　　D. 埃里克森

5.《3～6 岁儿童学习与发展指南》的健康、社会、语言、科学、艺术五个领域共含 11 个子领域,(　　)个目标,这些目标也是分领域表述的。

A. 30　　　　B. 31　　　　C. 32　　　　D. 33

6.《3～6 岁儿童学习与发展指南》指出,"幼儿每天的户外活动时间一般不少于________小时,其中体育活动时间不少于________小时,季节交替时要坚持。"(　　)

第 6 题

A. 2　1　　　　B. 3　2　　　　C. 3　1.5　　　　D. 2　1.5

7. 被称为中国"幼教之父"的教育家是(　　)

A. 陶行知　　　　B. 陈鹤琴　　　　C. 张雪门　　　　D. 张宗麟

8. 在对儿童行为的描述记录中,常见的方法是日记描述法、轶事记录法、(　　)等三种。

A. 实况详录法　　　　　　　　　　　　B. 事件取样法

C. 行为检核法　　　　　　　　　　　　D. 连续记录法

9. 儿童最初的思维是以(　　)为主。

A. 抽象逻辑思维　　　　　　　　　　　B. 具体形象思维

C. 想象性思维　　　　　　　　　　　　D. 直观行动思维

第 9 题

10. 幼儿园应当建立幼儿健康检查制度和幼儿健康卡或档案。每年体检一次,________测身高、视力一次,________量体重一次;注意幼儿口腔卫生,保护幼儿视力。(　　)

A. 每年　每半年　　　　　　　　　　　B. 每半年　每季度

C. 每月　每半年　　　　　　　　　　　D. 每季度　每年

三、判断题(判断下列各命题的正误,并在题后括号内打"√"或"×"。本大题共 10 小题,每小题 1 分,共 10 分)

1.《3～6 岁儿童学习与发展指南》目标部分分别对 3～4 岁、4～5 岁、5～6 岁三个年龄段末期幼儿应该知道什么、能做什么,大致可以达到什么发展水平提出了合理期望。(　　)

2. 幼儿园课程是适龄儿童必须学习和完成的任务,具有强制性和普遍性。(常考)(　　)

3. 在陈鹤琴活教育理论体系中,活教育的 17 条原则是核心部分。(　　)

4. 幼儿园规模应当有利于幼儿身心健康,便于管理,一般不超过 560 人。(　　)

5. 德国幼儿教育家福禄贝尔被世界誉为"幼儿园之父"。(　　)

6.《国家中长期教育改革和发展规划纲要(2010—2020 年)》提出要积极发展学前教育,即到 2020 年,普及学前一年教育;基本普及学前三年教育。(　　)

7. 陶行知先生的教育思想中，关于解放儿童的创造力，提出了今天我们熟知的“六大解放”。 （ ）

8. 陈鹤琴先生提出生活教育理论，倡导教、学、做合一的教育方法。（常考） （ ）

9. 教育包括学校教育和家庭教育。 （ ）

10. 眼手协调动作出现的主要标志是伸手能抓到东西。 （ ）

四、名词解释（本题共4小题，每小题3分，共12分）

1. 最近发展区

2. 五指活动

3. 区域活动（易错）

4. 有意注意

五、简答题（本题共4小题，每小题4分，共16分）

1. 幼儿园教育的双重任务是什么？

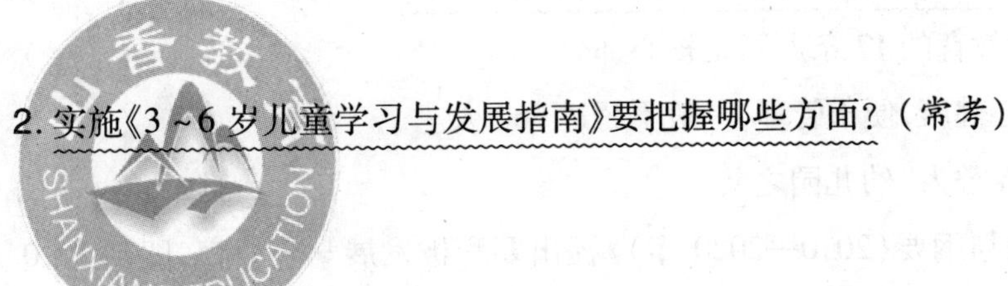

2. 实施《3～6岁儿童学习与发展指南》要把握哪些方面？（常考）

3. 幼儿会说谎，简单分析一下幼儿会说谎的原因。

第 3 题

4. 皮亚杰认为游戏是随认知发展而变化的，他根据儿童认知发展的阶段，把儿童游戏分为哪三类？

六、论述题（本题共 2 小题，每小题 6 分，共 12 分）

1. 教师通过哪些途径与家长沟通？与家长沟通时，应该沟通哪些内容？

2. 分析幼儿不去区角活动的原因以及如何解决？

七、活动设计题（本大题共 30 分）

自己选择 1 至 4 种水果，进行小班集体教学活动，写出活动名称、设计意图、活动目标、活动准备和活动过程。

2020 年江苏省苏州市姑苏区教师招聘考试幼儿园教育理论基础真题试卷(精编)(九)

(本套试卷共 39 小题,目前已收录 32 小题)

本套试卷共 39 小题,包括填空题(6 小题)、单项选择题(25 小题)、名词解释(3 小题)、简答题(4 小题)、论述题(1 小题)。

一、填空题(在下列每小题的空格中填上正确的答案。错填、不填均不得分。本大题共 6 小题,每空 1 分,共 14 分)

1. 教育评价是幼儿园教育工作的重要组成部分,是了解教育的________、________,调整和改进工作,促进每一个幼儿发展,提高教育质量的必要手段。(常考)
2. 幼儿的学习是以________为基础,在________和________中进行的。
3. 《幼儿园教师专业标准(试行)》是国家对合格幼儿园教师专业素质的基本要求,是幼儿园教师开展保教活动的基本规范,是引领幼儿园教师________的基本准则,是幼儿园教师________、________、________、________等工作的重要依据。
4. 每个幼儿在沿着相似进程发展的过程中,各自的发展速度和到达某一水平的时间不完全相同。要充分理解和尊重幼儿________中的个别差异。(易错)
5. 教是为了不教,这一教育思想是由________提出的。
6. 幼儿园必须把________和________放在工作的首位,树立正确的健康观念,在重视幼儿身体健康的同时,要高度重视幼儿的心理健康。

二、单项选择题(在每小题列出的四个备选项中只有一个是符合题目要求的,请将其代码填写在括号内。错选、多选或未选均无分。本大题共 25 小题,前 15 小题,每小题 2 分,后 10 小题,每小题 1 分,本大题共 40 分)

1. 教学工作的中心环节是(　　)

A. 备课　　B. 上课　　C. 批改作业　　D. 考试

2. 已知每人每天喝水的量是相同的,且已知三个人三天能喝三桶水,请问九个人九天能喝多少桶水呢(　　)

A. 3　　B. 9　　C. 18　　D. 27

3. 皮亚杰认知发展阶段理论认为,守恒观念出现的关键是(　　)

A. 多维思维　　B. 去自我中心

第 3 题

C. 思维的可逆性　　D. 具体逻辑推理

4. 幼儿园教师职业道德的核心是(　　)(常考)

A. 热爱幼儿　　B. 为人师表

C. 忠诚于人民的教育事业　　D. 团结互助

5.《幼儿园教育指导纲要(试行)》的颁布时间是(　　)

A. 1996 年 7 月　　B. 1996 年 9 月　　C. 2001 年 7 月　　D. 2001 年 9 月

6. 幼儿户外活动时间一般不少于(　　)小时。(常考)

A. 2　　B. 1.5　　C. 1　　D. 0.5

7. “对幼儿的照料与教育,就像纬线和经线一样紧密地交织在一起。”这句话体现了(　　)

A. 个别教育原则　　B. 因材施教原则　　C. 保教结合原则　　D. 集体教育原则

8. 许多人利用早晚时间学习、记忆,其效果优于白天,这是因为早上和晚上所受的抑制的干扰是(　　)

A. 倒摄抑制　　B. 前摄抑制　　C. 双重抑制　　D. 单一抑制

第 8 题

9. 发展适宜性原则是针对幼儿教育的(　　)提出来的。

A. 小学化倾向　　B. 多元化倾向　　C. 游戏化倾向　　D. 活动化倾向

10. 教育的本体功能是(　　)

A. 经济功能　　B. 育人功能　　C. 社会功能　　D. 正向功能

11. 卢梭的代表作是(　　)(易混)

A.《爱弥儿》　　B.《教育漫话》　　C.《政治学》　　D.《理想国》

12. 在布鲁姆教育目标分类中,属于最高层次认知目标的是(　　)

A. 评价　　B. 理解　　C. 应用　　D. 分析

13. 苏霍姆林斯基提出的《给教师的一百条建议》中指出,请记住:没有也不可能有抽象的学生。这提示教师应该(　　)

第 13 题

A. 关注学生的整体性　　B. 关注学生的全面发展

C. 关注个体差异　　D. 统一化要求

14. “一千个人的眼里有一千个哈姆雷特”表明人的心理具有(　　)

A. 客观性　　B. 主观性　　C. 目的性　　D. 社会性

第 14 题

15. 下列属于《3 ~6 岁儿童学习与发展指南》科学领域中科学探究部分 4 ~5 岁幼儿发展目标的是(　　)(易混)

A. 经常问各种问题　　B. 经常问一些与新事物有关的问题

C. 对自己感兴趣的问题总是刨根问底　　D. 能经常动手动脑寻找问题的答案

16. 创办“儿童之家”的教育家是(　　)

A. 蒙台梭利　　B. 欧文　　C. 卢梭　　D. 杜威

17. 缺

18. 下面哪个说法是不正确的(　　)

A.《论语》是我国最早的一部教育学专著

B.《大教学论》是近代第一部教育学著作

C.《民主主义与教育》是实用主义教育学家杜威的作品

D."生活即教育"是陶行知教育理论的核心

19. 学生回答问题深思熟虑且错误少,属于(　　)

A. 冲动型　　B. 沉思型　　C. 场依存型　　D. 场独立型

20－25. 缺

三、名词解释(本大题共3小题,每小题4分,共12分)

1. 最近发展区(常考)

2. 幼儿园课程

3. 发现学习

四、简答题(本大题共4小题,第1、2小题,每小题5分,第3、4小题,每小题6分,共22分)

1.《幼儿园教师专业标准(试行)》中专业能力维度包含哪些领域?

2. 实施《3～6岁儿童学习与发展指南》应该注意哪些方面。(常考)

3. 幼儿园环境创设的原则有哪些?

4. 简述幼儿教育评价的发展方向。

五、论述题(本大题共12分)

请在阐述幼儿游戏的本质前提下,试论述教师指导幼儿游戏的策略。

2019年江苏省淮安市教师招聘考试
幼儿园教育理论基础真题试卷(十)

(满分100分 时间120分钟)

本套试卷分为两部分,共51小题。第一部分为教育基础知识,依次为单项选择题(5小题)、判断题(5小题)。第二部分为学科专业知识,依次为单项选择题(20小题)、填空题(6小题)、判断题(10小题)、简答题(2小题)、案例分析题(1小题)、论述题(1小题)、活动设计题(1小题)。

第一部分 教育基础知识

一、单项选择题(在每小题列出的四个备选项中只有一个是符合题目要求的,请将其代码填写在括号内。错选、多选或未选均无分。本大题共5小题,每小题2分,共10分)

1. 有的学生在文学艺术方面有天赋,有的学生在科学技术方面有天赋,有的学生在体育运动方面有天赋。这说明了人的身心发展具有( )

A. 阶段性　　B. 个别差异性　　C. 互补性　　D. 不平衡性

第1题

2. “捧着一颗心来,不带半根草去”是谁的名言( )

A. 黄炎培　　B. 陶行知　　C. 杜威　　D. 蔡元培

3. 组织学生开展实践活动,以培养学生良好品德的方法是( )

A. 陶冶教育法　　B. 品德评价法

C. 实际锻炼法　　D. 榜样示范法

4. 以下关于关键期的说法错误的是( )

A. 关键期是个体对某种刺激特别敏感的时期

B. 过了关键期,同样的刺激对个体影响很小

C. 4~5岁是学习书面语言的关键期

D. 关键期是绝对的,一旦错过关键期,再努力学习,也无济于事

第4题

5. 艾宾浩斯遗忘曲线表明遗忘的进程是( )的。

A. 前后一样　　B. 没有规律　　C. 先慢后快　　D. 先快后慢

二、判断题(判断下列各命题的正误,并在题后括号内打“√”或“×”。本大题共5小题,每小题1分,共5分)

1. “一题多解”与“一事多写”旨在培养学生的聚合思维。 ( )

2. 欧洲中世纪教育、法西斯教育、军国主义教育等，不仅扼杀了人的个性发展，而且也阻碍了社会的发展。这体现了教育的负向功能。 ( )

3. “学而不思则罔，思而不学则殆”。这一脍炙人口的教育名言出自我国古代经典教育名著《学记》。 ( )

4. 最近发展区指的是学生在其他成人或者同学帮助下所能达到的水平和现有水平之间的差距。 ( )

5. 一般来说，在学习的某些方面具有习得性无助感的学生，在该方面的自我效能感也较低。 ( )

第二部分 学科专业知识

一、单项选择题（在每小题列出的四个备选项中只有一个是符合题目要求的，请将其代码填写在括号内。错选、多选或未选均无分。本大题 20 小题，每小题 1 分，共 20 分）

1. 建立我国第一个幼儿教育实验中心，提出“活教育”思想的教育家是( )（常考）

A. 张雪门 B. 张宗麟 C. 陈鹤琴 D. 陶行知

2.《幼儿园教育指导纲要（试行）》中，教育目标较多使用体验、感受、喜欢、乐意等词汇。这表明幼儿园教育强调( )

A. 知识取向 B. 情感态度取向

C. 能力取向 D. 技能取向

3. 提出“最近发展区”概念的教育家是( )

A. 皮亚杰 B. 赞可夫

C. 维果斯基 D. 苏霍姆林斯基

4. 通过扮演文学作品中的角色，再现文学作品内容的游戏叫( )

A. 角色游戏 B. 结构游戏 C. 智力游戏 D. 表演游戏

5. 美国教育家帕登发展了幼儿社会性游戏的思想，把幼儿的社会性游戏分为六种。3.5～4.5 岁的幼儿在小组里与同伴交换材料，一起游戏，但事先没有确定游戏的目的。这属于( )

A. 联合游戏 B. 小组游戏 C. 合作游戏 D. 平行游戏

6. 随着年龄的增长，儿童情绪变化的规律是从生理需要的满足到( )

A. 精神需要的满足 B. 社会性需要的满足

C. 交往需要的满足 D. 安全需要的满足

第 6 题

7. 幼儿园“小学化”的拔苗助长式教育违背了幼儿身心发展的( )（易错）

A. 互补性 B. 顺序性 C. 不平衡性 D. 差异性

8. “能双手抓杠悬空吊起 10 秒左右”是对( )幼儿的要求。

A. 小班 B. 中班 C. 大班 D. 托班

9. 幼儿园课程以什么为基础(　　)

A. 教师讲授　　B. 幼儿自学

C. 幼儿的间接经验　　D. 幼儿的直接经验

10. 幼儿园适宜开展的体育活动是(　　)

A. 拔河　　B. 长跑

C. 走平衡木　　D. 长时间悬吊

11. "能辨别自己的左右"是对(　　)幼儿的要求。

A. 小班　　B. 中班　　C. 大班　　D. 托班

12. 幼小衔接不是只有在学前最后一年和小学一年级给予足够的重视,而应该在整个学前期都有意识地提高儿童的适应性。这说明幼小衔接应遵循的原则是(　　)

A. 特殊性　　B. 平等性　　C. 系统性　　D. 阶段性

13. 幼儿把汽车叫作"呜呜",把小狗叫作"汪汪"。这表明其口语发展处于(　　)

A. 单词句阶段　　B. 电报句阶段

C. 简单句阶段　　D. 完整句阶段

第 13 题

14. 采用一定的量表来了解儿童心理发展水平的方法是(　　)

A. 观察法　　B. 实验法　　C. 问卷法　　D. 测验法

15. 幼儿园的管理者、教师、家长及幼儿都可以成为教育活动评价的参与者。这一说法表明幼儿园教育活动评价具有(　　)

A. 尊重性原则　　B. 多元化原则

C. 辩证性原则　　D. 科学性原则

16. 活动性原则源自(　　)的"做中学"。

A. 皮亚杰　　B. 夸美纽斯　　C. 福禄贝尔　　D. 杜威

17. 儿童能够数出 6 个人、6 个苹果、6 棵树,但不能理解"6"的意义。在学习经验不断积累之后,儿童知道 6 个代表 6 个物件。这说明儿童学习数学具有(　　)的特点。

A. 从具体到抽象　　B. 从外部动作到内化

C. 从个别到一般　　D. 从不自觉到自觉

18. (　　)认为,人脑开始只是张"白纸",没有任何标记也没有观念。(常考)

A. 裴斯泰洛齐　　B. 夸美纽斯　　C. 洛克　　D. 卢梭

19. 儿童之间绝大多数的社会交往是在(　　)中发生的。

A. 游戏情境　　B. 语言情境　　C. 社会情境　　D. 家庭情境

20. 对于幼儿而言,创造思维发展的核心是(　　)

A. 记忆　　B. 直观行动思维

C. 具体形象思维　　D. 想象

第 20 题

二、填空题(在下列每小题的空格中填上正确的答案。错填、不填均不得分。本大题共6小题,每空1分,共15分)

1. 创造性游戏包括角色游戏、________和________。

2. 在实施《3~6岁儿童学习与发展指南》时,要关注幼儿学习与发展的________,尊重幼儿发展的________,理解幼儿的________和________,重视幼儿的________。

3. 为培养幼儿对数学的认知能力,应让幼儿初步感知生活中数学的有用和________。

4. 幼儿的社会性主要是在日常生活和________中通过________和________潜移默化地发展起来的。(常考)

5. 手足口病是由肠道病毒感染引发的消化道传染病,其传播途径有________传播和________传播。

6. 影响儿童心理发展的因素是多种多样的,归纳起来有________和________两大类。

三、判断题(判断下列各命题的正误,并在题后括号内打"√"或"×"。本大题共10小题,每小题1分,共10分)

1. 幼儿园的课程内容要让幼儿"跳一跳,摘果子",有一定的挑战性。 ( )

2. 在集体教育活动中,幼儿更容易与同伴、老师交谈,更有选择的权利,有利于幼儿综合能力的发展。 ( )

3.《3~6岁儿童学习与发展指南》指出,幼儿应当养成良好的用眼习惯,连续看电视的时间不超过1小时。(易错) ( )

4. 儿童年龄越小,呼吸频率越快。学前儿童以腹式呼吸为主。 ( )

5. 多媒体在教学中能起到很好的辅助作用,在教学的设计和组织中应多多益善。 ( )

6. 家庭是幼儿园重要的合作伙伴,应本着尊重、平等、合作的原则,争取家长的理解和支持。 ( )

7. 2岁以后,幼儿生长速度明显减慢,进入一个相对平稳的增长阶段。 ( )

8. 教师要允许幼儿出错,因为幼儿的"错误"代表他(她)当前的认识水平。 ( )

9. 幼儿园教育教学的组织形式有集体活动、小组活动和个别活动三种。 ( )

10. 张雪门先生提出生活教育理论,倡导教学做合一的教育方法。(易混) ( )

四、简答题(本大题共2小题,每小题5分,共10分)

1. 简述如何利用环境有效地促进幼儿的发展。

2. 学前儿童呼吸道异物堵塞分为哪两类?并列举出一般的处理方法。

五、案例分析题(本大题共 8 分)

材料:

游戏时,豆豆、序序、果果三名幼儿都选择玩积塑。豆豆和序序合作玩,果果则独自玩。豆豆和序序很快搭好了一个作品。搭好后,他们跑来看果果,序序问:“你搭的是什么?”果果没有理会,继续搭自己的作品。序序接着说:“你搭的和我们的不一样。”果果仍没有理会。豆豆便推了下积塑,搭好的积塑一下就倒了。果果一脸的不高兴,把积塑扔到地上,高声哭喊着:“都是你推倒的,你推倒的……”

问题:作为老师,当你看到这样的场景,你将如何看待这三名幼儿?

六、论述题(本大题共 10 分)

运用皮亚杰的认知发展理论,联系实际阐述“幼儿通过直接感知、实际操作和亲身体验获取经验”的学习方式和特点。

七、活动设计题(本大题共 12 分)

请以“冬天的树”为主题,设计一个大班主题活动网络图,并设计一个大班艺术领域活动。

2019年江苏省连云港市东海县教师招聘考试幼儿园教育理论基础真题试卷(精编)(十一)

(本套试卷共46小题,目前已收录40小题)

本试卷分为两部分,共46小题。第一部分为教育基础知识,依次为单项选择题(10小题)、名词解释(2小题)、辨析题(1小题)。第二部分为学科专业知识,依次为单项选择题(12小题)、填空题(6小题)、判断题(8小题)、简答题(4小题)、论述题(2小题)、案例分析题(1小题)。

第一部分 教育基础知识

一、单项选择题(在每小题列出的四个备选项中只有一个是符合题目要求的,请将其代码填写在括号内。错选、多选或未选均无分。本大题共10小题,每小题1分,共10分)

1. 提出了著名的"白板说",认为人的心灵如同白板,观念和知识都来自后天,并且得出"天赋的智力人人平等"的结论的教育家是(　　)

A. 洛克　　B. 卢梭　　C. 杜威　　D. 福禄贝尔

2. 在教学活动中,教师不能满足于"授人以鱼",而是要做到"授人以渔"。这说明教学中应该重视(　　)

A. 传授学生知识　　B. 发展学生能力

C. 培养学生个性　　D. 培养学生品德

3. 教育史上提出"有教无类"口号的教育家是(　　)

A. 孔子　　B. 孟子　　C. 夸美纽斯　　D. 荀子

4. 李老师经常自觉地对自己的讲课过程进行分析,进行全面深入的归纳与总结,以不断改善自己的教学行为,提高自己的教学水平。李老师的做法是基于下列哪种专业发展方式(　　)

A. 教学实践　　B. 教学研究　　C. 自我发展　　D. 教学反思

5. 罗森塔尔效应强调哪种因素对学生发展具有重要影响(　　)

A. 教师的知识　　B. 教师的能力

C. 教师的人格　　D. 教师的期望

6. 小明看书时可以"一目十行",而小华则"一目一行"。这反映了他们在哪种注意品质上存在差异(　　)

A. 注意的广度　　B. 注意的分配

C. 注意的稳定性　　D. 注意的转移

7. 小红在解决数学问题时总是沿着多种途径寻求解决问题的方法,力求一题多解。小红的思维方式属于(　　)

A. 聚合思维　　B. 发散思维　　C. 常规思维　　D. 具体思维

8. 小马上课时总害怕回答问题,他发现自己坐在教室后排时可减少被老师提问的次数,于是,他总是坐在教室后排。下列哪种强化方式导致了小马愿意坐在教室的后排(　　)

第 8 题

A. 正强化　　B. 负强化　　C. 延迟强化　　D. 替代强化

9. 儿童身心发展有高速发展期,某一时期特别迅速而其他阶段相对平稳。这一现象体现了儿童身心发展的(　　)

第 9 题

A. 不平衡性　　B. 顺序性

C. 阶段性　　D. 个别差异性

10. 教育活动与其他社会活动最根本的区别在于(　　)

A. 是否有目的地培养人　　B. 是否促进人的发展

C. 是否促进社会发展　　D. 是否具有组织性和系统性

二、名词解释(本大题共 2 小题,每小题 3 分,共 6 分)

1. 最近发展区

2. 课程计划

三、辨析题(本大题共 4 分)

学习动机是指引发与维持学生学习活动的内部动力,学习动机越强,学习效率越高。

第二部分　学科专业知识

一、单项选择题(在每小题列出的四个备选项中只有一个是符合题目要求的,请将其代码填写在括号内。错选、多选或未选均无分。本大题共 12 小题,每小题 1 分,共 12 分)

1. 音乐游戏、体育游戏、智力游戏属于(　　)

A. 有规则游戏　　B. 表演游戏

C. 结构游戏　　D. 创造性游戏

2. 美国幼儿教育协会在 1987 年的“符合孩子身心发展的专业幼教”声明中认为,幼儿教学包括两方面的适宜性:一是年龄适宜,二是(　　)

A. 个别差异适宜　　B. 兴趣适宜

C. 启蒙适宜　　D. 发展适宜

3. 发展适宜性原则主要是针对美国幼儿教育界普遍出现的(　　)等倾向而提出来的。(常考)

A. 幼儿教育多元化　　B. 幼儿教育制度化

C. 幼儿教育小学化　　D. 幼儿教育特色化

4. 创办了世界上第一所幼儿园,被世人誉为“幼儿教育之父”的教育家是(　　)

A. 裴斯泰洛齐　　B. 福禄贝尔　　C. 卢梭　　D. 洛克

5. 学前阶段美的启蒙重在培养儿童(　　)

A. 美学知识　　B. 发现美、欣赏美的能力

C. 表现美的技能　　D. 审美动机

6. 幼小衔接的重点是(　　)

A. 让幼儿适应小学的新环境　　B. 培养幼儿对小学生活的适应性

C. 培养幼儿对小学生活的热爱和向往　　D. 帮助幼儿做好入学前的学习准备

7. 根据《幼儿园工作规程》的规定,中班幼儿人数不得超过(　　)人。(易混)

A. 15　　B. 25　　C. 30　　D. 35

第 7 题

8. 幼儿园应制定合理的幼儿一日生活作息制度,幼儿两餐间隔不得少于(　　)小时。

A. 5　　B. 4　　C. 3　　D. 3.5

9. 幼儿园社会教育的核心在于发展幼儿的(　　)

A. 人际关系　　B. 社会性行为规范

C. 社会性　　D. 社会文化

10. 幼儿智力的核心部分是(　　)

A. 观察力　　B. 注意力　　C. 思维力　　D. 想象力

11—12. 缺

二、填空题(在下列每小题的空格中填上正确的答案。错填、不填均不得分。本大题共 6 小题,每空 1 分,共 13 分)

1.《3 ~6 岁儿童学习与发展指南》从________、________、________、________、________五个领域描述幼儿的学习与发展。

2. 幼儿的语言能力是在________和________的过程中发展起来的。(常考)

3. 幼儿一日活动的组织应当________,注重幼儿的________,保证幼儿愉快的、有益的自由活动。

4. 幼儿园教育是________的重要组成部分,是我国________的奠基阶段。

5. 幼儿园是对________周岁以上学龄前幼儿实施保育和教育的机构。

6. 缺

三、判断题(判断下列各命题的正误,并在题后括号内打"√"或"×"。本大题共 8 小题,每小题 1 分,共 8 分)

1. 4 ~5 岁幼儿能用数字、图画、图表或其他符号记录。 ( )

2. 幼儿园教育活动的组织形式应根据需要合理安排,因时、因地、因内容、因材料灵活地运用。 ( )

3. 在幼儿进行游戏活动时,教师千万不要干扰其活动,否则会限制幼儿积极性和创造性的发挥。 ( )

4. 教师对幼儿游戏活动是否进行观察,直接关系到游戏的水平和质量。(易错) ( )

5. 幼儿园可以按照年龄分别编班,也可以混合编班。 ( )

6—8. 缺

四、简答题(本大题共 4 小题,每小题 4 分,共 16 分)

1. 简述幼儿健康教育的总目标。

2. 幼儿园课程内容选择应遵循哪些原则?(常考)

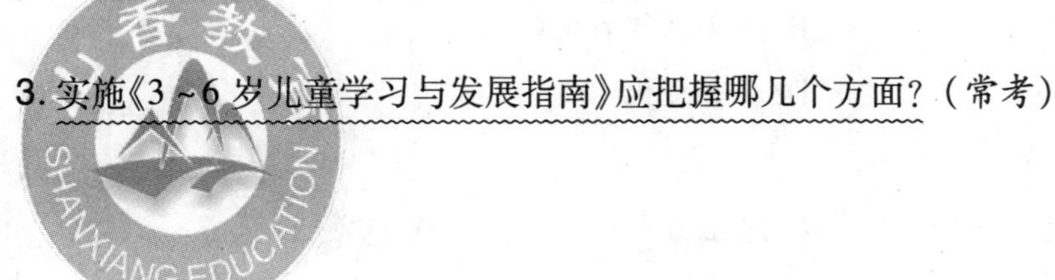

3. 实施《3 ~6 岁儿童学习与发展指南》应把握哪几个方面?(常考)

4.《幼儿园教育指导纲要(试行)》提出的教育活动内容的选择应体现的原则是什么?

五、论述题(本大题共2小题,每小题8分,共16分)

1.教师如何与幼儿进行有效沟通?(易错)

2.教师如何成为幼儿学习活动的支持者、合作者和引导者?

六、案例分析题(本大题共15分)

材料:

陈鹤琴先生曾经说过:"环境的布置要通过儿童的思想和双手,通过儿童的思想和双手布置的环境,可使他们更好地认识环境中的事物,也更加爱护环境。"

问题:

(1)你如何理解这句话?(5分)

(2)幼儿园户外场地的设计如何体现上述原则?(10分)

2019 年江苏省泰州市高港区教师招聘考试
幼儿园教育理论基础真题试卷(十二)

(满分 100 分　时间 120 分钟)

本套试卷分为两部分,共 42 小题。第一部分为幼儿教育理论,依次为单项选择题(15 小题)、填空题(4 小题)。第二部分为幼儿专业知识,依次为单项选择题(18 小题)、简答题(2 小题)、案例分析题(2 小题)、实践操作题(1 小题)。

第一部分　幼儿教育理论

一、单项选择题(在每小题列出的四个备选项中只有一个是符合题目要求的,请将其代码填写在括号内。错选、多选或未选均无分。本大题共 15 小题,每小题 1 分,共 15 分)

1. 一个小女孩看到"夏景"说:"小姐姐坐在河边,天热,她想洗澡,她还想洗脸,因为脸上淌汗。"这个小女孩的想象是(　　)(易混)

第 1 题

A. 经验性想象　　B. 无意想象

C. 愿望性想象　　D. 拟人化想象

2. 幼儿的主要思维形式是(　　)

A. 直观行动思维　　B. 具体形象思维

C. 抽象逻辑思维　　D. 辩证逻辑思维

3. 由于(　　)的作用,幼儿虽然知道想象与现实不符,仍迷恋于想象的过程。

A. 动机　　B. 需要　　C. 情绪　　D. 记忆

4. 儿童知道从烤炉中取出的面包是热的。这体现的是(　　)

第 4 题

A. 感觉　　B. 知觉　　C. 记忆　　D. 思维

5. 以"生活教育"为理念,主张创办适合中国国情的、省钱的、平民的幼稚园,建立生活教育理论的教育家是(　　)

A. 陈鹤琴　　B. 张宗麟　　C. 张雪门　　D. 陶行知

6. 乐乐对老师说:"盘子掉在了地上,会不会疼啊?"这说明乐乐的思维具有(　　)的特点。(常考)

第 6 题

A. 守恒性　　B. 泛灵论　　C. 可逆　　D. 自我中心

7. 我国幼儿园的教学是(　　)

A. 幼儿的活动　　B. 教师的活动

C. 幼儿和教师共同的活动　　D. 个别活动

8. 皮亚杰的"三山实验"考查的是(　　)

A. 儿童的深度知觉　　B. 儿童的技术能力

C. 儿童的自我中心性　　D. 儿童的守恒能力

9. "关于儿童的一切行动,均应以儿童的最大利益为一种首要考虑"出自(　　)

A.《中华人民共和国未成年人保护法》　　B.《儿童权利公约》

C.《中华人民共和国预防未成年人犯罪法》　　D.《学生伤害事故处理办法》

10. 幼儿眼睛的辨色力在1周岁时才出现,(　　)时已发育完全。

A. 2岁　　B. 3岁　　C. 4岁　　D. 5岁

11. 下列动物不属于两栖动物的是(　　)

A. 青蛙　　B. 蟾蜍　　C. 蜥蜴　　D. 大鲵

12. 下列人物与"完璧归赵"密切相关的是(　　)

A. 曹植　　B. 廉颇　　C. 蔺相如　　D. 白起

13. 下列选项中,作品与作者对应不正确的是(　　)

A.《海的女儿》——格林兄弟　　B.《皇帝的新装》——安徒生

C.《木偶奇遇记》——科洛迪　　D.《灰姑娘》——格林兄弟

14. 幼儿在户外运动中扭伤,脚部出现充血、肿胀、疼痛的症状。教师应对幼儿采取的措施是(　　)(常考)

A. 停止活动,冷敷扭伤处　　B. 停止活动,热敷扭伤处

C. 按摩扭伤处,继续活动　　D. 清洁扭伤处,继续活动

15. 幼儿生长发育需要(　　)六种营养素。

A. 蛋白质、脂肪、维生素、碳水化合物、微量元素、矿物质

B. 钙、镁、锌、铁、碘、钾

C. 蛋白质、脂类、糖类、微量元素、无机盐和水

D. 蛋白质、碳水化合物、脂类、维生素、无机盐和水

二、填空题(在下列每小题的空格中填上正确的答案。错填、不填均不得分。本大题共4小题,每空1分,共10分)

1.《幼儿园教师专业标准(试行)》的基本理念是________、________、________、________。这些基本理念充分反映了幼儿园教师的职业特点、价值取向和基本信念。

2. 幼儿园应当为幼儿提供丰富多样的教育活动,教育活动的组织应当灵活地运用________、________和________等形式,为每个幼儿提供充分参与的机会,满足幼儿多方面发展的需要,促进每个幼儿在不同水平上得到发展。

3. 游戏发展价值表现在两个方面:一是情感发展的价值,二是________发展的价值。(易错)

4. 社会教育应坚持________和________的原则和方法。

第二部分　幼儿专业知识

一、单项选择题(在每小题列出的四个备选项中只有一个是符合题目要求的,请将其代码填写在括号内。错选、多选或未选均无分。本大题共 18 小题,每小题 1 分,共 18 分)

1. 幼儿园的品德教育应当以情感教育和培养良好(　　)为主,注重潜移默化的影响,并贯穿于幼儿生活以及各项活动之中。(常考)

A. 生活习惯　　B. 学习习惯　　C. 行为习惯　　D. 卫生习惯

2.《幼儿园教育指导纲要(试行)》中提到的五个领域,每个领域都可以提炼出一个关键的能力。艺术领域是(　　)

A. 感受能力　　B. 表现能力　　C. 创造能力　　D. 思维能力

3. 幼儿园的教育活动,是教师以多种形式有目的、有计划地引导幼儿生动、活泼、主动活动的(　　)

A. 教育方法　　B. 教育形式　　C. 教育手段　　D. 教育过程

4.《3 ~6 岁儿童学习与发展指南》建议 5 ~6 岁幼儿一般连续看电视的时间不宜超过(　　)

A. 15 分钟　　B. 20 分钟　　C. 30 分钟　　D. 40 分钟

5. 下列关于幼儿园实施幼小衔接工作的指导思想,表达错误的是(　　)(易错)

A. 突击性而非长期性　　B. 整体性而非单项性

C. 培养入学的适应性而非小学化　　D. 家、园、校的一致性而非孤立化

6. 教师为了更好地了解和获取每位幼儿在活动中的发展状况和信息,及时调整教育策略,以最大限度支持和满足每位幼儿发展的需要,应更多地采用(　　)

A. 形成性评价　　B. 总结性评价　　C. 诊断性评价　　D. 内部评价

第 6 题

7. 关于幼儿园区角活动,以下说法正确的是(　　)

A. 区角活动中,幼儿不能更换已选区域

B. 为了加强对幼儿园区角活动的指导和管理,幼儿教师可以随意介入

C. 为了充分发挥区角活动的价值,区角活动的材料投放得越多越好

D. 区角活动中,规则的制订需要幼儿的参与

8.《3 ~6 岁儿童学习与发展指南》指出,忽视幼儿(　　)培养,单纯追求知识技能学习的做法是短视而有害的。

A. 学习方法　　B. 学习能力　　C. 学习习惯　　D. 学习品质

9. 幼儿园环境创设中,使用易于识别的生活行为规则标识图。其主要目的是(　　)

A. 美化环境　　B. 便于幼儿看图说话

C. 便于幼儿习得生活技能和行为准则　　D. 便于幼儿认识各种符号

10. 一般情况下,(　　)的幼儿能结合情境理解一些表示因果、假设等相对复杂的句子。(易混)

A. 0~3 岁　　B. 3~4 岁

C. 4~5 岁　　D. 5~6 岁

11. 从独立游戏发展为平行游戏,主要反映了幼儿的(　　)

A. 认知发展水平　　B. 社会性发展水平

C. 情感发展水平　　D. 身体发展水平

12. 对幼儿的发展情况进行评估的最重要的目的是(　　)

A. 筛选、排队

B. 了解幼儿的发展需要,以便提供更加适宜的帮助和指导

C. 提高保教质量

D. 促进教师自我成长

13. 某幼儿园的美术活动中,教师指导幼儿把天然的竹根须做成卷曲的头发,还演示如何借助竹节的弧度制成黄包车的顶棚。这表明这位教师具有(　　)(易错)

A. 教育科学研究的意识与能力　　B. 自我反思的意识与能力

C. 课程资源开发的意识与能力　　D. 自主发展的意识与能力

14. 幼儿园应当制定合理的幼儿一日生活作息制度,正餐间隔时间不得少于(　　)

A. 4 小时　　B. 3 小时

C. 5 小时　　D. 3.5 小时

15. 幼儿教师在语言课上只讲故事,音乐课上只唱歌,体育课上只做游戏的做法,违背了(　　)的教育原则。

A. 综合性　　B. 发展适宜性

C. 活动性　　D. 启蒙性

16. 在引导幼儿感知和理解事物"量"的特征时,恰当的做法是(　　)(易混)

A. 引导幼儿感知常见事物的大小、多少、高矮、粗细等

B. 引导幼儿识别常见物体的形状

C. 和幼儿一起手口一致点数物体,说出总数

D. 为幼儿提供"按数取物"的机会

17. 教师在区角投放了多种发声玩具,小班幼儿在摆弄这些玩具时,可以(　　)

A. 概括各种声音产生的条件　　B. 描述玩具是怎么发声的

C. 描述不同玩具的发声特点　　D. 对声音产生兴趣,感受不同的声音

18. 儿童对实词的掌握顺序是(　　)

A. 名词—动词—形容词　　B. 动词—名词—形容词

C. 形容词—名词—动词　　D. 动词—形容词—名词

二、简答题(本大题共 2 小题,每小题 5 分,共 10 分)

1. 什么是健康？幼儿身心健康的重要标志是什么？

2.《3～6 岁儿童学习与发展指南》社会领域中“人际交往”部分目标 2“能与同伴友好相处”对 5～6 岁年龄组幼儿有哪几点要求？

三、案例分析题(本大题共 2 小题,每小题 11 分,共 22 分)

1. 材料:

考虑到大班的幼儿马上就要升入小学了,为了更好地让幼儿尽快适应小学的生活,张园长对大班的幼儿采取了小学化的管理方法,教学内容以识字、写字及算术为主,并在课后布置家庭作业等。

问题:你赞同张园长的做法吗？(2 分)请分析以上案例,并提出合理化的建议。(9 分)

2. 材料：

在户外沙水池区，晨晨将几根细水管连接后，又用相同的方法将另外几根不同的水管连接在一起。之后，晨晨把水倒入细水管中，水一下子从水管的另外一头流出来，他高兴极了。他又将水倒入粗水管里，但水从管口涌出，并未从另一头流出。晨晨反复观察、尝试，终于发现水管摆放在一个斜坡上，水无法自下而上流出。于是，晨晨马上调整水管的摆放位置，当水顺利地从水管流出时，晨晨欢呼雀跃，自豪地向同伴分享自己成功地让水从水管里流出的过程。

问题：

(1)结合幼儿科学学习的核心，分析晨晨的行为表现。(5 分)

(2)请提出教师支持晨晨推进活动的策略。(6 分)

四、实践操作题（本大题共 25 分）

根据《3 ~6 岁儿童学习与发展指南》的要求，请围绕“热闹的夏天”为主题设计一份活动计划。要求：(1)写出活动目标、活动过程；(2)条理清晰、语言简练；(3)密切联系班级幼儿实际，有较强针对性。

2019 年江苏省南通市如东县教师招聘考试 幼儿园教育理论基础真题试卷(十三)

(满分 100 分　时间 120 分钟)

本套试卷分为两部分,共 55 小题。第一部分为教育基础知识,依次为单项选择题(10 小题)、判断题(10 小题)。第二部分为学科专业知识,依次为填空题(10 小题)、单项选择题(10 小题)、判断题(10 小题)、简答题(3 小题)、论述题(1 小题)、材料分析与教育活动设计题(1 小题)。

第一部分　教育基础知识

一、单项选择题(在每小题列出的四个备选项中只有一个是符合题目要求的,请将其代码填写在括号内。错选、多选或未选均无分。本大题共 10 小题,每小题 1 分,共 10 分)

1. 华生在《行为主义》一书中写道:“给我一打健康的婴儿,不管他们祖先的状况如何,我可以任意把他们培养成从领袖到小偷等各种类型的人。”这是(　　)

A. 遗传决定论的观点　　B. 环境决定论的观点

C. 家庭决定论的观点　　D. 儿童决定论的观点

2. 下列选项中,属于第二信号系统条件反射的是(　　)

A. 乐极生悲　　B. 谈虎色变　　C. 防御反射　　D. 望梅生津

3. 注意的两个特点是(　　)

A. 指向性与选择性　　B. 集中性与紧张性

C. 指向性与分散性　　D. 指向性与集中性

4. 豹子头林冲沉着老练,身负深仇大恨,尚能忍耐许久,几经挫折,万般无奈,终于被逼上梁山。他的气质类型属于(　　)

第 4 题

A. 胆汁质　　B. 多血质　　C. 黏液质　　D. 抑郁质

5. 马斯洛的需要层次理论中,最高层次的需要是(　　)的需要。

A. 尊重　　B. 归属和爱　　C. 自我实现　　D. 安全

第 5 题

6. 反映一个国家教育的根本性质、总的指导思想和教育工作总方向的是(　　)

A. 教育方针　　B. 教育目的　　C. 教育目标　　D. 教育标准

7. 根据法律规定,适龄儿童和青少年都必须接受的,国家、社会、学校、家庭必须予以保证的国民教育是(　　)

A. 中等教育　　B. 幼儿教育　　C. 高等教育　　D. 义务教育

8. 教学过程的中心环节是(　　)

A. 领会知识　　B. 巩固知识　　C. 运用知识　　D. 检查知识

9. “其身正,不令而行;其身不正,虽令不从。”孔子的这句名言体现的德育方法是(　　)

A. 实践锻炼法　　B. 榜样示范法　　C. 陶冶教育法　　D. 品德评价法

10. 班主任工作的前提和基础是(　　)

A. 了解和研究学生　　B. 组织和培养班集体

C. 做好个别教育工作　　D. 制订班主任工作计划

二、判断题(判断下列各命题的正误,并在题后括号内打“√”或“×”。本大题共 10 小题,每小题 1 分,共 10 分)

1. 建立世界上第一个心理学实验室的心理学家是艾宾浩斯。(　　)

2. 在现实生活中,有意注意和无意注意总是交替进行的,二者不能截然分开。(　　)

3. 创造想象与再造想象最主要的区别在于有无创造性。(　　)

4. 激情是一种爆发式的、猛烈而时间短暂的情绪状态。(　　)

5. 个性结构中,核心的成分是能力。(　　)

第 3 题

6. 杜威是实用主义教育学的代表人物,其代表作是《民主主义与教育》。(　　)

7. 德育过程是对学生知、情、意、行的培养提高过程,应以“知”为开端,按照“知”“情”“意”“行”的顺序依次进行。(　　)

8. 实质教育和传统教育认为,学生的学习是以获得直接经验为主要任务的。(　　)

9. 上课是整个教学工作的中心环节,是教师教和学生学的最直接的体现,是提高教学质量的关键。(　　)

10. 实质教育论认为,教学的主要任务在于发展学生的智力。(　　)

第二部分　学科专业知识

一、填空题(在下列每小题的空格中填上正确的答案。错填、不填均不得分。本大题共 10 小题,每空 0.5 分,共 10 分)

1. 教师应以关怀、________、________的态度与幼儿交往。

2. 健康是指人在________、心理和________方面的良好状态。

3. 幼儿在活动过程中表现出的________和________是终身学习与发展所必需的宝贵品质。

4.《幼儿园教育指导纲要(试行)》中指出,要在________和活动中,以多种方式引导幼儿认识、体验并理解基本的社会行为规则,学习________和________他人。

5. 艺术是人类感受美、________和创造美的重要形式,也是表达自己对________和情绪态度的独特方式。

6.《幼儿园教育指导纲要(试行)》中指出,既要高度重视和满足幼儿________、________的需要,又要尊重和满足他们不断增长的独立要求,避免过度保护和包办代替。

7. ________和________是幼儿社会学习的主要内容,也是其________发展的基本途径。

8. 在让儿童进行量的比较时,教具的选用很重要。如认识物体的厚薄时,应选用________不一样而________一样的两个物体。(易错)

9. 幼儿园教育要与________以及小学教育相互衔接。

10. 要充分理解和尊重幼儿发展过程中的________,支持和引导他们从原有水平向更高水平发展。

二、单项选择题(在每小题列出的三个备选项中只有一个是符合题目要求的,请将其代码填写在括号内。错选、多选或未选均无分。本大题共 10 小题,每小题 0.5 分,共 5 分)

1.《幼儿园教育指导纲要(试行)》(简称《纲要》)与《幼儿园工作规程》(简称《规程》)两个文件之间的关系是( )

A.《纲要》是上位文件　　B.《规程》是上位文件　　C. 二者是平行关系

2. 教师应经常和幼儿一起阅读,引导他以自己的( )为基础理解图书的内容。

A. 经验　　B. 想象　　C. 兴趣

3.“喜欢自己所在的幼儿园和班级,积极参加集体活动”是对( )幼儿发展水平的合理期望。

A. 4 ~5 岁　　B. 3 ~4 岁　　C. 5 ~6 岁

4. 幼儿园体育的重要目的是( )

A. 培养良好的生活卫生习惯　　B. 培养幼儿对体育活动的兴趣　　C. 丰富幼儿的安全保健常识

5. 5 ~6 岁的孩子在动作发展方面应能沿轮廓线剪出由( )构成的简单图形,边线吻合且平滑。

A. 直线　　B. 几何形体　　C. 曲线

6. 艺术是实施( )的主要途径,应充分发挥艺术的情感教育功能,促进幼儿健全人格的形成。(常考)

A. 德育　　B. 美育　　C. 智育

7. 教育活动内容的组织应充分考虑幼儿的学习特点和认识规律,各领域的内容要有机联系,相互渗透,注重综合性、趣味性、活动性,寓教育于( )之中。

A. 生活　　B. 游戏　　C. A 项和 B 项都是

8. 培养幼儿书写兴趣,要让幼儿在写写画画的过程中( )文字符号的功能。

A. 感受　　B. 体验　　C. 了解

9. 社会学习的重要途径之一是幼儿与成人、同伴之间的共同( )

A. 游戏　　B. 学习　　C. 实践

10. 为促进幼儿健康,幼儿每天的户外活动时间一般不少于________,其中体育活动时间不少于________。( )

A. 1 小时　2 小时　　B. 2 小时　1 小时　　C. 3 小时　2 小时

三、判断题(判断下列各命题的正误,并在题后括号内打“√”或“×”。本大题共10小题,每小题0.5分,共5分)

1.《幼儿园教育指导纲要(试行)》是从2001年1月起试行的。 (　　)

2. 教师应鼓励5~6岁的孩子学会正确书写自己的名字。 (　　)

3. 幼儿园要为每个幼儿提供表现自己长处和获得成功的机会,增强其自尊心和自信心。 (　　)

4. 幼儿绘画时,应该有范画,但不应要求幼儿完全按照范画来画。 (　　)

5. 幼儿园教育工作评价的参与者是幼儿园的管理人员和教师。(常考) (　　)

6.《幼儿园教育指导纲要(试行)》明确指出,“幼儿园教育是基础教育的重要组成部分,是我国学校教育和终身教育的奠基阶段”。这体现了终身教育的理念定位。 (　　)

7. 教师应以欣赏的态度对待幼儿,注意发现幼儿的优点,接纳他们的个体差异,不简单与同伴做横向比较。(易错) (　　)

8. 科学教育应密切联系社会生活进行,充分利用科技产品等作为科学探索的对象。 (　　)

9. 活动性原则要求学前教育以活动为主,并以活动贯穿整个教育过程。这里的活动主要指教师设计和指导的活动。 (　　)

10. 当幼儿因为急于表达而说不清楚的时候,教师示意幼儿停下来,不要再说了。 (　　)

四、简答题(本大题共3小题,每小题4分,共12分)

1. 简述发展幼儿语言的重要途径是什么。

2. 如何引导幼儿遵守基本的行为规范?

3. 如何利用生活和游戏中的实际情境,引导幼儿理解数概念?

五、论述题(本大题共8分)

《幼儿园教育指导纲要(试行)》中强调,“环境是重要的教育资源,应通过环境的创设和利用,有效地促进幼儿的发展”。请结合教育实践,谈谈如何通过创设和利用环境,有效促进幼儿语言的发展。

六、材料分析与教育活动设计题(本大题共40分)

材料:

落 叶

大树是妈妈,小树叶是她的孩子。

春天,小树叶只是绿绿的嫩芽;夏天,小树叶已经长大了,在火辣辣的阳光下为人们撑起一把大伞,送来一片阴凉;秋天到了,小树叶由绿变黄,一个个好像穿着金黄色裙子的小姑娘,搀着大树妈妈在秋风中翩翩起舞。

一天,一阵秋风吹来,小树叶告别了大树妈妈。小树叶不停地翻动着身子,飘呀飘呀,飘到屋顶上,屋顶变得金黄;飘到小河里,水面上像漂着许多小船;飘到草地上,草地上多了一层软软的地毯;飘到大树妈妈脚下,大伙儿抱成一团,好像在说:“妈妈,天气渐渐冷起来了,我们给您焐焐脚,让您暖暖和和好过冬。”

小树叶在秋风中飘呀飘呀,飘向四面八方,一个个都安下了家。他们心里还惦记着大树妈妈,盼望大树妈妈明年春天生出许多许多小娃娃。

问题:

(1)请对以上材料进行分析。(10分)

(2)请利用以上材料分析设计一个集体教育活动。(30分)

2018年江苏省淮安市经济开发区教师招聘考试
幼儿园教育理论基础真题试卷(十四)

(满分100分　时间120分钟)

本套试卷分为两部分,共47小题。第一部分为教育公共理论,依次为单项选择题(10小题)、多项选择题(5小题)。第二部分为学科专业知识,依次为单项选择题(15小题)、名词解释(3小题)、填空题(10小题)、简答题(3小题)、论述题(1小题)。

第一部分　教育公共理论(共20分)

一、单项选择题(在每小题列出的四个备选项中只有一个是符合题目要求的,请将其代码填写在括号内。错选、多选或未选均无分。本大题共10小题,每小题1分,共10分)

1. 从本质上讲,教学活动是一种(　　)

A. 认识活动　　B. 教师教的活动
C. 实践活动　　D. 学生学的活动

2. 陶行知生活教育理论的核心是(　　)(常考)

A. 行是知之始　　B. 社会即学校
C. 生活即教育　　D. 教学做合一

3. 提出多元智能理论的是美国心理学家(　　)

A. 皮亚杰　　B. 斯金纳　　C. 加德纳　　D. 罗杰斯

4. 心理学关于心理与行为的关系,下列说法错误的是(　　)

A. 人的行为受内隐心理活动支配
B. 心理学只研究人的外显特征
C. 同样的心理活动不同的人可能有不同的行为表现
D. 可以通过观察人的外显行为探讨人的内在心理规律

5. 人们阅读时常使用画重点线的策略。这是利用了知觉的哪一种基本特性(　　)(易混)

A. 选择性　　B. 整体性　　C. 恒常性　　D. 理解性

6. 有研究发现,人们通过视觉获得知识一般能记住83%,通过听觉一般能记住11%,3.5%通过嗅觉,1.5%通过触觉,1%通过味觉。这种促进记忆提高的方法是(　　)

A. 多种感官参与　　B. 合理分配时间
C. 复习方式多样化　　D. 及时复习巩固

7. 自主学习是与传统的接受学习相对应的一种学习方式。下列特性中，自主学习一般不具备的特征是(　　)

A. 自律性　　B. 同步性　　C. 自立性　　D. 自为性

8. 在教育活动中，教师负责组织、引导学生沿着正确的方向，采用科学的方法，获得良好的发展。这句话的意思是说(　　)(易错)

A. 教师在教育活动中是被动的客体

B. 学生在教育活动中是被动的客体

C. 要充分发挥教师在教育活动中的主导作用

D. 要实施开放教学，学生独立完成教育过程

9.《中华人民共和国教师法》规定，教师是履行教育教学职责的专业人员，承担(　　)

A. 教学任务，培养能通过毕业考试的合格毕业生的使命

B. 教育教学工作，培养未来社会的建设者和接班人的使命

C. 教书育人，培养社会主义事业建设者和接班人、提高全人类素质的使命

D. 教书育人，培养社会主义事业建设者和接班人、提高民族素质的使命

10.《基础教育课程改革纲要(试行)》在"基础教育课程改革的具体目标"中指出，改变课程评价过分强调甄别与选拔的功能，发挥评价促进(　　)(常考)

A. 学生基本知识、基本能力全面发展的功能

B. 学生发展、教师提高和改进教学实践的功能

C. 教学问题观察、诊断和教学问题解决的功能

D. 学习方式变革、学习观念改变或转变的功能

二、多项选择题(下列各题备选答案中至少有两项是符合题意的，请找出恰当的选项，并将其代码填在相应的括号内，多选、错选或少选均不得分。本大题共5小题，每小题2分，共10分)

11.《中小学教师职业道德规范》中，对中小学教师职业道德的要求有(　　)

A. 爱国守法、爱岗敬业　　B. 关爱学生、教书育人

C. 关注差异、多元评价　　D. 为人师表、终身学习

12. 建构主义的学习理论主要强调(　　)(易错)

第12题

A. 学习是一个主动的过程

B. 学习是学生建构自己的知识的过程

C. 要以学习者为中心并从学习者的经验出发

D. 要以教师为中心并从教师的教学经验出发

13. 属于马斯洛需求层次理论中成长需要的是(　　)

第13题

A. 生理需要　　B. 求知需要

C. 安全需要　　D. 自我实现的需要

14. 下列有关我国现阶段义务教育的叙述中,正确的有(　　)

A. 实行九年义务教育制度

B. 实行教科书审定制度

C. 禁止用人单位招用应当接受义务教育的适龄儿童、少年

D. 各级人民政府及其有关部门要保障适龄儿童、少年接受义务教育的权利

15. 下列有关立德树人的认识中,正确的有(　　)

A. 单纯进行理论知识传授就能落实好立德树人根本任务

B. 深化课程改革、落实立德树人根本任务具有重大意义

C. 立德树人是发展中国特色社会主义教育事业的核心所在

D. 立德树人是培养德智体美全面发展的社会主义建设者和接班人的本质要求

第二部分　学科专业知识(共 80 分)

一、单项选择题(在每小题列出的四个备选项中只有一个是符合题目要求的,请将其代码填写在括号内。错选、多选或未选均无分。本大题共 15 小题,每小题 1 分,共 15 分)

1. 下列关于左脑的叙述,不正确的是(　　)(易错)

A. 左脑主要通过语言和逻辑来表达内心世界

B. 很小的孩子能在一群人中辨认出一张脸,这是左脑的功能

C. 左脑具有显意识功能

D. 左脑与右半身的神经系统相连

2. "双生子爬梯"实验说明了(　　)对学习技能有前提作用。

A. 感觉　　B. 环境　　C. 生理成熟　　D. 记忆力

3. 最佳学习期限这个概念是由(　　)提出来的。

A. 维果斯基　　B. 冯特　　C. 弗洛伊德　　D. 埃里克森

4. 孩子在听完教师歌唱以后,对同伴说:"我听到了以后,好像看到蝴蝶在跳舞。"这是幼儿(　　)在起作用。(易混)

A. 美的表现力　　B. 美的思维力　　C. 美的创造力　　D. 美的感受力

5. 要保证幼儿每天睡(　　),其中午睡一般应达到 2 小时左右。

A. 8 ~ 9 小时　　B. 9 ~ 10 小时

C. 10 ~ 11 小时　　D. 11 ~ 12 小时

6. 5 ~ 6 岁的男孩子,身高应该达到(　　)

A. 95.1cm ~ 105cm　　B. 106.1cm ~ 125.8cm

C. 107.3cm ~ 130.1cm　　D. 108cm ~ 130cm

7. 我国学前教育中特有的一条教育原则是(　　)(常考)

A. 保教结合原则　　B. 独立自主性原则

C. 发展适宜性原则　　D. 综合性原则

8. 下列不属于描述态度目标的行为动词的是(　　)

A. 讨厌　　B. 认可　　C. 尊重　　D. 朗诵

9. 对幼儿发展状况评估的目的是(　　)

A. 了解幼儿的发展需要　　B. 提高保教质量

C. 教师反思性成长　　D. 评估幼儿的游戏水平

10. 能用简单的记录表和统计图等表示简单的数量关系的幼儿年龄段是(　　)

A. 3 ~ 4 岁　　B. 4 ~ 5 岁　　C. 5 ~ 6 岁　　D. 6 ~ 7 岁

11. 幼儿园必须把(　　)放在工作的首位。(常考)

A. 幼儿的安全　　B. 幼儿的兴趣

C. 幼儿的启蒙　　D. 保护幼儿的生命和促进幼儿的健康

12. 环境是重要的(　　),应通过环境的创设和利用,有效地促进幼儿的发展。

A. 学习资源　　B. 社会资源　　C. 教育资源　　D. 教学资源

13. 幼儿是通过(　　)发展的。

A. 聆听教师讲授知识　　B. 观察教师的操作过程

C. 观看电视卡通节目　　D. 对物体的操作和与人的交往

14. 下列哪一项是对社会环境和教育对心理发展作用的描述(　　)

A. "课程化游戏"　　B. "玉不琢,不成器"

C. "做中学"　　D. "人之初,性本善"

15. "恩物"是(　　)为儿童设计的一系列活动玩具材料。

A. 杜威　　B. 皮亚杰　　C. 福禄贝尔　　D. 蔡元培

二、名词解释(本大题共 3 小题,第 1 小题 3 分,第 2 小题 4 分,第 3 小题 3 分,共 10 分)

1. 学习品质

2. 最近发展区(常考)

3. 具体形象思维

三、填空题(在下列每小题的空格中填上正确答案。错填、不填均不得分。本大题共10小题,每空1分,共25分)

1. 张雪门的幼稚园行为课程,强调应以________为基础,以________为核心。
2. 语言能力是在________的过程中发展起来的,发展幼儿语言的关键是创设一个能使他们________、敢说、喜欢说、________并能得到积极应答的环境。(常考)
3. 知觉包括________、________、________和观察力。
4. 《幼儿园教师专业标准(试行)》的基本理念是________、________、________、________。
5. 《3~6岁儿童学习与发展指南》将健康领域划分为________、________、________。
6. 幼儿的基本动作是指走、跑、跳、________、________、________。(易错)
7. 认为清末民初中国幼教机构存在"外国病""花钱病""富贵病"三大弊病的教育家是________。
8. 语言是________和________的工具。
9. 入园幼儿应当由________或者其委托的________接送。
10. 《幼儿园工作规程》提出,幼儿园应当充分利用________和________的有利条件,丰富和拓展幼儿的教育资源。(常考)

四、简答题(本大题共3小题,第1小题7分,第2小题5分,第3小题6分,共18分)

1. 简述幼儿园教师应具有的专业能力。

2. 幼儿游戏的本质是什么?(易错)

3. 应怎样通过环境的创设和利用,有效地促进幼儿发展?

五、论述题(本大题12分)

请根据班级实际情况,分析在幼儿游戏活动中教师的指导策略是什么。

2017 年江苏省南通市如东县教师招聘考试
幼儿园教育理论基础真题试卷(十五)

(满分 100 分　时间 120 分钟)

本套试卷共两部分,共 55 小题,第一部分包括单项选择题(10 小题),判断题(10 小题)。第二部分包括填空题(10 小题),单项选择题(10 小题),判断题(10 小题),简答题(2 小题),案例分析题(2 小题),教学设计题(1 小题)。

第一部分　公共知识(20 分)

一、单项选择题(在每小题列出的四个备选项中只有一个是符合题目要求的,请将其代码填写在括号内。错选、多选或未选均无分。本大题共 10 小题,每小题 1 分,共 10 分)

1. 从本质上说,教学是一种(　　)

A. 认识活动　　B. 教师教的活动　　C. 学生学的活动　　D. 课堂活动

2. 近代最早一部系统论述教育问题的专著是(　　)

A.《教育漫话》　　B.《爱弥儿》　　C.《大教学论》　　D.《雄辩术》

3. 让学校的每一面墙都开口说话,这是充分运用了下列(　　)的德育方法。

A. 榜样示范　　B. 陶冶教育　　C. 实际锻炼　　D. 品德评价

4. 教育者要在儿童发展的关键期施以相应的教育,这是因为人的发展具有(　　)

A. 顺序性和阶段性　　B. 稳定性和可变性

C. 不均衡性　　D. 个别差异性

5. 做好班主任工作的前提和基础是(　　)

A. 组织和培养班集体　　B. 全面了解和研究学生

C. 培养优良班风　　D. 做好后进生的转化工作

6. 我国实行的第一个现代学制是(　　)

A. 壬寅学制　　B. 癸卯学制　　C. 壬戌学制　　D. 壬子癸丑学制

7. 学生阅读时常使用划重点线的策略,这是利用了知觉的哪种特性(　　)

A. 选择性　　B. 理解性　　C. 整体性　　D. 恒常性

8. 苏联教育家马卡连柯倡导的“平行教育”的德育原则是(　　)

A. 知行统一的原则　　B. 尊重信任与严格要求学生相结合的原则

C. 教育影响的一致性和连贯性的原则　　D. 集体教育与个别教育相结合的原则

9. 在路上遇到小时候的同伴,虽然叫不出他(她)的名字,但确认是认识的,此时的心理活动是(　　)

A. 重现　　B. 保持　　C. 回忆　　D. 再认

10. 马斯洛把完善自己,充分发挥自己的潜能,完成自己使命的需要称作(　　)

A. 尊重的需要　　B. 归属和爱的需要

C. 自我实现的需要　　D. 成长的需要

二、判断题(判断下列各命题的正误,并在题后括号内打"√"或"×"。本大题共10小题,每小题1分,共10分)

1. 人们常说"教育有法而教无定法",这反映教师的劳动具有示范性特点。(　　)
2. 系统地收集有关学生学习行为的资料,参照预定的教学目标,对其进行价值判断的过程称为教学评价。(　　)
3. 校园文化的核心是学校的制度文化。(　　)
4. 教师不得有谩骂、体罚、变相体罚或者其他侮辱学生的行为,因为学生享有人格尊严权。(　　)
5. 教师按一定的教学要求向学生提出问题,要求学生回答,并通过问答的形式来引导学生获取或者巩固知识的教学方法是谈话法。(　　)
6. 提出"生活即教育,社会即学校"教育思想的教育家是美国的杜威。(　　)
7. 驾驶员在驾驶车辆时,眼、耳、手、脚并用是指注意的分配品质。(　　)
8. 记忆系统中的短时记忆通过复述就进入长时记忆。(　　)
9. 飞机设计师在头脑中构成一架新型飞机的形象属于再造想象。(　　)
10. 某男生活泼、好动、乐观、灵活,喜欢交朋友,爱好广泛,稳定性差,缺少毅力,见异思迁,该男生的品质属于多血质。(　　)

第二部分　学前教育(80分)

一、填空题(在下列每小题的空格中填上正确答案。填错、不填均不得分。本大题共10小题,每空0.5分,共10分)

1. 幼儿园教育应尊重幼儿的人格和权利,尊重幼儿身心发展的规律和学习特点,以________为基本活动,________并重,关注个别差异,促进每个幼儿富有个性的发展。
2. 幼儿园各领域的内容相互渗透,从不同角度促进幼儿________、态度、________、知识、技能等方面的发展。
3. 家庭是幼儿园重要的合作伙伴,应本着尊重、________、________的原则,争取家长的理解、支持和主动参与,并积极支持、帮助家长提高教育能力。
4. 教师应成为幼儿学习活动的支持者、________、________。
5. 承认和关注幼儿的个体差异,避免用________的标准评价不同的幼儿,慎用________的比较。
6.《3~6岁儿童学习与发展指南》是以为幼儿________学习和________发展奠定良好素质基础为

目标,以促进幼儿体、智、德、美各方面的协调发展为核心。

7. 幼儿身心发育尚未成熟,需要成人的精心呵护和照顾,但不宜过度________和包办代替,以免剥夺幼儿自主学习的机会,养成过于依赖的不良习惯,影响其________性、独立性的发展。

8. 幼儿的语言发展需要相应的________经验支持,应通过多种活动扩展幼儿的________经验,丰富语言的内容,增强理解和表达能力。

9. 良好的________发展对幼儿________健康和其他各方面的发展都具有重要影响。

10. 幼儿的科学学习是在________具体事物和解决实际问题中,尝试发现事物间的________和联系的过程。

二、单项选择题(在每小题列出的四个备选项中只有一个是符合题目要求的,请将其代码填写在括号内。错选、多选或未选均无分。本大题共10小题,每小题1分,共10分)

11. 幼儿园教育活动内容的组织应充分考虑幼儿的学习特点和认识规律,各领域的内容要有机联系、相互渗透,注重综合性、趣味性、活动性,寓教育于(　　)、游戏之中。

A. 生活　　B. 环境　　C. 模式　　D. 经验

12. 充分利用社会资源、引导幼儿实际感受祖国文化的丰富与优秀,感受家乡的变化和发展,激发幼儿爱________、爱________的情感。(　　)(易混)

A. 家乡、家人　　B. 家乡、祖国

C. 生活、自己　　D. 人民、祖国

13. 幼儿园教育工作评价实行以教师自评为主,________以及有关管理人员、________和________等参与评价的制度。(　　)

A. 园长、其他教师、家长　　B. 园长、幼儿、家长

C. 其他教师、幼儿、家长　　D. 园长、年级组长、幼儿

14. 幼儿园必须把保护幼儿的生命和促进幼儿的(　　)放在工作的首位。

A. 学习　　B. 游戏　　C. 健康　　D. 活动

15. 幼儿的语言学习具有(　　)特点,教师与幼儿的个别交流,幼儿之间的自由交谈等,对幼儿语言发展具有特殊意义。

A. 交互性　　B. 模仿性　　C. 生成性　　D. 个别化

16. 幼儿的学习是以(　　)为基础,在游戏和日常生活中进行的。(常考)

A. 直接经验　　B. 间接经验　　C. 游戏　　D. 理解

17.《3~6岁儿童学习与发展指南》健康领域目标指出,(　　)幼儿能双手抓杠悬吊15秒。

A. 2~3岁　　B. 3~4岁　　C. 4~5岁　　D. 5~6岁

18.《3~6岁儿童学习与发展指南》中的"用自然的、音量适中的声音基本准确地唱歌"这句话描述的是4~5岁幼儿(　　)的目标之一。(常考)

A. 喜欢进行艺术活动并大胆表现　　B. 具有初步的艺术表现与创造能力

C. 喜欢欣赏多种多样的艺术形式和作品　　D. 喜欢自然界与生活中美的事物

19. 要帮助幼儿逐步养成积极主动、(　　)、乐于想象和创造等良好学习品质。

A. 认真专注、不怕困难、敢于探究和尝试　　B. 认真学习、不怕困难、敢于探究和发现

C. 认真学习、不怕困难、敢于探究和尝试　　D. 认真学习、不怕艰难、敢于探究和尝试

20.《3 ~6 岁儿童学习与发展指南》从健康、语言、社会、科学、艺术五个领域描述幼儿的(　　)

A. 学习与发展　　B. 动作与技能

C. 知识与技能　　D. 学习与技能

三、判断题(判断下列各命题的正误,并在题后括号内打"√"或"×"。本大题共 10 小题,每小题 1 分,共 10 分)

21. 为贯彻《中华人民共和国教育法》《幼儿园管理条例》和《幼儿园工作规程》,指导幼儿园深入实施素质教育,特制定《幼儿园教育指导纲要(试行)》。(　　)

22. 幼儿园不应与家庭、社区密切合作,与小学相互衔接,综合利用各种教育资源,共同为幼儿的发展创造良好的条件。(常考)(　　)

23. 幼儿园的教育内容是全面的、深刻性的。(　　)

24. 幼儿园应培养幼儿对生活中常见的简单标记和文字符号的兴趣。(　　)

25. 幼儿园应为幼儿提供丰富的、可操作的材料,为每个幼儿都能运用多种感官、多种方式进行探索提供活动的条件。(　　)

26. 儿童的发展是一个整体,要注重领域之间、目标之间的相互渗透和整合,促进幼儿身心全面协调发展,而不应片面追求某一方面或几方面的发展。(易错)(　　)

27. 为有效促进幼儿身体健康发展,成人应为幼儿提供合理均衡的营养,保证充足的睡眠和适宜的锻炼,满足幼儿生长发育的需要。(　　)

28. 忽视幼儿学习品质培养,单纯追求知识技能学习的做法是短视而有害的。(　　)

29. 幼儿的发展是一个持续、渐进的过程,同时也表现出一定的阶段性特征。(　　)

30. 鼓励幼儿做力所能及的事情,对幼儿的尝试与努力给予肯定,不因做不好或做得慢而包办代替。(　　)

四、简答题(本大题共 2 小题,每小题 5 分,共 10 分)

31. 幼儿园艺术领域的目标有哪些?

32. 实施《3 ~6 岁儿童学习与发展指南》应把握哪四个方面?(常考)

五、案例分析题(本大题共2小题,每小题10分,共20分)

33. 小班幼儿就要入园了,小A班的老师为孩子创设的活动环境里有3个娃娃家、30本图书(其中有许多是相同的)等,小B班的老师为孩子创设的活动环境里有娃娃家、医院、超市各1个,30本各不相同的图书等。

请你对这两位老师的做法进行点评。

34. 阅读大班语言活动《春天》,分析其教学的重难点,并阐述用什么方法来实现重点与难点。(本题10分,分析重点难点各2分,阐述重难点的突破各3分)

附:诗歌《春天》

春天是一本彩色的书——黄的迎春花/红的桃花/绿的柳叶/白的梨花

春天是一本会笑的书——小池塘笑了/酒窝圆又大/小朋友笑了/咧开小嘴巴

春天是一本会唱的书——春雷轰隆隆/春雨滴滴答/燕子唧唧唧/青蛙呱呱呱

六、教学设计题(本大题共20分)

请根据提供的教育活动素材《买菜》,设计一个中班艺术活动。(本题20分,目标的制订4分,活动的准备设计4分,活动过程设计10分,活动延伸设计2分)

附歌曲:

买菜

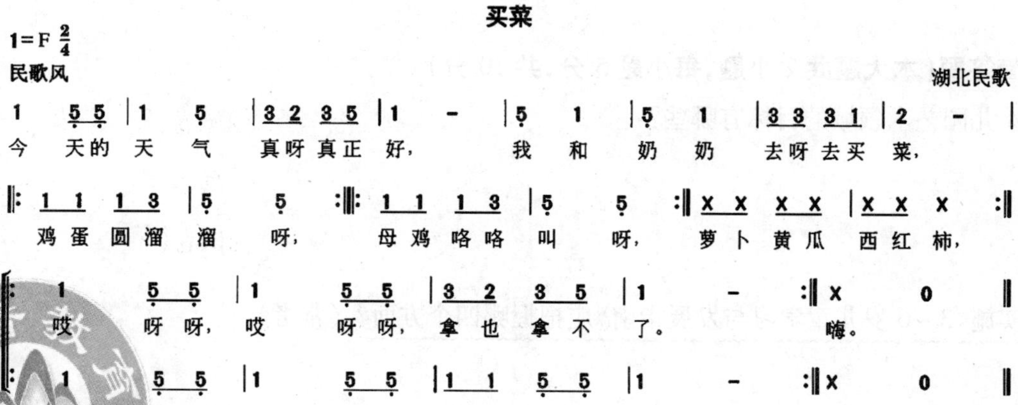

1=F 2/4

民歌风

湖北民歌

1 5 5 | 1 5 | 3 2 3 5 | 1 - | 5 1 | 5 1 | 3 3 3 1 | 2 - |

今 天的 天 气 真呀 真正 好, 我 和 奶 奶 去呀 去买 菜,

|: 1 1 1 3 | 5 5 :|: 1 1 1 3 | 5 5 :| X X X X | X X X :|

鸡蛋 圆溜 溜 呀, 母鸡 咯咯 叫 呀, 萝卜 黄瓜 西红 柿,

|: 1 5 5 | 1 5 5 | 3 2 3 5 | 1 - :| X 0 ‖

哎 呀呀, 哎 呀呀, 拿也 拿不 了。 嗨。

|: 1 5 5 | 1 5 5 | 1 1 5 5 | 1 - :| X 0 ‖

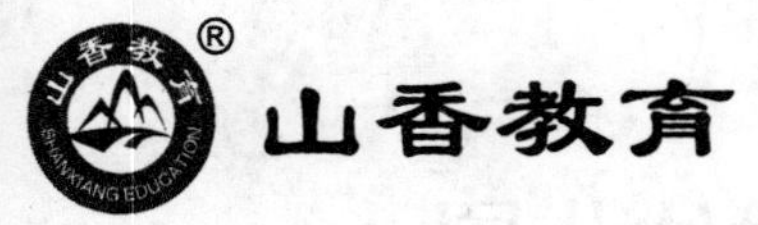

江苏省教师招聘考试幼儿园
教育理论基础精准对练试卷

江苏省镇江市教师招聘考试幼儿园教育理论基础精准对练试卷(十六)

江苏省南通市教师招聘考试幼儿园教育理论基础精准对练试卷(十七)

江苏省常州市教师招聘考试幼儿园教育理论基础精准对练试卷(十八)

江苏省淮安市教师招聘考试幼儿园教育理论基础精准对练试卷(十九)

江苏省苏州市教师招聘考试幼儿园教育理论基础精准对练试卷(二十)

(本精准对练试卷由山香教师招聘考试命题研究中心精心编写)

江苏省镇江市教师招聘考试幼儿园
教育理论基础精准对练试卷(十六)

(满分 100 分　时间 120 分钟)

本套试卷分为两部分,共 59 小题。第一部分为教育基础知识,依次为单项选择题(15 小题)、多项选择题(5 小题)。第二部分为学科专业知识,依次为单项选择题(20 小题)、判断题(10 小题)、填空题(3 小题)、简答题(5 小题)、案例分析题(1 小题)。

第一部分　教育基础知识

一、单项选择题(在每小题列出的四个备选项中只有一个是符合题目要求的,请将其代码填写在括号内。错选、多选或未选均无分。本大题共 15 小题,每小题 1 分,共 15 分)

1. 教育中基本的、决定性的矛盾是(　　)

A. 教科书与课外辅导书　　B. 教师与学校

C. 受教育者与教育内容　　D. 受教育者和教育者

2. 2021 年是建党一百周年,教师为学生播放一些抗日战争时期的录像带、影视剪辑等。这运用了(　　)

A. 传递—接受教学模式　　B. 自学—指导教学模式

C. 问题—探究教学模式　　D. 情境—陶冶教学模式

3. 由于学生发展的主客观条件不一样,其发展的过程和结果也有差异,这就要求教师(　　)

A. 把握学生发展的关键期,不失时机地采取教育措施,使其获得最佳发展

B. 深入了解学生的身心发展状况和水平,做到因材施教

C. 根据时代特征、地域特点,不断调整教学内容

D. 要考虑教育各个阶段的衔接

4. 大海和小刚是一对好朋友,两人经常一起学习、玩耍,并且拒绝其他人加入。依据塞尔曼儿童友谊发展阶段理论,大海和小刚的友谊处于(　　)

A. 单向帮助阶段　　B. 双向帮助但不能共患难的合作阶段

C. 亲密的共享阶段　　D. 友谊发展的最高阶段

5. 李兰同学的数学成绩一直不太好,班主任李老师就常利用课余时间鼓励她,告诉她要坚定信心找好方法,一定可以克服学习中遇到的困难,学好数学。李兰在得到老师的鼓励后,成绩真的渐渐得到了提升,心理学中把这种效应称为(　　)

A. 顺序效应　　B. 安慰剂效应　　C. 霍桑效应　　D. 罗森塔尔效应

6. 为写好毕业论文，小王按照事先设计好的观察内容和项目，对小学三年级的几个学生个案进行了细致的观察和记录。这种观察属于(　　)

A. 间接观察　　B. 参与观察　　C. 结构观察　　D. 实验观察

7. 年龄小的孩子由于经验的限制，常常出现“好心办坏事”的情况，这说明其(　　)相对缺乏。

A. 道德认知　　B. 道德情感　　C. 道德意志　　D. 道德行为

8. 学生已经有了“动物”的知识，现在让学生学习“鸟”的相关知识，这种学习属于(　　)

A. 上位学习　　B. 下位学习　　C. 概念学习　　D. 辨别学习

9. 首先做我要你做的事，然后才可以做你想做的事。如要求不爱吃青菜的孩子吃青菜，可以这样做：吃完这些青菜，才可以吃鸡腿。这种做法符合(　　)

A. 普雷马克原理　　B. 扇贝原理　　C. 德西效应　　D. 习得性无助效应

10. 某校长在谈到学校的校园环境时讲道：“这些长长的回廊和雄伟的石柱，这些随风摇曳的棕树就像化学实验室和教室一样在学生的教育中起着重要的作用。这个庭院的每块石头都有教育意义。”这主要体现的德育方法是(　　)

A. 实际锻炼法　　B. 情感陶冶法　　C. 说服教育法　　D. 榜样示范法

11. 小狗听见主人叫它名字时，会跑到主人面前来，这种心理现象属于(　　)

A. 第一信号系统的条件反射　　B. 第二信号系统的条件反射

C. 无条件反射　　D. 本能反射

12. 学生学习《沁园春·雪》这首词时，头脑中呈现出词中所描绘的相关景象，这种心理活动属于(　　)

A. 再造想象　　B. 创造想象　　C. 无意记忆　　D. 有意记忆

13. 历史老师为让学生切实感受到唐朝的场景，带领学生到唐朝博物馆参观，观察唐朝的服饰、瓷器等物件。教师组织学生实地参观属于知识直观中的(　　)

A. 模像直观　　B. 实物直观　　C. 言语直观　　D. 感知直观

14. “花儿开了，因为它想看见我”，这种思维方面的特点，主要存在于儿童认知发展的(　　)

A. 感知运动阶段　　B. 前运算阶段

C. 具体运算阶段　　D. 形式运算阶段

15. 科学家、会计师、工程师及电脑程序员这一群体在(　　)上更突出。

A. 逻辑—数学智力　　B. 视觉—空间智力

C. 言语智力　　D. 内省智力

二、多项选择题(下列每小题列出的选项中至少有两个是正确的，请将其代码填在括号内。错选、多选、少选或未选均不得分。本大题共 5 小题，每小题 1 分，共 5 分)

16. 人的心理过程分为(　　)

A. 认知过程　　B. 性格形成过程　　C. 情绪情感过程　　D. 意志过程

17. 新课程倡导的适合学生的学习方式有(　　)

A. 自主学习　　B. 合作学习　　C. 探究学习　　D. 听老师讲

18. 消极的心理应对方式包括(　　)

A. 攻击行为　　B. 逃避行为　　C. 固执行为　　D. 压抑行为

19. "三教一体化"的教育网络包括(　　)形成一体化的教育合力。

A. 教师　　B. 学校　　C. 家庭　　D. 社会

20. 课堂教学改革积极倡导(　　)

A. 问题性教学　　B. 结果性教学　　C. 综合性教学　　D. 研究性教学

第二部分　学科专业知识

三、单项选择题(下列每小题列出的四个选项中只有一个是最符合题意的,请将其代码填在括号内。错选、多选或未选均不得分。本大题共 20 小题,每小题 1 分,共 20 分)

21. "培养小班儿童愉快地进餐,正确地使用小勺,饭后擦嘴。"这属于幼儿园教育目标层次中的(　　)

A. 远期目标　　B. 中期目标　　C. 近期目标　　D. 活动目标

22. (　　)能促进视觉细胞类感光物质的合成与再生,促进生长发育,有利于提高机体免疫力,缺乏它会引起夜盲症。

A. 维生素 B_2　　B. 维生素 C　　C. 维生素 D　　D. 维生素 A

23. 某幼儿被蚊子叮咬后,妈妈为他大面积涂花露水,结果出现酒精中毒症状,这是因为幼儿皮肤(　　)

A. 保护功能强　　B. 散热功能差

C. 渗透作用强　　D. 吸收作用差

24. 下列选项中,关于我国学前教育性质的描述不正确的是(　　)

A. 学前教育属于基础教育　　B. 学前教育属于启蒙教育

C. 学前教育属于义务教育　　D. 学前教育属于全面发展教育

25. 杜威以实用主义哲学为基础建立其教育理论体系,他主张教育要以儿童为中心,基本方法是(　　)

A. "做中学"　　B. "玩中学"　　C. "教中学"　　D. "乐中学"

26.《幼儿园工作规程》指出,幼儿园教师对本班工作全面负责,其主要职责不包括(　　)

A. 观察了解幼儿,合理安排幼儿一日生活

B. 指导调配幼儿膳食,检查食品卫生

C. 参加业务学习和保育教育研究活动

D. 与家长保持经常联系,相互配合共同完成教育任务

27. 下列不属于幼儿德育要素的是(　　)

A. 道德认知　　B. 道德情感　　C. 道德意志　　D. 道德理论

28. 在科学活动中,引导幼儿使用教师提供的电池、导线、灯泡等材料,想方法使灯泡变亮。这种教学方法是(　　)

A. 示范法　　B. 观察法　　C. 操作法　　D. 口授法

29. 某园固定每周一下午,由幼儿园主管领导负责解答来访家长的问题,听取家长的意见和建议。这种幼儿园与家长互动沟通的方式是(　　)

A. 家长会　　B. 家长学校　　C. 家长开放日　　D. 家长接待日

30. 以下不属于中国近代幼教开创者的是(　　)

A. 黄炎培　　B. 陈鹤琴　　C. 张雪门　　D. 陶行知

31. 教师在活动前要善于激发幼儿的学习兴趣和动机,这体现了学前教育的(　　)

A. 科学性、思想性原则　　B. 目标性原则

C. 主体性原则　　D. 保教合一原则

32. 幼儿在拼搭"秋水广场"喷泉造型时遇到困难,便邀请老师一起参与解决。在师幼的共同努力下终于搭好了喷泉,大家开心极了。这体现了教师在指导幼儿活动区活动时的角色是(　　)

A. 兴趣的关注者　　B. 思考的合作者

C. 关系的协调者　　D. 信息的导航者

33. 幼儿知道"夏天很热,最好不要到户外去",反映了幼儿(　　)

A. 感觉的概括性　　B. 知觉的概括性

C. 思维的概括性　　D. 记忆的概括性

34. 下列关于婴幼儿生长发育特点的描述,不正确的是(　　)

A. 幼儿肌肉容易疲劳,户外活动时,适时让幼儿休息,避免过度疲劳

B. 幼儿的消化功能强而吸收功能弱

C. 幼儿年龄越小,呼吸频率越快

D. 幼儿年龄越小,心率越快,幼儿心肌容易疲劳

35. 教师在向小班幼儿描述常规时应避免使用否定性的语句,这是由于(　　)

A. 按规定不能用　　B. 小班幼儿年龄小,语言理解能力弱

C. 说否定句有损教师形象　　D. 容易造成幼儿的逆反心理

36. 幼儿的语音发展具有一定的特点。对此,下列说法正确的是(　　)

A. 幼儿对声母、韵母的掌握程度相同　　B. 1~2 岁是幼儿语音发展的飞跃期

C. 幼儿发音的正确率与年龄增长成正比　　D. 幼儿语音的正确率与所处社会环境无关

37. 一般来说,学前期男孩的语言发展比同龄女孩迟,这种现象的影响因素主要是(　　)

A. 遗传因素　　B. 生理成熟　　C. 环境　　D. 教育

38. 对幼儿时间定向起决定作用的是(　　)

A. 季节变化　　B. 日历或钟表上的时间信息

C. 天气变化　　D. 作息制度

39. 幼儿教师在做好教育教学工作的同时,还要做好管理和卫生保健工作,使幼儿得到和谐发展。这体现了幼儿教师职业劳动具有(　　)

A. 示范性　　B. 创造性　　C. 长期性　　D. 全面性

40. 幼儿园在布置娃娃家、商店等活动区域时,应多提供原材料和(　　),让幼儿有更多的机会参与制作活动。

A. 半成品　　B. 范例　　C. 成品　　D. 图示

四、判断题(判断下面各题的正误,并在相应的题后括号内打"√"或"×"。本大题共 10 小题,每小题 1 分,共 10 分)

41. 为了使幼儿脚底的肌肉、韧带长结实,应选择运动量小的活动。(　　)

42. 幼儿同伴群体及幼儿园教师集体是宝贵的教育资源,应充分发挥这一资源的作用。(　　)

43. 对游戏的间接指导比直接指导好。(　　)

44. 某幼儿夜间经常惊醒、哭闹、多汗,并出现记忆力差、语言发展迟缓等症状,幼儿可能患有儿童期恐惧。(　　)

45. 在数字认识中,利用 1 像铅笔、2 像鸭子,把抽象的数字形象化,帮助幼儿记住数字的方法是归类记忆法。(　　)

46. 幼儿园教育活动内容的选择既要适合儿童的现有水平,又要有一定的挑战性。(　　)

47. 幼儿教师的教育能力主要包括确定教育内容的能力和选择教育策略的能力。(　　)

48. 幼儿园教育评价工作的参与者可以是管理人员、教师、幼儿及其家长。(　　)

49. 儿童方位知觉的发展顺序为先前后,次上下,再左右。(　　)

50. 幼儿园设立家长开放日的主要目的是了解家长的教养态度。(　　)

五、填空题(在下列每小题的空格中填上正确答案。错填、不填均不得分。本大题共 3 小题,每空 0.5 分,共 10 分)

51. 实验法是学前教育学常用的研究方法,按照实验研究的场所不同可分为________和________,按照实验者在实验过程中对无关变量的控制程度可分为________、________和________,按照实验研究的目的不同可分为________和________。

52. 幼儿园应当严格执行国家和地方幼儿园安全管理的相关规定,建立健全________、________、________、消防、交通、食品、药物、________、________和________等安全防护和检查制度,建立________和________。

53. 幼儿园保育和教育要萌发幼儿________、________、________、________、________的情感。

六、简答题(本大题共 5 小题,共 24 分)

54. 幼儿进食的卫生要求有哪些?(6 分)

55. 简述幼儿从幼儿园进入小学,将面临哪些方面的转变。(6 分)

56. 简述幼儿园以游戏为基本活动的目的。(4 分)

57. 简述学前儿童发生气管异物时的正确处理方法。(3 分)

58. 简述学前儿童的记忆策略。(5 分)

七、案例分析题(本大题共 16 分)

59. 今天的安全话题结束后,幼儿都争先恐后地跑过来告诉我他们知道的一些有危险的事情。

涵涵:老师,水龙头不关也是很危险的,不关的话到时候水很多很多,房子里面都是水,这是很危险的!

辉辉:我上次在电视上看到有一家煤气漏气了,他们都不知道,结果一家人都中毒了,120 都来了!

苗苗:上次我还看到有一个小朋友在家里玩火,结果把他们家的房子都给烧掉了!

结合以上案例,谈谈如何对幼儿进行安全教育。

江苏省南通市教师招聘考试幼儿园教育理论基础精准对练试卷(十七)

（满分100分　时间120分钟）

本套试卷分为两部分,共54小题。第一部分为教育基础知识,依次为单项选择题(6小题)、判断题(6小题)、简答题(1小题)、抄写题(1小题)。第二部分为学科专业知识,依次为填空题(6小题)、单项选择题(20小题)、判断题(10小题)、简答题(2小题)、案例分析题(1小题)、活动设计题(1小题)。

第一部分　教育基础知识

一、单项选择题(在下列每小题列出的四个选项中只有一个是最符合题意的,请将其代码填在括号内。错选、多选或未选均不得分。本大题共6小题,每小题1.5分,共9分)

1. 有的班主任教师按学生考试分数给学生排名次,并把名次作为安排、调整座位和评先推优的唯一标准。这违反了《中小学教师职业道德规范》(2008年修订)中的(　　)

A. 爱国守法　　B. 教书育人　　C. 关爱学生　　D. 爱岗敬业

2. 综合实践活动课在新课改中被列入(　　)

A. 选修课　　B. 活动课　　C. 综合课　　D. 必修课

3. 古代西方教育中强调身心和谐发展的是(　　)

A. 雅典教育　　B. 斯巴达教育　　C. 世俗教育　　D. 骑士教育

4. 英国教育学家洛克的教育著作是(　　)

A.《教育论》　　B.《教育漫话》　　C.《大教学论》　　D.《爱弥儿》

5. 苏联教育家马卡连柯提出的“平行影响”教育原则是指(　　)

A. 教师教育与家长教育相结合　　B. 集体教育与个别教育相结合

C. 学校教育与校外教育相结合　　D. 正面教育与反面教育相结合

6. 个体身心发展具有不均衡性,所以教育要(　　)

A. 因材施教　　B. 循序渐进　　C. 抓关键期　　D. 扬长避短

二、判断题(判断下列各题的正误,并在题后括号内打“√”或“×”。本大题共6小题,每小题1分,共6分)

7. 盲人尽管视力有缺陷,但其触觉和嗅觉却往往优于常人,这体现了个体身心发展的不平衡性。(　　)

8. 从广义上讲,教师、家长以及社会上所有的人都可能是教育者。(　　)

9. 教师因本职工作的伟大而感到光荣的道德情感是自豪感。(　　)

10. 荀子认为人性本恶,因此教育要从“礼”这一需要出发,用“礼义”教化民众,这体现了个人本位论的教育目的的价值取向。 ( )

11. 教育法律关系一经发生,是不可以变更的。 ( )

12. 在日常教育教学管理中,班主任有采取适当方式对学生进行批评教育和处罚的权利。 ( )

三、简答题(本大题 1 小题,4 分)

13. 教育过程中偶发事件的处理方法有哪些?

四、抄写题(本大题 1 题,1 分)

14. 苏联教育理论家苏霍姆林斯基提出,没有自我教育就没有真正的教育。这样一个信念在我们的教师集体的创造性劳动中起着重大的作用。

第二部分 学科专业知识

五、填空题(在下列每小题的空格中填上正确的答案。错填、不填均不得分。本大题共 6 小题,每空 1 分,共 10 分)

15. 夸美纽斯的著作主要有________、________和《大教学论》。

16. ________是向幼儿进行德育的前提。幼儿对成人的信赖和热爱,是他们接受教育的重要条件。

17.《幼儿园工作规程》指出,“幼儿园是对________周岁以上学龄前幼儿实施________的机构”。

18. 心理学家帕登以儿童的社会性发展为依据将游戏分为非游戏行为、旁观游戏、独立游戏、平行游戏、________和合作游戏等。

19. 儿童绘画能力的发展可分为四个阶段,即涂鸦期、________、________和写实期。

20. 幼儿园音乐教育活动包括歌唱活动、韵律活动、________和________。

六、单项选择题(在下列每小题列出的四个选项中只有一个是最符合题意的,请将其代码填在括号内。错选、多选或未选均不得分。本大题共 20 小题,每小题 1 分,共 20 分)

21. (　　)是指幼儿园班级中的保教人员通过计划、组织、实施、总结等环节,把幼儿园的人、财、物、时间、空间、信息等资源充分运用起来,以达到高效率实现保育和教育的目的。

A. 幼儿园班级管理　　B. 幼儿园年级管理

C. 幼儿园教师管理　　D. 幼儿园儿童管理

22. 食物供给中既要考虑量的多少,又要考虑是否优质的营养成分为(　　)

A. 碳水化合物　　B. 脂肪　　C. 蛋白质　　D. 无机盐

23. 下列以“研究和试验如何办好农村幼稚园的具体方法”为办园宗旨的是(　　)

A. 南京鼓楼幼稚园　　B. 上海大同幼稚园

C. 上海总工会幼儿园　　D. 南京燕子矶幼稚园

24. 幼儿记忆的特点之一是(　　)

A. 形象记忆占优势　　B. 语词记忆占优势

C. 意义记忆用得多　　D. 机械记忆效果好

25. (　　)认为“儿童的发展是一个顺序模式的过程，这个模式是由机体成熟预先决定和表现的”。

A. 弗洛伊德　　B. 皮亚杰　　C. 格塞尔　　D. 华生

26. 一个人在社会生活中交往越广泛，社会关系也就越复杂、越深刻，他的精神世界就越丰富。这反映了个性的(　　)特征。

A. 稳定性　　B. 整体性

C. 社会性　　D. 个别性

27. 在整个童年期基本没有什么发展的器官系统是(　　)

A. 神经系统　　B. 淋巴系统　　C. 生殖系统　　D. 运动系统

28. 在教育史上第一个系统研究游戏的价值，并尝试创建游戏实践体系的教育家是(　　)

A. 卢梭　　B. 夸美纽斯　　C. 福禄贝尔　　D. 蒙台梭利

29. 在角色游戏中，教师观察幼儿能否主动协商处理玩伴关系。这主要观察的是(　　)

A. 幼儿的情绪表达能力　　B. 幼儿的社会交往能力

C. 幼儿的规则意识　　D. 幼儿的思维发展水平

30. 下列哪一种活动的重点不是发展幼儿的精细动作能力(　　)

A. 扣纽扣　　B. 使用剪刀

C. 双手接球　　D. 系鞋带

31. 初入幼儿园的幼儿常常有哭闹、不安等不愉快的情绪。这说明这些幼儿表现出了(　　)

A. 回避型状态　　B. 抗拒性格

C. 分离焦虑　　D. 黏液质气质

32. “能通过简单的调查收集信息”所属的科学领域目标是(　　)

A. 对周围的事物有好奇心　　B. 具有初步的探究能力

C. 亲近自然，喜欢探究　　D. 在探究中认识周围事物和现象

33. 下列对麻疹描述错误的是(　　)

A. 由麻疹病毒引起的　　B. 不具备很强的传染性

C. 颊黏膜会出现费—科氏斑　　D. 发热 3 ~4 天后出现皮疹

34. 幼儿自然而然地接受语言，不立即模仿说出，隔一段时间后，或在类似情境出现时，幼儿才模仿说出类似的语言。这是(　　)

A. 即时的、完全模仿　　B. 即时的、不完全模仿

C. 延迟模仿　　D. 创造性模仿

35. 个体自我意识萌芽最重要的标志是(　　)

A. 会叫妈妈　　B. 思维出现

C. 学会评价　　D. 掌握代名词“我”

36. “老师说我是好孩子”说明幼儿对自己的评价是(　　)

A. 具有独立性的　　B. 个别方面的

C. 多方面的　　D. 具有依从性的

37. 在幼儿园歌唱活动中引导幼儿为歌曲创编动作是为了发展幼儿的(　　)

A. 理解力　　B. 表现力　　C. 创造力　　D. 想象力

38. 幼儿道德发展的核心问题是(　　)

A. 亲子关系的发展　　B. 同伴关系的发展

C. 性别角色的发展　　D. 亲社会行为的发展

39. 在被问及“当你是个婴儿的时候,你是个男孩还是女孩?”“当你长大以后,你是爸爸还是妈妈?”4 岁以上的儿童能够做出正确的回答。这反映了幼儿(　　)的发展。

A. 性别认同的发展　　B. 性别稳定性的发展

C. 性别恒常性的发展　　D. 性别差异性的发展

40. 与幼儿园教育相比,家庭教育的特点具有(　　)

A. 目的性　　B. 组织性

C. 随机性　　D. 计划性

七、判断题(判断下列各题的正误,并在题后括号内打“√”或“×”。本大题共 10 小题,每小题 1 分,共 10 分)

41.《3 ~6 岁儿童学习与发展指南》中指出,幼儿每天的户外活动时间一般不少于 3 小时,其中体育活动时间不少于 1 小时,季节交替时要坚持。(　　)

42. 儿童在剧烈运动后只有大量饮水,才能迅速补充失去的水分。(　　)

43. 培养幼儿前阅读和前书写的技能,就是教他们认字和写字。(　　)

44. “课程游戏化”是实现幼儿园课程改革的重要手段之一,目的是让课程更具自由、自主、愉悦、创造的游戏精神。(　　)

45. 观察、比较、操作、实验都是幼儿学习科学的方法。(　　)

46. 幼儿成长档案应重点搜集幼儿常态学习过程中的作品,这样才能保证所搜集到的作品能够真实呈现幼儿的学习水平。(　　)

47. 鼻是呼吸系统的主要器官,是气体交换的场所。(　　)

48. 幼儿小肌肉群发育较早,大肌肉群发育较晚。(　　)

49. 传染病在前驱期也具有传染性。(　　)

50. 依恋是指婴儿寻求并企图保持与另一个人亲密的身体与情感联系的倾向。(　　)

八、简答题(本大题共 2 小题,每小题 5 分,共 10 分)

51. 简述蒙台梭利的教育思想。

52. 学前儿童为什么容易发生意外事故?

九、案例分析题(本大题共 10 分)

53. 户外游戏时,驾驶员冬冬经过十字路口,他认为这里应该有扮演交警的小朋友指挥他过马路,但是冬冬发现没有交警,于是他就喊了出来:“王老师,马路上没有交警。”王老师说:“交警不在,说明现在是自动的红绿灯,我数十下绿灯就亮了,你的车就可以通行了。”接着老师就十、九、八……三、二、一地数了起来,冬冬停下来假装看信号灯,嘴巴里跟老师一起数到“一”后开车过了马路。而再次开到一个路口时,只见他自己停下来,嘴巴里说着:“九、八……三、二、一,绿灯,开车。”

请你对上述案例进行评析,再谈谈如何指导幼儿开展角色游戏。

十、活动设计题(本大题共 20 分)

54. 请以“沙包乐”为题,设计一节大班体育活动。

要求:活动设计格式规范,结构完整;活动目标具体明确、可操作,表述规范;准备适宜,过程设计理念正确,环节清晰,突出重难点;方法恰当有效,符合大班幼儿年龄特点及领域特点。

江苏省常州市教师招聘考试幼儿园教育理论基础精准对练试卷(十八)

(满分100分　时间120分钟)

本套试卷共36小题,包括填空题(6小题)、单项选择题(15小题)、判断题(10小题)、简答题(3小题)、综合题(2小题)。

一、填空题(本大题共6小题,每空1分,共20分)

1. ________教育家________被世人誉为“幼儿教育之父”,他创立了世界上第一所幼儿园,而且创立了一整套幼儿教育理论和相应的教育方法、________、________等。

2. 教师为学前儿童提供的幼儿园环境包括________和________。

3. 幼儿园教育应以________作为基本活动,灵活运用________、________和________等多种形式,合理安排和组织幼儿一日生活,促进幼儿在活动中通过亲身体验、直接感知、实践操作进行自主游戏和学习探究。

4. 从儿童游戏所倚重的行为表现可将游戏分为:____________、____________、____________、____________、____________。

5. 学前儿童掌握数概念包括三个成分:________、________、________。

6. 幼儿教育是指对________岁年龄阶段的幼儿所实施的教育。

二、单项选择题(下列每小题列出的四个选项中只有一个是最符合题意的,请将其代码填在括号内。错选、多选或未选均不得分。本大题共15小题,每小题2分,共30分)

1. 关于中班表演游戏特点的表述,正确的是(　　)

①能独立进行角色分配,但进入游戏过程较慢　②以一般性表现为主,以动作为主要表现手段　③游戏的目的性、计划性较强　④有较强的角色更换意识　⑤嬉戏性强、目的性弱

A. ①②⑤　　B. ①②③　　C. ②③④　　D. ①④⑤

2. 考查循环系统发育状况的基本生理功能指标是(　　)

A. 握力和背肌力　　B. 肺活量　　C. 心率、脉搏和血压　　D. 身高和体重

3. 以下哪项不属于造成我国幼儿园与小学不衔接的原因(　　)

A. 幼儿园与小学阶段的作息和生活管理不同

B. 社会及成人对幼儿园与小学阶段儿童的要求期望不同

C. 幼儿园与小学都比较重视阶段性,而忽视阶段之间的过渡

D. 幼儿心理方面的精神负担重、心理压力大、人际交往紧张

4.《爱弥儿》是卢梭教育思想的代表作,集中阐述了他的(　　)

A. 自然教育理论　　B. "活教育"理论

C. 绅士教育思想　　D. 和谐教育思想

5. 下列不宜作为幼儿科学领域学习方式的是(　　)

A. 直接感知　　B. 实际操作　　C. 亲身体验　　D. 概念解释

6. 王老师按顺序出示"冰箱、香蕉、自行车、芒果、电饭煲、轿车"的图片让幼儿进行记忆,明明很快表示记住了,他回答:"刚刚老师的图片里有香蕉和芒果,有自行车和小汽车,还有电饭煲和冰箱。"明明运用的记忆策略是(　　)

A. 特殊定位策略　　B. 复述策略

C. 提取策略　　D. 组织性策略

7. 下列幼儿行为表现中数概念发展水平最低的是(　　)

A. 按数取物　　B. 按物说数　　C. 唱数　　D. 默数

8. 下列早餐食谱中搭配合理的是(　　)

A. 酱香鹌鹑蛋、炒肉片、牛奶、炒黄瓜　　B. 酱香鹌鹑蛋、松仁、牛奶、炒黄瓜

C. 酱香鹌鹑蛋、花生、牛奶、炒黄瓜　　D. 酱香鹌鹑蛋、馒头、牛奶、炒黄瓜

9. 有时一名幼儿哭会惹得周围的幼儿跟着一起哭。这表明幼儿的情绪具有(　　)

A. 冲动性　　B. 易感染性

C. 外露性　　D. 不稳定性

10. 预防学前儿童肥胖的关键是(　　)

A. 使其热量的消耗与摄入取得平衡　　B. 树立"孩子越胖越好"的观念

C. 节食　　D. 每月定时称体重

11. 在幼儿教师的劳动中,幼儿是劳动的对象。幼儿不是消极被动地接受教育,而是通过自身的内部作用来选择和接受外界的影响,形成自己的认知结构,发展自己的思想感情,因此常常会出现意想不到的情况,如教学活动中幼儿常因为座位发生争执等。这体现了幼儿教师劳动特点中的(　　)

A. 劳动任务的全面性　　B. 劳动对象的主动性

C. 劳动手段的主体性　　D. 劳动周期的长期性

12. 东东喜欢画猫,但他画的猫常常眼睛特别大,身躯特别小,嘴巴、耳朵更是小得几乎看不见,完全不合理。对他这样画的原因分析不正确的是(　　)

A. 这是因为幼儿想象力丰富,比成人更善于想象

B. 这是因为幼儿认知水平较低,往往抓不住事物的本质

C. 这是因为幼儿的心理过程有显著的情绪性,常常过于夸大感兴趣的东西

D. 这是因为幼儿想象表现能力的局限

13. 写过《幼稚园教育概论》《幼稚园的课程》等著作的幼儿园教育家是(　　)

A. 张雪门　　B. 陈鹤琴　　C. 陶行知　　D. 张宗麟

14. 在个体发展过程中,思维发展的顺序为(　　)

A. 直观行动思维、具体形象思维、抽象逻辑思维

B. 具体形象思维、直观行动思维、抽象逻辑思维

C. 抽象逻辑思维、具体形象思维、直观行动思维

D. 具体形象思维、抽象逻辑思维、直观行动思维

15. 在学前教育中进行行动研究的主要目的是(　　)

A. 发现学前教育规律　　B. 解决学前教育实践问题

C. 解释学前教育现象　　D. 构建学前教育理论

三、判断题(判断下面各题的正误,并在相应的题后括号内打"√"或"×"。本大题共10小题,每小题1分,共10分)

1. 儿童性别角色认知的第三个阶段是自我中心地认识性别角色。(　　)

2. 幼儿教师需要熟知幼儿园的安全应急预案,掌握意外事故和危险情况下幼儿安全防护与救助的基本方法。(　　)

3. 在活动任务相同的情况下,注意对象颜色多杂时注意范围就大些,颜色相同时注意范围小些。(　　)

4. 弗洛伊德认为,"俄狄浦斯情结"主要出现在幼儿阶段。(　　)

5. 退缩行为是指孩子表现胆小、害怕、孤独、退缩,有精神异常的一种行为障碍。(　　)

6. 关于"幼小衔接"的正确理解是,整个三年的幼儿园教育都是在为入小学做准备,包括身体动作、学习兴趣和能力、语言发展、个性品质等方面。(　　)

7. 幼儿阶段身体的发育和机能的健全发展是其他一切发展的基础。因此,幼儿园教育要把幼儿心理的健康发展放在首位。(　　)

8. 幼儿攻击性行为的最大特点是情境性。(　　)

9. 幼儿喜欢游戏,喜欢把他们的一切活动游戏化。因此,游戏化的活动就是游戏。(　　)

10. 幼儿园点心应是营养密度和能量密度高的食物。(　　)

四、简答题(本大题共3小题,每小题6分,共18分)

1. 简述如何针对幼儿的气质特征采取适宜的教育措施。

2. 简述学前教育的特殊原则。

3. 简述皮亚杰儿童认知发展的四个阶段。

五、综合题(本大题共 2 小题,第 1 小题为论述题,12 分,第 2 小题为案例分析题,10 分,共 22 分)

1. 游戏是幼儿的基本活动。试分析在幼儿的游戏活动中,教师起什么样的作用,创设幼儿园游戏环境有哪些要求。

2. 小苏是某幼儿园小班的幼儿,今年 4 岁,是家里的“小公主”。小苏的奶奶认为小苏年龄还小,不愿让小苏上幼儿园,每次入园前,奶奶都抱着小苏不肯撒手。入园后,小苏要哭好一会儿才平静下来。在与小苏的接触中,陈老师发现小苏的生活自理能力相比同班幼儿非常弱,不能独立吃饭,也不和别的小朋友交流。对于老师和小朋友的问候,小苏也没有反应,在幼儿园也不说话。在一次课间活动中,别的幼儿都能够排队洗手,只有小苏对老师的要求毫不理会。陈老师跟小苏说:“去排队洗手。”小苏既不理会也不做。直到陈老师发现小苏站在原地不动,问小苏是不是想上厕所,小苏才点点头。

(1)请结合《3 ~6 岁儿童学习与发展指南》中小班幼儿倾听与表达部分的目标,说说小苏没有做到倾听与表达的哪些目标?(4 分)

(2)如果你是陈老师,你有哪些教育建议。(6 分)

江苏省淮安市教师招聘考试幼儿园教育理论基础精准对练试卷(十九)

(满分 100 分　时间 120 分钟)

本套试卷共 39 小题,包括填空题(8 小题)、单项选择题(10 小题)、判断题(10 小题)、名词解释(4 小题)、简答小题(4 小题)、论述题(2 小题)、活动设计题(1 小题)。

一、填空题(在下列每小题的空格中填上正确的答案。错填、不填均不得分。本大题共 8 小题,每空 1 分,共 10 分)

1. 学前心理学常用的实验法有两种:________和________。
2. 为有效清除牙菌斑,每次刷牙的时间不宜少于________分钟。
3. 全托幼儿园晚间活动组织看电视的时间每周以________次为宜。
4. 内部言语不是用来和人交际的语言,而是对自己的言语,因此又被称为________。
5. 如果新生儿的一只手或双手的手掌被压住,他会转头张嘴。当手掌上的压力减去时,他会打哈欠,这属于幼儿本能反射中的________。
6. 第一个专门对学前教育提出了深刻认识并有系统论述的教育家是________。
7. 测量的类型包括观察测量、________、正式量具测量。
8. 幼儿的自我意识包括自我认识、________和________。

二、单项选择题(在下列每小题列出的四个选项中只有一个是最符合题意的,请将其代码填在括号内。错选、多选或未选均不得分。本大题共 10 小题,每小题 1 分,共 10 分)

1. 婴幼儿呼吸频次的特点是(　　)

A. 年龄越小,呼吸越快　　B. 年龄越小,呼吸越慢

C. 时常忽快、忽慢　　D. 时常停止呼吸

2. 在小班主题活动“我长大了”中的“生日晚会”活动计划本来是在本班开展的,但是教师在活动之前发现小班的儿童很喜欢和大班儿童一起玩。于是,教师临时调整计划,和大班的教师商议,两个班合作开展这个活动。这反映了幼儿园主题活动的特点是(　　)

A. 整合各种教育资源　　B. 知识的横向联系

C. 富有弹性的计划　　D. 游戏化学习

3. 以概念、判断和推理为内容的记忆是(　　)

A. 机械识记　　B. 形象记忆　　C. 意义识记　　D. 语词逻辑记忆

4. 矫治幼儿口吃的首要方法是(　　)

A. 消除幼儿对口吃的紧张心理　　B. 鼓励幼儿说清楚

C. 去医院进行相应检查　　D. 反复进行语言训练

5. 学前儿童把热水倒入鱼缸中,问他为什么时,他说,老师说了喝开水不生病,小鱼也应该喝开水。这主要反映了幼儿思维的(　　)

A. 灵活性　　B. 行动性　　C. 表面性　　D. 经验性

6. 儿童所特有的能量消耗是指其(　　)

A. 基础代谢所需　　B. 生长发育所需

C. 活动所需　　D. 食物的特殊动力作用所需

7. 美国儿童心理学家格塞尔设计的著名的儿童心理实验是(　　)

A. 视崖实验　　B. 双生子爬梯实验

C. 守恒实验　　D. 早期隔离实验

8. 以下概念中,学前儿童较难掌握的是(　　)

A. 桌子　　B. 椅子　　C. 床　　D. 家具

9. 起先儿童观察图画只能认识到个别对象,后来逐渐能观察到图画的整体内容,把握图画的主题。这说明儿童观察(　　)

A. 目的性的加强　　B. 方法的形成　　C. 细致性的增加　　D. 概括性的提高

10. 幼儿对感兴趣的事物,往往表现为特别专注,对其他出现的无关刺激则可"视而不见""听而不闻"。这符合大脑皮质活动特性的(　　)

A. 优势原则　　B. 动力定型

C. 镶嵌式活动原则　　D. 兴奋过程强于抑制过程

三、判断题(判断下列各命题的正误,并在题后括号内打"√"或"×"。本大题共 10 小题,每小题 1 分,共 10 分)

1. 幼儿的学习是以间接经验为基础,在游戏和日常生活中进行的。(　　)
2. 幼儿园应不定期进行火灾、地震等自然灾害的逃生演习。(　　)
3. 幼儿园晨检环节中的"问",是指保健医生向小朋友问好。(　　)
4. 在学前科学教育中,常用的分类类型有挑选分类、二元分类、多元分类三种。(　　)
5. 学前儿童的攻击性行为会随着年龄的增长呈现增多的态势,所以大班儿童攻击性行为最多。(　　)
6. 幼儿的耳朵对声音不太敏感,所以平时老师对幼儿说话要大声些。(　　)
7. 教师应引导幼儿学会用心灵去感受和发现美,用自己的方式去表现和创造美。(　　)
8. 表演游戏的基本原则是表演性先于游戏性,并且二者要统一。(　　)
9. 自我中心是儿童学科学的内在动机和原动力。(　　)
10. 幼儿认识空间方位,体现出由近及远逐步扩展的趋势。(　　)

四、名词解释(本题共 4 小题,每小题 3 分,共 12 分)

1. 保教结合原则

2. 幼儿美育

3. 转折期

4. 角色游戏

五、简答题（本大题共 4 小题，每小题 4 分，共 16 分）

1. 简述活动中影响幼儿注意稳定性的因素。

2. 简述影响学前儿童心理发展的因素。

3. 遵循发展适宜性原则包含哪几层含义？

4. 简述幼儿运动系统的保育要点。

六、论述题（本题共 2 小题，每小题 6 分，共 12 分）

1. 试述实施幼儿体育应注意的问题。

2. 试举例说明如何运用感知规律制作幼儿直观教具。

七、活动设计题（本大题共 10 分）

为了促进幼儿艺术表现与创造能力，请根据中班幼儿的年龄特点，设计一次“可爱的小娃娃”泥工活动，包括活动名称、设计意图、活动目标、活动重难点、活动准备、活动过程等。

江苏省苏州市教师招聘考试幼儿园教育理论基础精准对练试卷(二十)

(满分 100 分　时间 120 分钟)

本套试卷共 39 小题,包括填空题(6 小题)、单项选择题(25 小题)、名词解释(3 小题)、简答题(4 小题)、论述题(1 小题)。

一、填空题(在下列每小题的空格中填上正确的答案。错填、不填均不得分。本大题共 6 小题,每空 1 分,共 14 分)

1. 根据幼儿活动有无目的,可以把记忆分为________和________。

2. 从纵向维度来看,学前教育目标一般可以从个体心理结构的三个维度进一步分解为________、________、________三个部分,由此构成一个目标结构网络。

3. 呼吸道是气体的通道,它包括________、________、________、________和________。

4. 攻击性行为产生的直接原因主要是________。

5. 实施《3 ~6 岁儿童学习与发展指南》时要尊重幼儿发展的________,切忌用一把“尺子”衡量所有幼儿。

6. 幼儿视觉的发展主要表现在两个方面:________的发展和________的发展。

二、单项选择题(下列每小题列出的四个选项中只有一个是最符合题意的,请将其代码填在括号内。错选、多选或未选均不得分。本大题共 25 小题,前 15 小题,每小题 2 分,后 10 小题,每小题 1 分,本大题共 40 分)

1. 小曼眼周的肌肉出现问题,导致其两眼不能同时注视目标,这种现象称为(　　)

A. 弱视　　B. 斜视　　C. 近视　　D. 远视

2. 很多幼儿因为不能管理好自己的学习用具和生活用品,不能自己按情况穿脱衣服、不能记住喝水等,从而影响身体健康和学习,使其对小学生活感到适应困难。因此,在培养幼儿对小学生活的适应性方面,应注意培养幼儿的(　　)

A. 主动性　　B. 人际交往能力

C. 独立性　　D. 规则意识

3. 叶老师问:“我要到天安门去,找谁买票?”小光赶紧找来伙伴扮作售票员,大家玩了起来。叶老师介入游戏采取的是(　　)

A. 平行式介入法　　B. 交叉式介入法

C. 垂直介入法　　D. 材料指引法

4. 幼儿园班级环境创设与管理的原则是指教师在创设本班环境时应遵循的基本要求,依据奥尔兹的理论,儿童有四项基本的环境需求,其中在教室里放置一些与幼儿高度相适宜的图书架、能够看懂的信息栏等,属于创设(　　)的环境。

A. 助长能力　　B. 鼓励运动

C. 保持舒适　　D. 带有控制感

5. 从幼儿园的环境到一日生活的各个环节,安全隐患无处不在,在孩子离园的时候同样不能放松警惕。下列做法错误的是(　　)

A. 必须严格确认接孩子的家长身份

B. 要控制好家长接孩子的时间,让自己有足够的精力去接待每位家长

C. 必须确保所有幼儿和家长都已安全离开后再离开

D. 如果孩子的父母忙,可以将孩子交给别人,无须与孩子父母取得联系

6. 学前教育目标是(　　)在学前教育阶段的具体体现。

A. 教育目的　　B. 教育方针　　C. 教育制度　　D. 教育大纲

7. 在早晨的游戏分享时刻,老师问小朋友:“如果你是爸爸或妈妈,你喜欢怎样的宝宝?”孩子们纷纷回答说:“很乖的、不哭的宝宝。”“会自己吃饭的宝宝。”“会自己高兴地上学的宝宝。”在后来总结部分,老师放慢节奏,重复着幼儿的回答并不断提问,引起幼儿对自身行为的反思。老师运用了班级管理方法中的(　　)

A. 规则引导法　　B. 榜样激励法　　C. 情感沟通法　　D. 角色扮演法

8. 户外活动后,小朋友们都拿着杯子站在饮水机前排队装水。林老师走过来利用自己的身高优势,直接装了一杯水喝了起来,一边喝还一边说:“渴死了。”林老师的行为明显有悖于(　　)的教师职业道德规范。

A. 为人师表　　B. 爱岗敬业　　C. 教书育人　　D. 关爱学生

9. 卢梭在《爱弥儿》中对教师说:“你要记住,在敢于担当培养一个人的任务之前,自己就必须要造就成一个人,自己就必须是一个值得推崇的模范。”这句话说明教师职业道德具有(　　)的特点。

A. 境界的高层次性　　B. 影响的深远性

C. 行为的典范性　　D. 意识的自觉性

10. 幼儿教师要培养幼儿各种有利于消化吸收的进食行为,对此,幼儿教师的下列做法中正确的是(　　)

A. 为增加食欲,要求幼儿在餐前做大量剧烈运动

B. 告诉幼儿要细嚼慢咽每一口饭菜

C. 将积木拿给正在吃饭的幼儿玩耍

D. 若发现幼儿不愿吃饭,选择用零食代替正餐

11. 刘老师在进行《小狐狸和兔子》的诗歌教学活动中，呈现一幅反映儿歌内容的背景画，然后用小狐狸和兔子两个指偶在背景画上把儿歌内容生动形象地表现出来。刘老师的教育行为符合感知规律中的(　　)

A. 感觉适应　　B. 感觉对比

C. 联觉　　D. 感受性的可变性

12. 埃里克森的人格发展阶段理论认为，人格的发展是一个逐渐形成的过程，必须经历八个顺序不变的阶段。0 ~ 1 岁幼儿处于(　　)时期。

A. 基本的信任感对基本的不信任感的冲突　　B. 自主感对羞耻感的冲突

C. 主动感对内疚感的冲突　　D. 勤奋感对自卑感的冲突

13. 华生在《行为主义》一书中写道："给我一打健康的儿童，如果在由我所控制的环境中培养他们，不论他们的前辈的才能、爱好、倾向、能力、职业和种族情况如何，我保证将其中任何一个人训练成我所选定的任何一种专家——医生、律师、艺术家、富商，甚至乞丐和盗贼。"这种观点过于低估了下列哪种因素在人的发展中的作用(　　)

A. 遗传　　B. 环境　　C. 教育　　D. 教师

14. 以下关于儿童情绪的表述，不正确的是(　　)

A. 游戏带来的欢乐对儿童心理发展是有益的，成人应该高度重视

B. 身体和心理的分离是引起婴幼儿痛苦的重要原因

C. 婴幼儿的情绪非常不稳定，容易变化，常常破涕为笑

D. 6 岁左右幼儿情绪稳定性逐渐增强，基本可以不受家庭和老师感染

15. 幼儿将先前学会的绘画技能运用到美工活动中。这种迁移属于(　　)

A. 纵向迁移　　B. 负迁移　　C. 逆向迁移　　D. 高路迁移

16. 百年教育始于幼学，学前教育位于教育链条的起点，其质量影响着高一级学校教育的质量，影响着高素质人才的培养，这体现了学前教育的(　　)

A. 公益性　　B. 基础性　　C. 均等性　　D. 普及性

17.《幼儿园管理条例》规定，(　　)主管全国的幼儿园管理工作。

A. 国务院　　B. 国家教育委员会　　C. 全国人大　　D. 中国教育协会

18. 在儿童的亲社会行为中，(　　)最为常见，其次为分享行为、助人行为。

A. 安慰行为　　B. 公德行为　　C. 合作行为　　D. 捐赠行为

19. 为了加强幼儿园科学管理，规范办园行为，提高保育和教育质量而制定的法规是(　　)

A.《幼儿园工作规程》　　B.《幼儿园管理条例》

C.《托儿所、幼儿园卫生保健制度》　　D.《中华人民共和国未成年人保护法》

20. (　　)是儿童处于由不会分类向开始发展初步分类能力的过渡时期。

A. 5 ~ 6 岁　　B. 2 ~ 3 岁　　C. 6 ~ 7 岁　　D. 3 ~ 4 岁

21. “吃熟食、喝开水、勤洗手、晒衣被”主要是为了预防(　　)

A. 泌尿道感染　　B. 麻疹　　C. 手足口病　　D. 龋齿

22. 美国华盛顿儿童博物馆的格言:“我听见了就忘记了,我看见就记住了,我做了就理解了。”说明的学前教育观念是教师在教育过程中要(　　)

A. 尊重儿童　　B. 重视儿童积极情感体验

C. 重视儿童学习的自律性　　D. 重视儿童的主动操作

23. 西方教育史上第一本附有插图的儿童百科全书是(　　)

A.《大教学论》　　B.《蒙台梭利教学法》

C.《世界图解》　　D.《爱弥儿》

24. 3 岁以前是幼儿口头语言学习的重要时期,乳牙的正常萌出有利于幼儿口齿伶俐和正常发音。下列不利于乳牙健康的是(　　)

A. 均衡营养　　B. 漱口和刷牙

C. 避免任何刺激　　D. 避免外伤

25. 幼儿园教学活动的广泛性是指(　　)

A. 幼儿园教学活动中教师和幼儿之间的相互作用可以有多种形式

B. 幼儿园教学活动中教师要时刻对幼儿进行教育

C. 幼儿园教学活动渗透在幼儿园一日生活的各项活动中

D. 幼儿园教学活动中幼儿可以按照自己的想法来进行自由活动

三、名词解释(本大题共 3 小题,每小题 4 分,共 12 分)

1. 视敏度

2. 核心课程

3. 横向迁移

四、简答题(本大题共4小题,第1、2小题,每小题5分,第3、4小题,每小题6分,共22分)

1. 幼儿园中,男孩倾向于一起玩追逐游戏,女孩倾向于一起玩穿珠子的安静游戏,请简述影响幼儿性别角色行为的因素。

2. 简述现代幼儿教师的角色。

3. 简述学前儿童社会教育的内容及作用。

4. 简述现代儿童观的内容。(常考)

五、论述题(本大题共12分)

结合幼儿园教育活动实际,论述如何丰富幼儿空间方位识别的经验。

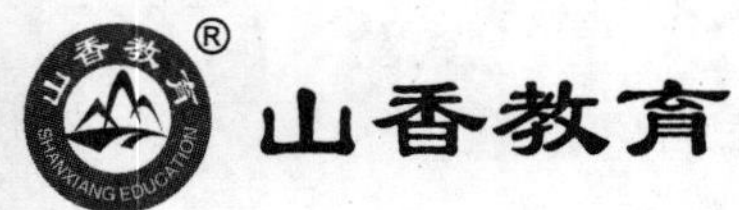

参考答案及解析

江苏省教师招聘考试幼儿园教育理论基础真题试卷Ⅰ

江苏省教师招聘考试幼儿园教育理论基础真题试卷Ⅱ

江苏省教师招聘考试幼儿园教育理论基础精准对练试卷

目　录

江苏省教师招聘考试幼儿园教育理论基础真题试卷Ⅰ

2022年江苏省淮安市清江浦区教师招聘考试幼儿园教育理论基础真题试卷(一)

一、单项选择题

题序	1	2	3	4	5	6	7	8	9	10
答案	C	B	D	A	C	B	A	D	C	D

1. C 【解析】本题考查维生素C的食物来源。新鲜蔬菜和水果是维生素C的主要来源,深色蔬菜如韭菜、菠菜、芹菜、青椒等,水果如柑橘、山楂、鲜枣、柚子等,含维生素C较多。某些野果如酸枣、猕猴桃、刺梨等也富含维生素C。

2. B 【解析】本题考查《3~6岁儿童学习与发展指南》解读的内容。从幼儿的科学学习来看,相关科学研究和教育实践研究的结果已经证实:探究应成为幼儿科学学习的核心,它既是幼儿科学学习的目标,也是幼儿科学学习的方法。

3. D 【解析】本题考查《3~6岁儿童学习与发展指南》的内容。《3~6岁儿童学习与发展指南》健康领域中生活习惯与生活能力部分的目标1"具有良好的生活与卫生习惯"指出,3~4岁幼儿的发展目标为愿意饮用白开水,不贪喝饮料;4~5岁幼儿的发展目标为常喝白开水,不贪喝饮料;5~6岁幼儿的发展目标为主动饮用白开水,不贪喝饮料。

4. A 【解析】本题考查幼儿个体差异与因材施教。因材施教原则,即尊重幼儿身心发展的特点和规律,关注幼儿的个体差异,对儿童进行针对性的教育,促进每个幼儿实现最佳的发展。材料投放遵循因材施教的原则,就是说投放材料时要根据每个儿童的不同发展水平准备相应的活动材料,使每个儿童都有适合的、感兴趣的活动材料。题干中,教师针对不同发展水平的幼儿提供不同难度的操作材料,体现了教师尊重幼儿的成长规律,关注幼儿的个体差异。因此教师遵循了因材施教的原则。

5. C 【解析】本题考查福禄贝尔的教育贡献。福禄贝尔认为游戏中玩具是必需的,幼儿通过玩具"可直觉到不可观的世界"。他制作的玩具取名为"恩物",意为"神恩赐之物"。"恩物"的基本形状是圆球、立方体和圆柱体,现在仍有很多幼儿园在使用。

6. B 【解析】本题考查儿童心理发展的关键期。近年来许多研究表明,在儿童心理发展过程中存在关键期。它是指某一特定的年龄时期,儿童对某种知识或行为十分敏感,学习起来非常容易。若错过了这个时期,学习就会发生困难,甚至影响终身。不同心理能力的发展有不同的关键期。例如,口语学习的关键期是1~3岁,形象视觉发展的关键期是0~4岁,而5岁左右是掌握数概念的关键年龄。(具体内容参看王双宏、黄胜主编的《学前儿童发展心理学》)

7. A 【解析】本题考查幼儿教师的职业角色特点。教师是社区资源的整合者。幼儿园是一个开放的体系,它的良好运行需要社区、家长的大力支持,作为一名幼儿教师,必须学会和家长、社区沟通,整合各种有用的资源为儿童发展做好服务。

8. D 【解析】本题考查《儿童权利公约》的内容。《儿童权利公约》第一部分第三十一条指出:(1)缔约国确认儿童有权享有休息和闲暇,从事与儿童年龄相宜的游戏和娱乐活动,以及自由参加文化生活艺术活动。(2)缔约国应尊重并促进儿童充分参加文化和艺术生活的权利,并应鼓励提供从事文化、艺术、娱乐和休闲活动的适当和均等的机会。

9. C 【解析】本题考查幼儿生长发育的特点。在幼儿的身体各系统中,神经系统的耗氧量较其他系统高。在神经系统中,脑的耗氧量最高,幼儿脑的耗氧量为全身耗氧量的50%左右,而成人则为20%,因此幼儿脑的血流量占心排血量的比例较成人大。

10. D 【解析】本题考查学前儿童发展评价的方法。作品分析法是通过对幼儿作品的分析来了解幼儿知识能力、认知倾向、技能技巧、熟练程度、感情状态等发展状况的一种方法。题干中,徐老师通过分析幼儿对向日葵的观察记录表,评价幼儿观察的细致性、系统性等发展状况,这种评价方法是作品分

析法。

二、填空题

11.3　6

12.身心发展的规律　学习特点　游戏

13.生命　健康

14.人际交往　社会适应

15.感受美　表现美　创造美

16.亲社会行为的发展

17.注意的转移　注意的分配

18.迁移

19.分离焦虑

20.旁观的行为　联合游戏　合作游戏

三、判断题

题序	21	22	23	24	25	26	27	28	29	30
答案	×	×	√	√	×	√	×	√	√	√

21.×　【解析】本题考查最近发展区的知识。最近发展区是儿童心理发展潜能的主要标志，也是儿童可以接受教育程度的重要标志。在明确儿童心理发展的最近发展区后，可以向其提出稍高的、但是力所能及的任务，促进他达到新的发展水平。最近发展区是儿童心理发展每一时刻都存在的，同时又是每一时刻都在发生变化的。

22.×　【解析】本题考查教师给幼儿提供游戏材料时应注意的问题。教师应提供给幼儿充足的游戏材料，儿童是通过使用玩具材料在游戏中学习的。不同的玩具、材料有不同的功能和特点。如果教师提供的材料单一，儿童游戏情节的发展就会受到限制。但这并不是说给予学前儿童的材料越多越好，重要的是要让这些材料真正地发挥作用，提高其利用率。

23.√　【解析】本题考查《幼儿园工作规程》的内容。《幼儿园工作规程》第二十二条规定，幼儿园应当培养幼儿良好的大小便习惯，不得限制幼儿便溺的次数、时间等。

24.√　【解析】本题考查《3～6岁儿童学习与发展指南》的内容。《3～6岁儿童学习与发展指南》"说明"部分关于实施《指南》应把握的几个方面中指出，理解幼儿的学习方式和特点。幼儿的学习是以直接经验为基础，在游戏和日常生活中进行的。要珍视游戏和生活的独特价值，创设丰富的教育环境，合理安排一日生活，最大限度地支持和满足幼儿通过直接感知、实际操作和亲身体验获取经验的需要，严禁"拔苗助长"式的超前教育和强化训练。

25.×　【解析】本题考查《幼儿园教师专业标准(试行)》的内容。《幼儿园教师专业标准(试行)》专业理念与师德维度，幼儿保育和教育的态度与行为领域中指出，重视环境和游戏对幼儿发展的独特作用，创设富有教育意义的环境氛围，将游戏作为幼儿的主要活动。

26.√　【解析】本题考查《幼儿园教师专业标准(试行)》的内容。《幼儿园教师专业标准(试行)》中指出，《专业标准》是国家对合格幼儿园教师专业素质的基本要求，是幼儿园教师实施保教行为的基本规范，是引领幼儿园教师专业发展的基本准则，是幼儿园教师培养、准入、培训、考核等工作的重要依据。

27.×　【解析】本题考查表演游戏的指导原则。表演游戏的指导原则包括：(1)游戏性先于表演性，要确保所组织的活动是"游戏"，而不是单纯的表演；(2)游戏性与表演性应当很好地融合、交织在一起。

28.√　【解析】本题考查《幼儿园教育指导纲要(试行)》的内容。《幼儿园教育指导纲要(试行)》中语言领域的指导要点指出，幼儿的语言学习具有个别化的特点，教师与幼儿的个别交流、幼儿之间的自由交谈等，对幼儿语言发展具有特殊意义。

29.√　【解析】本题考查幼儿生长发育的评价指标。形态指标是指身体及其各部分在形态上可测出的各种量度(如长、宽、围度及重量等)。在幼儿生长发育评价的指标中，最重要和最常用的形态指标为身高和体重。(具体内容参看王雁、黄英编著的《学前卫生学》)

30.√　【解析】本题考查幼儿空间概念的发展。幼儿辨别空间方位，首先是从自身开始，并以自身为坐标来辨别周围客体的方位，离开了自身这个中心点，幼儿就难以辨别方位。幼儿首先学会的是辨别自己身体部位的方位，将不同方位与自己身体的一定部位相联系，如上面是头，下面是脚；前面是脸，后面是背；拿汤匙的手是右手，扶碗的手是左手。

在此基础上，幼儿再以自身为中心确定相对于自己的客体所处的方位。如：“我的上面有电灯，下面有地板。”“我的前面是桌子，后面是椅子。”在这里幼儿判别的是客体的方位，但它是以幼儿自身为出发点，确定的是自身与客体的位置关系。因此，这种判别实质上仍属于以自身为中心的位置定向。（具体内容参看李玲主编的《学前儿童数学教育》）

四、简答题（参考答案）

31. 简述学前儿童的心理发展趋势。

(1)从简单到复杂；(2)从具体到抽象；(3)从被动到主动；(4)从零乱到成体系。

（共5分。完全正确得5分；答出“简单、复杂、具体、抽象、被动、主动”等关键词，酌情给3～4分）

32. 某园小班发生一例传染病，该园应该立即采取哪些措施？

(1)发现和管理传染源。如发现有传染病儿，应立即隔离治疗，同时对曾与传染病患儿接触过的儿童，要实行检疫，进行观察。

(2)切断传播途径。对患儿班级各种物品（包括空气、玩具、水杯、毛巾、被褥等）进行严格彻底的消毒。同时，幼儿园要加强卫生知识的宣传，高度重视环境卫生，并注意培养幼儿良好的生活卫生习惯，防止病从口入。

(3)保护易感者。若该类型传染病已有相关疫苗，应及时带领幼儿进行预防接种工作，同时加强幼儿体育锻炼并保证幼儿充足的营养和睡眠，以增强幼儿抵抗力。

（共5分。完全正确得5分；答出“管理传染源、切断传播途径、保护易感者”等关键词得3分，具体阐述酌情给1～2分）

33. 《3～6岁儿童学习与发展指南》对幼儿“感知和理解数、量及数量关系”，提出了哪些教育建议？

(1)引导幼儿感知和理解事物“量”的特征；

(2)结合日常生活，指导幼儿学习通过对应或数数的方式比较物体的多少；

(3)利用生活和游戏中的实际情境，引导幼儿理解数概念；

(4)通过实物操作引导幼儿理解数与数之间的关系，并用“加”或“减”的办法来解决问题。

（共5分。完全正确得5分；答出“幼儿感知和理解事物‘量’的特征、指导幼儿学习通过对应或数数的方式比较物体的多少、引导幼儿理解数概念、通过实物操作引导幼儿理解数与数之间的关系”等关键词得3～4分）

34. 结合《幼儿园教师专业标准（试行）》，简述幼儿园教师专业知识中“幼儿保育和教育知识”有哪些？

(1)熟悉幼儿园教育的目标、任务、内容、要求和基本原则；

(2)掌握幼儿园各领域教育的学科特点与基本知识；

(3)掌握幼儿园环境创设、一日生活安排、游戏与教育活动、保育和班级管理的知识与方法；

(4)熟知幼儿园的安全应急预案，掌握意外事故和危险情况下幼儿安全防护与救助的基本方法；

(5)掌握观察、谈话、记录等了解幼儿的基本方法和教育心理学的基本原理和方法；

(6)了解0～3岁婴幼儿保教和幼小衔接的有关知识与基本方法。

（共5分。完全正确得5分；答出“幼儿园教育的目标、任务、内容、要求和基本原则、幼儿园各领域教育的学科特点与基本知识、幼儿园环境创设、一日生活安排、游戏与教育活动、幼儿园的安全应急预案，掌握幼儿安全防护与救助的基本方法”等关键词得3～4分）

五、案例分析题（参考答案）

35. (1)教师在幼儿游戏时的三次介入是合适的，理由如下：

①当幼儿因为建构主题而争论不休，导致建构游戏迟迟无法开始时，教师进行了第一次介入，帮助幼儿确立了建构主题，保证了游戏顺利开始。

②当幼儿在游戏过程中遇到困难，准备放弃时，教师进行了第二次介入，用提示性的语言帮助幼儿克服游戏困难，使得游戏能顺利开展下去。

③当幼儿在教师的启发下借助梯子进行游戏时，教师进行了第三次介入，悄悄扶着梯子，确保了幼儿游戏过程的安全。

(共5分。回答合适1分,答出"当幼儿因为建构主题而争论不休、当幼儿在游戏过程中遇到困难准备放弃时、当幼儿在教师的启发下借助梯子进行游戏时"等关键词给3分,结合材料分析1分)

(2)①当幼儿游戏出现困难时介入。当幼儿不知道自己该做什么游戏、如何去游戏时,教师的介入是引导幼儿开始游戏的关键。

②当必要的游戏秩序受到威胁时介入。当必要的游戏秩序受到威胁时,教师可用游戏口吻自然地制止幼儿的干扰行为,并提出活动建议。

③当幼儿对游戏失去兴趣或准备放弃时介入。这时教师的介入可以帮助幼儿拓展游戏内容,提高游戏技能,进一步激发幼儿的游戏兴趣。

④在游戏内容发展或技能方面发生困难时介入。在这种情况下,教师可以作为游戏同伴介入游戏给予幼儿示范,或者让幼儿相互启发,相互影响,以帮助幼儿克服困难,拓展游戏。

(共5分。完全正确得5分;答出"幼儿游戏出现困难时、游戏秩序受到威胁时、幼儿对游戏失去兴趣或准备放弃时、在游戏内容发展或技能方面发生困难时"等关键词给4分,具体阐述1分)

36.(1)这一偶发事件所隐含的教育价值主要有以下几点:

①宽松、自由的氛围,能激发幼儿与他人交谈的兴趣。材料中,几个幼儿首先发现了荷花,引得其他幼儿也都踊跃地参与到了谈话活动中,这种宽松、自由的氛围,有助于激发幼儿与他人交谈的兴趣。

②幼儿之间轮流交谈,能帮助幼儿学习和掌握谈话的基本规则。材料中,在与别人交谈时,幼儿认真倾听,不在别人讲话时随便插话,等别人把话讲完后再说话,并且对别人所说的话给予适当的应答以保证谈话的延续,可以帮助幼儿学习按照社会交往过程中较为成熟的方式进行交流。

③从谈话内容中,通过得知他人的经验,获得许多他们原来不具有的信息知识,有助于提高幼儿通过交流获取信息的能力。材料中,幼儿通过谈论荷花,能够了解关于荷花的特点,学习自己原先没有的信息,提高通过交流获取信息的能力。

④气氛热烈的谈话,能够加深幼儿对所谈内容的了解,从而激发幼儿对周围生活的观察,建立积极的生活态度和情感。材料中,幼儿认真观察荷花,在一起热烈地谈论荷花的特点,能引导幼儿学会细心观察周围生活。

⑤幼儿同伴之间语言交流,能促进幼儿建立良好的同伴关系。材料中,幼儿按照交谈规则进行交谈,可以使幼儿之间建立起相互学习、相互协作、共同活动的良好的同伴关系,促进幼儿社会角色获得能力的发展。

(共5分。完全正确得5分;答出"激发幼儿与他人交谈的兴趣、帮助幼儿学习和掌握谈话的基本规则、激发幼儿对周围生活的观察、促进幼儿建立良好的同伴关系"等关键词给4分,结合材料具体阐述1分)

(2)幼儿园日常谈话活动的指导策略有以下几方面:

①教师在该活动中应该给幼儿提供自由交谈的时间。教师要通过创设宽松自由的环境给幼儿交谈的机会,让幼儿在平等、轻松的环境下畅所欲言尽情地表达心中的各种感受;消除压抑、紧张、胆怯的心理;保持轻松愉快的情绪;促进幼儿语言能力和社会交往能力的发展并对幼儿交谈内容给予及时的鼓励和评价。

②教师在该活动中应以幼儿感兴趣的内容调动幼儿交谈的兴趣而使活动进一步继续。该活动是由幼儿自发展开的教师应抓住幼儿感兴趣的内容使该活动进一步展开。如引导幼儿充分发挥想象讨论"花瓣还像什么"。

③教师在该活动中应该认真倾听有效地挖掘幼儿想说的话。教师认真倾听幼儿的语言,会使幼儿感觉到自己被重视从而会更加积极地表达。教师可以通过问一些"为什么""你觉得是什么样子""你喜欢什么""你是怎么想的"的问题使幼儿能够充分表达自己的思想和意愿。

(共5分。完全正确得5分;答出"给幼儿提供自

由交谈的时间，应以幼儿感兴趣的内容调动幼儿交谈的兴趣，认真倾听有效地挖掘幼儿想说的话”等关键词酌情给3～4分，结合材料具体阐述1分）

2022年江苏省淮安市淮阴区教师招聘考试幼儿园教育理论基础真题试卷(二)

第一部分　公共知识部分

一、单项选择题

题序	1	2	3	4	5	6	7	8	9	10
答案	A	C	A	D	D	D	D	C	A	C
题序	11	12	13	14	15	16				
答案	A	A	B	C	A	A				

1. A 【解析】本题考查《学记》的教育思想。A项，“不愤不启，不悱不发”这句话出自《论语》，意为：不到他努力想弄明白而不得的程度不要去开导他；不到他心里明白却不能完善表达出来的程度不要去启发他。故A项不属于《学记》中的教育思想，本题选A项。B项，《学记》提出：“君子如欲化民成俗，其必由学乎！”强调教育在教化百姓方面的重要作用。C项，《学记》提出了教学相长和豫时孙摩的教学原则，其中，豫时孙摩包括：预防＋及时施教＋循序渐进＋观摩学习。D项，《学记》提出了启发诱导的教学原则，反对死记硬背，主张启发式教学，主张开导学生，但不要牵着学生走；对学生提出较高的要求，但不能使学生灰心：“故君子之教，喻也。道而弗牵，强而弗抑，开而弗达。道而弗牵则和，强而弗抑则易，开而弗达则思。和、易以思，可谓善喻矣。”

2. C 【解析】本题考查教育制度的发展历史。教育制度的发展经历了从前制度化教育到制度化教育，再到非制度化教育的过程。非制度化教育是相对于制度化教育而言的。它指出了制度化教育的弊端，但又不是对制度化教育的全盘否定。非制度化教育所推崇的理想是：“教育不应再限于学校的围墙之内。”故本题答案选C项。

3. A 【解析】本题考查个体身心发展的规律。A项，顺序性是指人的身心发展是一个由低级到高级、由简单到复杂、由量变到质变的连续不断的发展过程。题干中，“欲速则不达”的意思是指过于性急求快，反而不能达到目的。这说明做事时应做到循序渐进，即教育工作要遵循个体身心发展的顺序性规律。故本题选A项。B项，阶段性是指个体在不同的年龄阶段表现出身心发展不同的总体特征及主要矛盾，面临着不同的发展任务。C项，个体身心发展的不平衡性主要表现在两个方面。一方面是指身心发展的同一方面的发展速度，在不同的年龄阶段是不平衡的。另一方面是就个体身心发展的不同方面而言的。D项，互补性是指机体某一方面的机能受损甚至缺失后，可通过其他方面的超常发展得到部分补偿。互补性也存在于心理机能与生理机能之间。

4. D 【解析】本题考查教师职业的特点。教师职业是一种专门职业，教师是专业人员。所谓“学者未必是良师”，是说即便一个优秀的学者，如果没有经过专业化训练，也未必能成为一名优秀的教师。这体现了教师职业的专业性，故答案选D项。

5. D 【解析】本题考查马克思主义关于人的全面发展学说。马克思主义关于人的全面发展学说是我国确定教育目的的理论依据和基础。其基本内容包括：(1)人的全面发展；(2)旧式分工造成了人的片面发展；(3)机器大工业生产为人的全面发展提供了基础和可能；(4)社会主义制度是实现人的全面发展的社会条件；(5)教育与生产劳动相结合是“造就全面发展的人的唯一方法”。故本题答案选D项。

6. D 【解析】本题考查德育过程的基本规律。个体的思想品德是在活动和交往的过程中，接受外界教育影响，逐渐形成和发展，并通过活动和交往的过程表现出来的。题干引文表明德育过程是组织学生的活动和交往，统一多方面教育影响的过程。

7. D 【解析】本题考查课程资源的概念。课程资源是指课程设计、实施和评价等整个课程教学过程中可以利用的一切人力、物力以及自然资源的总和，包括教材、教师、学生、家长以及学校、家庭和社区中所有有利于实现课程目标，促进教师专业成长和学生有个性的全面发展的各种资源。故本题答案选D项。

8. C 【解析】本题考查教学过程的基本规律。传授知识与思想品德教育相统一的规律即教学的教育性规律，指的是在教学过程中，学生掌握科学文化知识和提高思想品德修养是相辅相成的。题干中，赫尔巴特的“教学永远具有教育性”思想反映的正是知识与思想品德的关系。C 项正确。

9. A 【解析】本题考查教学原则。启发性原则是指在教学活动中，教师要调动学生的主动性和积极性，引导他们通过独立思考、积极探索，生动活泼地学习，自觉地掌握科学知识，提高分析问题和解决问题的能力。第斯多惠这句话的意思就是直接教给学生真理不如教学生如何发现真理，这是一种启发性的教学。故第斯多惠的名言体现了教学中要贯彻启发性原则。

10. C 【解析】本题考查课堂问题行为的矫正。个别学生有时为了引起教师和其他同学的注意，会做出一些问题行为。这时，如果教师直接干预，正好迎合了学生的目的，会对其问题行为起到强化作用。在这种情况下，教师采取有意忽视的态度，装作视而不见，是比较合适的处理方式。故针对学生故意弄出声响以引起老师注意的行为，老师采取有意忽视的方式最为适宜，本题答案选 C 项。

11. A 【解析】本题考查注意的基本特征。注意的分散(分心)，是指注意离开了当前应当完成的任务而被无关的事物所吸引。题干中，一位学生推门而进引起大家的注意属于注意的分散。故本题答案选 A 项。B 项，注意的起伏是指短时间内注意周期性地不随意跳跃现象。它是由人的感受性不能长时间地保持固定的状态，而是间歇性地加强和减弱造成的。C 项，注意的转移是根据新的任务，主动地把注意从一个对象转移到另一个对象或由一种活动转移到另一种活动的现象。D 项，注意的分配，是指人在进行两种或多种活动时能把注意指向不同对象的现象。

12. A 【解析】本题考查知觉的规律。知觉的理解性是指人以知识经验为基础对感知的事物加工处理，并用语词加以概括赋予说明的加工过程。题干中，“外行看热闹，内行看门道”指的是不懂行的只看事物的表面，懂行的却看其关键所在，体现的是知觉的理解性。故本题答案选 A 项。B 项，知觉的选择性是指当面对众多的客体时，知觉系统会自动地将刺激分为对象和背景，并把知觉对象优先地从背景中区分出来。C 项，知觉的整体性是指人根据自己的知识经验把直接作用于感官的客观事物的多种属性整合为统一整体的过程。D 项，知觉的恒常性是指客观事物本身不变，但知觉条件在一定范围内发生变化时，人的知觉映像仍相对不变。

13. B 【解析】本题考查干扰说。干扰说认为，遗忘是因为在学习和回忆之间受到其他刺激的干扰。一旦干扰被排除，记忆就能恢复，而记忆痕迹并未消退。干扰说可用前摄抑制和倒摄抑制来说明。前摄抑制是先学习的材料对识记和回忆后学习的材料的干扰作用。倒摄抑制是后学习的材料对保持和回忆先学习的材料的干扰作用。题干中，早上学习效果好是因为只受倒摄抑制的影响，晚上学习效果好是因为只受前摄抑制的影响。前摄抑制与倒摄抑制的任意一种都可以被称为单一抑制。B 项正确。而学习的材料既受到了前摄抑制的干扰，又受到了后摄抑制的干扰被称为双重抑制。

14. C 【解析】本题考查思维的品质。思维的灵活性是指能灵活地思考问题。它表现为能从不同角度、运用不同方法思考问题，在条件发生变化时，能随机应变，及时地改变原有计划、方案，寻找新的解决问题的途径。故“足智多谋，随机应变”体现了思维的灵活性。本题答案选 C 项。A 项，思维的广阔性是指思路开阔，能从各个角度、多个方面揭露事物的联系，全面地思考问题。B 项，思维的批判性是指既善于批判地评价他人的思想和成果，吸取别人的长处、优点和思想的精华，摒弃别人的短处、缺点和思想的糟粕，又善于严格而精细地思考问题，冷静而客观地评价和自觉地控制自己的思维活动，不易受自己的情绪和偏爱的影响。D 项，思维的敏捷性是指思维活动迅速正确，能当机立断。

15. A 【解析】本题考查情感的分类。道德感是根据一定的道德标准评价人的思想、意图和言行时所产生的主观体验。它表现在对待国家、集体、工作、事业、学习以及人与人之间的关系等各个方面，如爱国主义情感、集体主义情感、责任感、事业心、荣誉感、自尊心等。“先天下之忧而忧，后天下之乐而

乐”强调把国家的利益放在首位,这体现了爱国主义情感,故属于道德感。因此,答案选 A 项。

16. A 【解析】本题考查耶克斯—多德森定律。根据“耶克斯—多德森定律”,教师在教学时,要根据学习任务的不同难度,恰当控制学生学习动机的激起程度。所谓“平时如战时,战时如平时”,就是要求在学习较容易、较简单的课题时,应尽量使学生集中注意力,使学生尽量紧张一点,动机激起水平达到中等偏高的最佳状态;而在学习较复杂、较困难的课题时,则应尽量创造轻松自由的课堂气氛,让动机激起水平处于中等稍低的最佳状态;在学生遇到困难或出现问题时,要尽量心平气和地慢慢引导,以免学生过度紧张和焦虑。从这个角度来看,平日在学生中流传的“大考大玩,小考小玩,不考不玩”的俏皮话,在一定程度上是有积极意义的。

二、多项选择题

题序	1	2	3	4	5	6
答案	ABC	ABC	ABCD	ABCD	ABCD	BD

1. ABC 【解析】本题考查“四书”的内容。《孟子》与《论语》《大学》《中庸》合称为“四书”。A、B、C 三项符合题意。“五经”是《诗》《书》《礼》《易》《春秋》的合称,故 D 项属于“五经”的范畴。

2. ABC 【解析】本题考查创造性与智力之间的关系。创造性的研究表明,创造性与智力并非成简单的线性关系,二者既有独立性,又在某种条件下具有相关性,在整体上呈正相关趋势。高智力是高创造性的必要条件,但不是充分条件。其关系表现为:(1)低智力不可能具有高创造性;(2)高智力可能有高创造性,也可能有低创造性;(3)低创造性者的智力水平可能高,也可能低;(4)高创造性者必须有高于一般水平的智力。

3. ABCD 【解析】本题考查常用的德育方法。陶冶教育法是教师利用环境和自身的教育因素,对学生进行潜移默化的熏陶和感染,使其在耳濡目染中受到感化的德育方法。陶冶教育法的方式主要有环境陶冶、情感陶冶、人格陶冶、艺术陶冶、科学知识陶冶、各种活动和交往情境陶冶等。“让学校的每一面墙壁都开口说话”“让学校的一草一木、一砖一石都发挥教育影响”这两句话都体现了潜移默化地影响学生。“春风化雨”是指适宜草木生长的风雨,多用在人或事,比喻良好的熏陶和教育。“桃李不言,下自成蹊”比喻为人真诚笃实,自然能感召人心,其体现的是人格陶冶符合题意。

4. ABCD 【解析】本题考查布置作业的要求。布置作业的要求有:(1)作业内容符合课程标准的要求;(2)考虑不同学生的能力需求;(3)分量适宜、难易适度;(4)作业形式多样,具有多选性;(5)要求明确,规定作业完成时间;(6)作业反馈清晰、及时;(7)作业要具有典型意义和举一反三的作用;(8)作业应有助于启发学生的思维,含有鼓励学生独立探索并进行创造性思维的因素;(9)尽量同现代生产和社会生活中的实际问题结合起来,力求理论联系实际。

5. ABCD 【解析】本题考查班级管理的模式。班级管理的模式包括:(1)班级常规管理;(2)班级平行管理;(3)班级民主管理;(4)班级目标管理。

6. BD 【解析】本题考查学习动机。内部学习动机是指诱因来自学习者本身的内在因素,即学生因对活动本身发生兴趣而产生的动机。外部学习动机是指诱因来自学习者外部的某种因素,即在学习活动以外,由外部的诱因激发出来的学习动机。其中,内部学习动机是最重要的和最良性的学习动机。根据选项描述可知,浓厚的兴趣和远大的理想属于内部学习动机;而父母的期待和教师的鼓励属于外部诱因激发出来的动机,即外部学习动机。因此,B 项和 D 项符合题意。

三、判断题

题序	1	2	3	4	5	6	7	8	9	10
答案	×	√	×	×	×	×	×	×	×	√

1. × 【解析】本题考查影响人身心发展的因素。影响人的身心发展的因素是多方面的。遗传素质是人的身心发展的物质前提,环境为个体的发展提供了多种可能,而教育作为特殊的环境对人的身心发展起主导作用,个体主观能动性是人的身心发展的内因和动力。孟母择邻的故事体现的是环境对人的身心发展的影响,但是环境对人的发展不起决定作用。

2. √ 【解析】本题考查天才的概念。才能的高度发展就

是天才,它是各种能力最完备的结合,它使人能够创造性地完成某种或多种活动。天才并非天生之才,它是在良好素质的基础上,通过后天环境、教育的影响,加上在生活实践中个人自己的主观努力发展起来的。

3. × 【解析】本题考查教师的权利与义务的内容。《中华人民共和国教师法》第七条规定了教师享有参加培训进修的权利,第八条则规定了教师应当履行"不断提高思想政治觉悟和教育教学业务水平"的义务。因此,培训进修既是教师所享有的权利,又是其应履行的义务。

4. × 【解析】本题考查智力测验的标准。测验的效度是指一个测验工具希望测到某种行为特征的有效性与准确程度。要测量学生的智力,需要的是测量智力的题目,而不是测量知识的题目,因此,这份测验是缺乏效度的,而不是缺乏区分度。

5. × 【解析】本题考查注意的内涵。注意是心理活动或意识对一定对象的指向和集中,是心理过程的动力特征之一。它与认知过程、情绪情感过程、意志过程难以分开,是一切心理活动的共同特征。注意不是一种独立的心理过程,也不属于某一种心理过程,而是伴随各种心理过程存在的特殊心理状态。

6. × 【解析】本题考查机械记忆的内涵。机械记忆是指在材料本身无内在联系或不理解其意义的情况下,按照材料的顺序,通过机械重复方式而进行的记忆,也称机械识记,如对无意义音节、地名、人名、历史年代等的识记。这种识记具有被动性,但它能够防止对记忆材料的歪曲。对于学生而言,这种识记也是必要的,因为有一部分学习内容的确需要精确记忆,如山脉的高度、河流的长度等。也有些内容,限于学生的知识经验,不可能真正理解其意义,但这些知识对以后的学习是重要的,也应该进行机械识记,如小学一二年级的学生背诵乘法口诀。故在学习过程中并不是要尽量避免机械记忆,题干的说法是错误的。

7. × 【解析】本题考查试卷题型的编制。试卷题型有主观题和客观题之分,两者各有利弊。其中客观题的优点是知识覆盖面广、评分标准客观,缺点是猜题也有答对的可能;主观题的优点是能够考查学生高水平的认知能力以及学生的个性化表现,缺点在于评分标准的主观性较强。因此,主客观题型的比例要适当。

8. × 【解析】本题考查激情的表现。激情是一种爆发式的、猛烈而时间短暂的情绪状态。激情发生时,意识范围缩小,意识对行为的控制作用明显降低,理解力降低,判断力减弱,易感情用事,不考虑后果。有人用激情爆发来原谅自己的错误,认为"激情时完全失去理智,自己无法控制",这种说法是不对的,人能够意识到自己的激情状态,也能够有意识地调节和控制它。因此,人在激情状态下,并不总是做错事。

9. × 【解析】本题考查影响人身心发展的因素。总体来看,影响个体身心发展的因素主要有遗传、环境、教育(学校教育)和个体主观能动性等。"只要教育得法,人人都可以成为歌唱家、科学家或诗人"的说法片面夸大了教育的作用,忽视了遗传、个体主观能动性等因素的影响,因而是错误的。

10. √ 【解析】本题考查惩罚的相关内容。著名教育专家孙云晓认为,没有惩罚的教育是不完整的教育。他还认为惩罚绝不等于体罚,更不是伤害,不是心理虐待、歧视,让你觉得难堪,打击你的自信心。惩罚是个双刃剑,是一种危险的、高难度的教育技巧。惩罚必须要因人而异、适度。

第二部分　幼儿专业知识部分

一、填空题

1. 终身教育
2. 学习方式和特点
3. 保育和教育 全面和谐发展
4. 同伴 信赖感
5. 立德树人
6. 精心呵护和照顾 保护和包办代替

7-10 缺。

二、单项选择题

题序	1	2	3	4	5	6	7	8	9	10
答案	C	A	C	B	B	A	A	B	C	B

1. C 【解析】本题考查《3~6岁儿童学习与发展指南》的内容。《3~6岁儿童学习与发展指南》以为幼儿

后继学习和终身发展奠定良好素质基础为目标，以促进幼儿体、智、德、美各方面的协调发展为核心，通过提出3～6岁各年龄段儿童学习与发展目标和相应的教育建议，帮助幼儿园教师和家长了解3～6岁幼儿学习与发展的基本规律和特点，建立对幼儿发展的合理期望，实施科学的保育和教育，让幼儿度过快乐而有意义的童年。

2.A 【解析】本题考查《3～6岁儿童学习与发展指南》的内容。《3～6岁儿童学习与发展指南》健康领域"身心状况"部分，目标3"具有一定的适应能力"的教育建议指出，幼儿每天的户外活动时间一般不少于2小时，其中体育活动时间不少于1小时，季节交替时要坚持。

3.C 【解析】本题考查《幼儿园教育指导纲要（试行）》的内容。《幼儿园教育指导纲要（试行）》艺术领域的指导要点指出，幼儿艺术活动的能力是在大胆表现的过程中逐渐发展起来的，教师的作用应主要在于激发幼儿感受美、表现美的情趣，丰富他们的审美经验，使之体验自由表达和创造的快乐。

4.B 【解析】本题考查《幼儿园教育指导纲要（试行）》的内容。《幼儿园教育指导纲要（试行）》第四部分教育评价中第四条指出，幼儿园教育工作评价实行以教师自评为主，园长以及有关管理人员、其他教师和家长等参与评价的制度。

5.B 【解析】本题考查《幼儿园教育指导纲要（试行）》的内容。《幼儿园教育指导纲要（试行）》第三部分组织与实施中第八条指出，家庭是幼儿园重要的合作伙伴，应本着尊重、平等、合作的原则，争取家长的理解、支持和主动参与，并积极支持、帮助家长提高教育能力。

6.A 【解析】本题考查《3～6岁儿童学习与发展指南》的内容。《3～6岁儿童学习与发展指南》语言领域指出，语言是交流和思维的工具。幼儿期是语言发展，特别是口语发展的重要时期。

7.A 【解析】本题考查《3～6岁儿童学习与发展指南》的内容。《3～6岁儿童学习与发展指南》社会领域指出，幼儿的社会性主要是在日常生活和游戏中通过观察和模仿潜移默化地发展起来的。成人应注重自己言行的榜样作用，避免简单生硬的说教。

8.B 【解析】本题考查《教育部关于大力推进幼儿园与小学科学衔接的指导意见》的内容。其中，在推进幼儿园与小学科学有效衔接的重点任务方面指出，改变衔接意识薄弱，小学和幼儿园教育分离的状况，建立幼小协同合作机制，为儿童搭建从幼儿园到小学过渡的阶梯，推动双向衔接。

9.C 【解析】本题考查《幼儿园教育指导纲要（试行）》的内容。《幼儿园教育指导纲要（试行）》健康领域的内容与要求指出，用幼儿感兴趣的方式发展基本动作，提高动作的协调性、灵活性。

10.B 【解析】本题考查《3～6岁儿童学习与发展指南》的内容。《3～6岁儿童学习与发展指南》社会领域"社会适应"部分，目标1"喜欢并适应群体生活"指出，3～4岁幼儿的发展目标为：(1)对群体活动有兴趣；(2)对幼儿园的生活好奇，喜欢上幼儿园。4～5岁幼儿的发展目标为：(1)愿意并主动参加群体活动；(2)愿意与家长一起参加社区的一些群体活动。5～6岁幼儿的发展目标为：(1)在群体活动中积极、快乐；(2)对小学生活有好奇和向往。故B项属于4～5岁幼儿的发展目标。

三、简答题(参考答案)

1.幼儿园户外场地可以设置哪些活动区？（至少列举三个）

(1)固定器具区，用于放置大中型体育活动器械。如秋千、滑梯等，可以分散放置，避免拥挤。

(2)水泥地，供儿童骑车、推车或玩拖拉玩具。行车水泥地应与儿童奔跑追逐的地方分开，以免相互冲撞。

(3)草地，供儿童奔跑、跳跃，开展游戏，周围可种植灌木树丛以起隔离作用。为避免被过度践踏，草地应设在离活动室较远的地方。如果园内无草地，则应保留一部分土地作为儿童开展体育活动的场地。

(4)泥土地，可供儿童种植植物、饲养小动物。

（共5分。完全正确得5分；答出"固定器具区、水泥地、草地、泥土地"等关键词给3分，具体阐释酌情给1～2分）

2.如何做好班级疫情防控工作？

(1)提前到岗，按照要求做好消毒工作。

(2)采用手持式测温枪，定时测温。若发现幼儿有可

疑症状，首先，要做好个人防护，及时将幼儿送至临时隔离场所，并通知家长带幼儿就诊。其次，上报园部和疾控中心。最后，做好该班幼儿与其他班级幼儿的隔离工作。

(3)日常要做好幼儿因病缺勤的管理和登记工作。

(4)节假日返园要严格落实疫情不进校园制度。对有疫情高风险地区或病例报告社区旅居史的幼儿，严格落实隔离的标准要求，观察期满之后方可入园，入园时要进行严格的健康检测。

(5)开展与疫情主题相关的活动。教育幼儿做好日常个人防护，引导幼儿认识疫情，感恩防疫英雄，学会爱护自己和身边的人。

(共5分。完全正确得5分；答出"做好消毒工作、定时测温、缺勤的管理和登记工作、疫情不进校园制度、开展疫情主题工作"等关键词给3分，具体阐释酌情给1～2分)

四、论述题(参考答案)

1. 游戏名称：中班体育游戏《好玩的神球》

游戏目标：

(1)了解球的多种玩法，知道背对背运球的游戏玩法。

(2)掌握"背对背运球"的动作要领，提高动作的灵活性。

(3)喜欢参加体育活动，感受和同伴合作游戏的乐趣。

游戏玩法：

(1)将幼儿分成两支队伍，每支队伍前后两个小朋友一组，背对背手挽手站在起始位置，同一队的幼儿帮助该组幼儿将皮球放在两个幼儿的背上。

(2)背对背运球的两个幼儿从起始线出发将球运到对面的篮筐中，中途球掉落需要将球捡回并从起点重新出发。

(3)到达终点的幼儿想办法将球送进篮筐内，掉落出来的不计分；上一组幼儿完成运球后下一组幼儿开始出发，在规定时间内，运球入筐最多的队伍获胜。

(共10分。游戏名称0.5分。游戏目标1.5分，三维目标各0.5分。游戏玩法8分，游戏规则清晰明了，幼儿参与性强给6～7分)

2. 课程资源是指课程设计、实施和评价等整个课程教学过程中可以利用的一切人力、物力以及自然资源的总和。自然资源指构成自然界的生态环境以及自然界中的各种事物，它是幼儿探究世界、了解自然以及获取经验的必要条件。自然资源不仅为幼儿的发展提供了物质基础，也对其审美及人格的发展起着重要的作用。

(1)幼儿园夏季课程实施过程中，可利用的自然资源有：

①利用空气，可以进行有氧运动，如体育游戏、有氧操等；

②利用小动物的声音，可以进行夏天里的声音活动；

③利用水和土，可以进行玩泥巴、打水仗等活动。

(2)以中班活动"玩泥巴"为例，该活动的活动过程如下：

①引导幼儿随意取泥放于手中，通过看、揉、捏，说出自己的感觉。

②幼儿自由玩泥，边玩边交流自己的感受。

③请配班教师事先在泥土中把脚丫埋起来，并做好造型。

④教师示范如何深挖、埋物，幼儿仔细观察。

教师：要把洞挖得深、大，才能把脚放进去；在埋脚的时候，要将泥盖在脚上，要盖满，脚趾不能露出来。

⑤幼儿尝试把自己的小脚丫藏起来。

⑥合作游戏。

教师：两名小朋友为一组，商量好要摆的造型。听到老师开始唱"木头人"儿歌时，马上开始挖洞。儿歌结束时，一名小朋友要把脚丫藏到洞里，另一名小朋友帮忙把藏好脚丫埋起来。

⑦幼儿互换角色，继续游戏。鼓励幼儿每一次都摆出不同的造型。

⑧放松小脚丫，在泥土里散散步，进一步体验赤足玩泥的乐趣。

(共10分。答出课程资源的种类2分。活动过程8分，符合幼儿认知特点，操作过程应步骤清晰，注重幼儿主体探究8分；写出大致活动过程，不偏离主题可酌情给5～6分)

2021 年江苏省镇江市教师招聘考试幼儿园教育理论基础真题试卷(精编)(三)

第一部分　教育基础知识

一、单项选择题

题序	1	2	3	4	5	6	7	8	9	10
答案	缺	缺	缺	缺	A	A	B	A	C	D
题序	11	12	13	14	15					
答案	B	D	B	B	C					

1—4. 缺

5. A 【解析】本题考查 2008 年修订的《中小学教师职业道德规范》的内容。关爱学生是师德的灵魂,是教师处理其与学生的关系时所应遵循的原则要求。爱岗敬业是教师职业的本质要求;为人师表是教师职业的内在要求;教书育人是教师的天职。

6. A 【解析】本题考查个体身心发展的规律。个体身心发展具有顺序性、阶段性、不均衡性、互补性、个别差异性、整体性。其中,个体身心发展的阶段性是指个体身心发展在不同的年龄阶段表现出不同的总体特征及主要矛盾,面临着不同的发展任务。个体身心发展的阶段性规律,决定了教育工作必须根据不同年龄阶段的特点分阶段进行,必须从学生的实际出发,针对不同年龄阶段的学生,提出不同的具体任务,采取不同的教育内容和方法。

7. B 【解析】本题考查夸美纽斯的教育观点。夸美纽斯提出"泛智"教育思想。夸美纽斯从他的民主主义的"泛智"思想出发,提出了普及教育的思想,"把一切事物教给一切人""一切男女青年都应该进学校"。

8. A 【解析】本题考查马克思关于人的全面发展学说。马克思主张在脑力劳动与体力劳动相结合的基础上"促进一切人自由而全面的发展",或者说是智力和体力充分而自由的发展。

9. C 【解析】本题考查教学评价的类型。定性评价指不采用数学的方法,而是根据评价者对评价对象平时的表现、现实的状态或文献资料的观察和分析,直接对评价对象做出定性结论的价值判断。如评出等级、写出评语等都是定性评价。题干中老师对小于同学的评语属于定性评价。

10. D 【解析】本题考查意志的品质。意志的品质有自觉性、果断性、自制性、坚韧性。其中,果断性是指一种善于辨明是非、抓住时机、迅速而合理地采取决定并执行决定的意志品质。与之相反的意志品质是优柔寡断和草率武断。题干中有的人遇事举棋不定、优柔寡断,说明他缺乏的意志品质是果断性。

11. B 【解析】本题考查《中华人民共和国未成年人保护法》的内容。《中华人民共和国未成年人保护法》(2012 年修正)第四章社会保护第三十九条规定,任何组织或者个人不得披露未成年人的个人隐私。

12. D 【解析】本题考查变式分析。变式分析,就是用不同形式的直观材料或事例说明事物的本质属性,即变换同类事物的非本质特征,以便突出本质特征。题干中王老师讲鱼类动物时,拿鲸鱼举例,解释鲸鱼用肺呼吸不属于鱼类,突出鱼类的本质特征是用鳃呼吸,这是变式分析的教学方式。

13. B 【解析】本题考查负强化的概念。负强化也称消极强化,是通过消除或中止厌恶、不愉快刺激来增强反应频率。题干中小刚为了消除害怕情绪,避免上课被提问,越来越多地坐在后排趴在桌上,这体现的是负强化。正强化是通过呈现想要的愉快刺激来增强反应频率;惩罚是指当有机体做出某种反应以后,呈现一个厌恶刺激,以消除或抑制此反应的过程;塑造是指通过安排特定的强化相倚关系使有机体做出他们行为库中原先不曾有过的复杂动作。

14. B 【解析】本题考查皮亚杰的认知发展阶段理论。前运算阶段(2 ~ 7 岁)的儿童还没有"守恒"能力或没有形成"守恒"的概念,思维缺乏观念的传递性。儿童观察事物时往往只能注意表面的、显著的特征,倾向于注意事物的静止状态。思维活动表现的关系单一,不能进行可逆运算。具体运算阶段(7 ~ 11 岁)的儿童思维有守恒的特征(即儿童认识到客体在外形上发生了变化,但特有的属性不变),能够去中心化并能逆向运算,因此守恒能力迅速发展,7

或8岁的儿童可以解决面积或容积守恒问题。题干中6岁的小明看到杯子大就认为饮料多,不能推断事实,说明他处于前运算阶段;8岁的小光能够认识到饮料的多少并没有随着容器的变化而改变,有守恒的意识,说明他处于具体运算阶段。

15. C 【解析】本题考查学习策略的分类。组织策略是指将经过精加工提炼出来的知识点加以构造,形成更高水平的知识结构的信息加工策略。组织策略主要有两种:一种是归类策略,用于概念、语词、规则等知识的归类整理;另一种是纲要策略,主要用于对学习材料结构的把握。纲要策略法中的符号纲要法主要包括系统结构图、流程图、模式或模型图和网络关系图。题干中的网络关系图属于组织策略中的符号纲要法。

二、多项选择题

题序	16	17	18	19	20
答案	ABCD	ACD	ABCD	ABCD	ABD

16. ABCD 【解析】本题考查教育民主化的内容。教育民主化是对教育的等级化、特权化和专制性的否定。教育民主化首先是指教育机会均等,即教育要为所有的社会成员提供平等的教育权利,包括入学机会的均等、教育过程中享有教育资源机会的均等和教育结果的均等,这意味着要对社会弱势学生群体给予特殊照顾;其次指师生关系的民主化;再次指教育方式、教育内容等的民主化,为学生提供更多自由选择的机会;最后是追求教育的自由化,包括教育自主权的扩大、根据社会要求设置课程、编写教材的灵活性等。概言之,教育民主化是指全体社会成员享有越来越多的教育机会,受到越来越充分的民主教育。

17. ACD 【解析】本题考查对儿童受教育权做出规定的相关法律。《中华人民共和国宪法》(2018年修正)第四十六条规定,中华人民共和国公民有受教育的权利和义务。国家培养青年、少年、儿童在品德、智力、体质等方面全面发展。《中华人民共和国教育法》(2021年修正)第九条规定,中华人民共和国公民有受教育的权利和义务。公民不分民族、种族、性别、职业、财产状况、宗教信仰等,依法享有平等的受教育机会。《中华人民共和国义务教育法》(2018年修正)第四条规定,凡具有中华人民共和国国籍的适龄儿童、少年,不分性别、民族、种族、家庭财产状况、宗教信仰等,依法享有平等接受义务教育的权利,并履行接受义务教育的义务。

18. ABCD 【解析】本题考查上好课的基本要求。上好课的基本要求包括:(1)教学目标明确;(2)教学内容准确;(3)教学结构合理;(4)教学方法适当;(5)讲究教学艺术;(6)板书有序;(7)充分发挥学生的主体性。

19. ABCD 【解析】本题考查性格特征差异的分析。性格是很复杂的心理活动,它包含着多种多样的特征,表现在不同的个人身上是千差万别的。根据人对现实的态度和行为方式,可从四个方面进行分析:(1)对现实态度的性格特征;(2)性格的理智特征;(3)性格的情绪特征;(4)性格的意志特征。

20. ABD 【解析】本题考查学习动机的分类。根据学校情境中的学业成就动机的不同,奥苏贝尔等人把动机分为认知内驱力、自我提高内驱力和附属内驱力三个方面。

第二部分 学科专业知识

三、单项选择题

题序	21	22	23	24	25	26	27	28	29	30
答案	D	B	C	D	C	B	D	B	C	B
题序	31	32	33	34	35	36	37	38	39	40
答案	B	缺	缺	C	缺	缺	缺	C	A	D

21. D 【解析】本题考查《3~6岁儿童学习与发展指南》的内容。《3~6岁儿童学习与发展指南》"说明"部分第二条规定,《指南》以为幼儿后继学习和终身发展奠定良好素质基础为目标,以促进幼儿体、智、德、美各方面的协调发展为核心,通过提出3~6岁各年龄段儿童学习与发展目标和相应的教育建议,帮助幼儿园教师和家长了解3~6岁幼儿学习与发展的基本规律和特点,建立对幼儿发展的合理期望,实施科学的保育和教育,让幼儿度过快乐而有意义的童年。

22. B 【解析】本题考查遗传对儿童心理发展的作用。

遗传对儿童心理发展的具体作用表现在两个方面：(1)提供发展人类心理的最基本的自然物质前提；(2)奠定儿童心理发展个别差异的最初基础。

23. C 【解析】本题考查陈鹤琴的教育理论。实现“活教育”目标的教育方法，如陈鹤琴先生所说：“非从‘做’做起来不可，应当是‘做中教，做中学，做中求进步’。”由此可见，“活教育”方法的核心是“做”。

易错提示：考生应注意区分陈鹤琴教育思想与陶行知教育思想的区别。陈鹤琴：创立了“活教育”理论；提倡中国化、平民化、科学化的幼儿教育。陶行知：创立了生活教育理论和教、学、做合一的教育方法；建立适合中国国情的、省钱的、平民的幼稚园。

24. D 【解析】本题考查实施幼儿德育的途径。实施幼儿德育的途径有：(1)日常生活是实施幼儿德育最基本的途径；(2)专门的德育活动是实施幼儿德育的有效手段；(3)利用游戏培养幼儿良好的道德行为。

25. C 【解析】本题考查活动区的合理设置。教师在具体规划和合理布置众多活动区域时需要考虑三点：(1)各活动区之间的界限性；(2)各活动区之间的相容性；(3)各活动区之间的转换性。其中，各活动区之间的相容性是指在布置活动区时要考虑各个区域的性质，尽量把性质相似的活动区安排在一起，以免相互干扰。C 项将静态的阅读区与动态的建构区相邻，不符合活动区布置的相容性。

26. B 【解析】本题考查幼儿语言发展的基本顺序。儿童语言是按“听—说—读—写”的基本顺序发展的。听和说是形成与发展读写能力的前提和基础，没有这个前提也就谈不上形成书面语言能力。

27. D 【解析】本题考查《幼儿园教育指导纲要(试行)》的内容。《幼儿园教育指导纲要(试行)》第二部分“教育内容与要求”指出，幼儿园的教育内容是全面的、启蒙性的，可以相对划分为健康、语言、社会、科学、艺术等五个领域，也可作其他不同的划分。各领域的内容相互渗透，从不同的角度促进幼儿情感、态度、能力、知识、技能等方面的发展。

28. B 【解析】本题考查《3～6 岁儿童学习与发展指南》的内容。《3～6 岁儿童学习与发展指南》社会领域中人际交往部分目标 3“具有自尊、自信、自主的表现”指出，4～5 岁幼儿的发展目标为：(1)能按自己的想法进行游戏或其他活动；(2)知道自己的一些优点和长处，并对此感到满意；(3)自己的事情尽量自己做，不愿意依赖别人；(4)敢于尝试有一定难度的活动和任务。

29. C 【解析】本题考查科学领域的价值取向。在幼儿科学领域的学习中，相对而言，“科学探究”这一子领域以“探究”为核心。“探究”既是科学学习的目标，也是科学学习的方法。

30. B 【解析】本题考查《幼儿园教师专业标准(试行)》的内容。《幼儿园教师专业标准(试行)》“专业能力”维度“环境的创设与利用”领域的基本要求指出，幼儿教师要建立班级秩序与规则，营造良好的班级氛围，让幼儿感受到安全、舒适。

31. B 【解析】本题考查《3～6 岁儿童学习与发展指南》的内容。《3～6 岁儿童学习与发展指南》艺术领域指出，幼儿艺术领域学习的关键在于充分创造条件和机会，在大自然和社会文化生活中萌发幼儿对美的感受和体验，丰富其想象力和创造力，引导幼儿学会用心灵去感受和发现美，用自己的方式去表现和创造美。故 B 项说法错误。

32—33. 缺

34. C 【解析】本题考查晨检的组织要求。晨检的工作重点是“检”，即检查幼儿的身心状况。检查步骤可概括为一问、二摸、三看、四查。其中，三看是观察儿童的精神状态以及脸色是否正常、眼睛是否有流泪、眼结膜是否充血、皮肤是否有皮疹、咽部有无异常等。

易错提示：晨检的步骤：一问、二摸、三看、四查。还有一种说法为：一摸、二看、三问、四查。各种参考书的说法不同，考生只需记忆一问、二摸、三看、四查的具体内容即可。

35—37. 缺

38. C 【解析】本题考查学前儿童美术教育的本质。美术教育最主要的价值在于能增加儿童对世界的了解和特殊经验，即视觉形象的审美思考，因此，美术教育应以美术自身独特的价值为基础。由此可见，美术教育本质论是以审美为其主要目的的，围绕着这个目的而确立的教育目标是：(1)帮助儿童

创造有美感和表现力的作品;(2)培养儿童对视觉对象进行审美判断的能力;(3)使儿童了解美术在文化发展中所具有的地位。

39. A 【解析】本题考查选择美术欣赏作品的原则。为儿童选择美术欣赏作品时应遵循以下几个原则:(1)经典性原则;(2)差异性原则;(3)题材的多样性原则。

40. D 【解析】本题考查卢梭的“自然后果法”。以自然教育理论为依据,卢梭在道德教育上提出了“自然后果法”。他强调对于幼儿的过失,不必加以责备和处罚,而要利用幼儿过失所造成的自然后果使他们自食其果,从而使他们认识其过失并予以改正。

四、判断题

题序	41	42	43	44	45	46	47	48	49	50
答案	√	×	√	×	×	√	√	×	×	×

41. √ 【解析】本题考查游戏的认知本质。皮亚杰认为,从认知活动的本质来看,游戏的特征是“同化”超过了“顺应”。

42. × 【解析】本题考查《幼儿园工作规程》的内容。《幼儿园工作规程》第四十条规定,幼儿园园长由举办者任命或者聘任,并报当地主管的教育行政部门备案。

43. √ 【解析】本题考查《3~6岁儿童学习与发展指南》的内容。《3~6岁儿童学习与发展指南》科学领域中“数学认知”部分目标2“感知和理解数、量及数量关系”指出,5~6儿童能初步理解量的相对性。

44. × 【解析】本题考查近期目标的含义。近期目标,也称短期目标,指在某一阶段内要达到的教育目标,近期目标的制订是为完成最终目标服务的。短期目标一般是教师在日常生活的教育活动中制订的,往往在月计划和周计划中体现出来。

45. × 【解析】本题考查幼儿园环境的特点。幼儿园环境的特点包括环境的教育性和环境的可控性。

46. √ 【解析】本题考查《3~6岁儿童学习与发展指南》的内容。《3~6岁儿童学习与发展指南》语言领域中“阅读与书写准备”部分目标2“具有初步的阅读理解能力”指出,4~5岁幼儿能大体讲出所听故事的主要内容。

47. √ 【解析】本题考查《幼儿园工作规程》的内容。《幼儿园工作规程》第五十四条规定,幼儿园应当成立家长委员会。家长委员会在幼儿园园长指导下工作。

48. × 【解析】本题考查蒙台梭利教育法。蒙台梭利教育法由三要素构成:有准备的环境、教师和教具。

49. × 【解析】本题考查学前教育的一般原则。教师要将儿童作为具有独立人格的人来对待,尊重他的思想感情、兴趣、爱好、要求和愿望等。儿童是不同于成人的正在发展中的社会成员,他们享有不同于成人的许多特殊的权利,如生存权、受教育权、受抚养权、发展权等,这反映了人类对儿童在社会中的地位和权利的认可与尊重。因此,不能说尊重幼儿的人格尊严和合法权益就意味着教师要以幼儿的意愿来安排教育活动。

50. × 【解析】本题考查角色游戏的含义。角色游戏是指学前儿童以模仿和想象,通过扮演角色,创造性地反映周围现实生活的一种游戏,又称想象性游戏。表演游戏是儿童根据故事、童话的内容,运用动作、表情、语言、扮演角色等,进行创造性表演的游戏。

方法技巧:考生应注意区分角色游戏和表演游戏的含义。角色游戏是儿童创造性地反映周围现实生活的一种游戏。表演游戏是儿童根据故事、童话的内容,进行创造性表演的游戏。

五、填空题

51. 秋季 25 30 35 30 40 360

52. 人格 权利 规律 学习特点 游戏 保教 个别差异 富有个性

53. 健康 语言 社会 科学 艺术

六、简答题(参考答案)

54. 简述陶行知先生的“六大解放”。

(1)解放幼儿的头脑,把他们的头脑从迷信、成见、曲解和幻想中解放出来;(2)解放幼儿的双手,给幼儿动手的机会;(3)解放幼儿的眼睛;(4)解放幼儿的嘴,给幼儿说话的自由,尤其是要允许他们发问;(5)解放幼儿的空间,让他们接触大自然、大社会;(6)解放幼儿的时间,给他们自己学习、活动的时间,但不要把儿童的全部的时间占去,让儿童有学习人生的机会。

(共6分。完全正确得6分;答出“解放幼儿的头

脑、双手、眼睛、嘴、空间、时间”等关键词酌情给4～5分)

55. 简述建立良好师幼关系的策略。

(1)关爱幼儿;(2)与幼儿经常性的平等交谈;(3)参与幼儿的活动;(4)与幼儿建立个人关系;(5)积极回应幼儿的社会性行为;(6)教师对幼儿应一视同仁,因人施教;教师应做到以身作则,为人师表。

(共6分。完全正确得6分;答出“关爱幼儿、与幼儿平等交谈、参与幼儿活动、与幼儿建立个人关系、积极回应幼儿”等关键词酌情给4～5分)

56. 简述实施《3～6岁儿童学习与发展指南》应把握的四个方面。

(1)关注幼儿学习与发展的整体性;(2)尊重幼儿发展的个体差异;(3)理解幼儿的学习方式和特点;(4)重视幼儿的学习品质。

(共4分。完全正确得4分;答出“整体性、个体差异性、学习方式和特点、学习品质”等关键词酌情给3～4分)

57. 简述引导幼儿对美的表达与表现的核心要点。

(1)尊重幼儿自发的表达和表现,如对幼儿的自由涂画和随意唱跳行为要给予认同;(2)创设让幼儿自主表达与表现的机会和条件,如要提供空间、时间、材料和艺术作品,让幼儿有机会自发模仿、自由涂画和随意唱跳;(3)营造宽松的心理环境,使幼儿敢于表达和表现,如在幼儿自由表现时,对幼儿的作品不轻易给予否定的评价。

(共3分。完全正确得3分;答出“尊重幼儿自发的表达和表现、创设让幼儿自主表现的机会和条件、营造宽松的心理环境”等关键词酌情给2～2.5分)

58. 简述教育工作评价重点考察的方面。

(1)教育计划和教育活动的目标是否建立在了解本班幼儿现状的基础上;(2)教育的内容、方式、策略、环境条件是否能调动幼儿学习的积极性;(3)教育过程是否能为幼儿提供有益的学习经验,并符合其发展需要;(4)教育内容、要求能否兼顾群体需要和个体差异,使每个幼儿都能得到发展,都有成功感;(5)教师的指导是否有利于幼儿主动、有效地学习。

(共5分。完全正确得5分;答出“了解幼儿的现状、调动幼儿学习的积极性、提高有益的学习经验、注重个体差异”等关键词酌情给3～4分)

七、案例分析题(参考答案)

59. (1)丁老师投放材料的方式不适宜。

①收集材料时,丁老师没有参考幼儿的意见,幼儿并未参与材料的选择,没有体现幼儿的主体地位;②投放材料时,丁老师直接将材料放在美工区,没有分批次、分层次地投放材料,导致材料的无序;③操作材料时,丁老师并未指导幼儿的操作活动,导致幼儿漫无目的地操作材料,不能与材料进行有效地互动。

(共4分。判断不适宜给1分,结合材料分析3分)

(2)活动区材料投放时应注意的问题:

①材料是为目标服务的,需完成的目标决定着投放的材料。在投放材料时,还要考虑远期目标和近期目标的结合,即为幼儿将来具备某方面的能力,而现在要提供一些操作材料,完成一些近期目标,进而实现远期目标。

②主题内容是由若干个相关目标构成的。所以投放材料的目的是确保相关目标的达成。即保证主题内容的完成。

③由于不同年龄班幼儿的发展水平不同,同一年龄班幼儿的发展也存在着差异。因此,投放的材料要有一定的层次性。

④材料是幼儿在活动区活动的物质支柱,是幼儿学习的基本工具。创设每个活动区时,教师都会为它准备很多种不同的材料,但切勿全部投放到区域中,而应根据各个阶段的教育目标及目标的完成情况分阶段、分批、由易到难地进行投放。

⑤出现随时投放材料这种情况,一方面可能是幼儿的临时需要,另一方面也可能是活动进行不下去,需要提供一种新材料以促进活动情节的发展。因此,需要教师细心观察,根据幼儿的临时需要及时投放材料或补充材料,以使活动顺利进行。

(共12分。观点正确,结合材料分析得12分;答出“材料为目标服务、主题内容、个体差异、材料是活动区的物质支柱”等关键词酌情给5～7分,结合材料分析酌情给3～4分)

2021年江苏省南通市如皋市教师招聘考试幼儿园教育理论基础真题试卷(四)

第一部分　教育基础知识

一、单项选择题

题序	1	2	3	4	5	6
答案	A	B	C	D	D	C

1. A 【解析】本题考查人的心理过程。心理过程是心理活动的一种动态过程,是人脑对客观现实的反映过程。心理过程可分为以下三个方面:(1)认知过程,包括感觉、知觉、记忆、想象、思维等。(2)情绪情感过程。(3)意志过程。

2. B 【解析】本题考查知觉的规律。知觉的选择性是指当面对众多的客体时,知觉系统会自动地将刺激分为对象和背景,并把知觉对象优先地从背景中区分出来。知觉的选择性受主客观两方面因素的影响。客观因素中“对象和背景的差别性(差异律)”是指,差别越大,越容易被优先选择。例如:教师批改作业,用红笔最明显;出板报时,重点部分用彩色粉笔书写,最易被优先选择。题干中教师板书用红笔标出易错部分正是运用了知觉的选择性。A项,知觉的理解性是指人以知识经验为基础对感知的事物加工处理,并用语词加以概括赋予说明的加工过程。C项,知觉的恒常性是指客观事物本身不变,但知觉条件在一定范围内发生变化时,人的知觉映像仍相对不变。D项,知觉的整体性是指人根据自己的知识经验把直接作用于感官的客观事物的多种属性整合为统一整体的过程。故B项正确。

3. C 【解析】本题考查注意的基本特征。注意的分配,是指人在进行两种或多种活动时能把注意指向不同对象的现象。题干中的教师在课堂中“眼观六路,耳听八方”,这说明该教师需要一边看,一边听,将注意分配到“看”和“听”两种不同的活动中,故这体现了注意的分配。A项,注意的范围也称注意的广度,是指在同一时间内,人们能够清楚地知觉出的对象的数目。B项,注意的转移是根据新的任务,主动地把注意从一个对象转移到另一个对象或由一种活动转移到另一种活动的现象。D项,注意的稳定性也称持续性注意,是指注意保持在某一对象或某一活动上的时间长短特性。故C项正确。

4. D 【解析】本题考查班杜拉的社会学习理论。观察学习是美国心理学家班杜拉所提出的社会学习的一种,是一种间接学习,个体通过对榜样的行为及其结果进行观察,并加以模仿,最终习得此行为。题干中的孩子通过模仿学会游泳,是观察学习的表现。

5. D 【解析】本题考查加德纳的多元智力理论。加德纳所提出的七种智力是:言语智力、逻辑—数学智力、视觉—空间智力、音乐智力、运动智力、人际智力、自知智力。A项,人际智力是指与人交往并和睦相处的能力,典型人群是教师、政治家、心理咨询医生。B项,言语智力是指说话、阅读、书写的能力,典型人群是作家、演说家。C项,音乐智力是指对声音的辨识与韵律表达的能力,典型人群是作曲家、歌手。D项,逻辑—数学智力是指数字运算与逻辑思考的能力以及科学分析的能力,典型人群是数学家。故D项正确。

6. C 【解析】本题考查上课的意义。上课是整个教学工作的中心环节,是教师教和学生学的最直接的体现,是提高教学质量的关键。教学质量的高低,直接取决于教师上课的水平。

二、判断题

题序	7	8	9	10	11	12
答案	×	×	×	√	×	×

7. × 【解析】本题考查心理学的概念。心理学是研究心理现象及其发生发展规律的科学。教育学是研究教育现象和教育问题,揭示教育规律的一门科学,教育学的根本任务是揭示教育规律。

8. × 【解析】本题考查个体身心发展的规律及其教育要求。个体身心发展的个别差异性,是指个体之间的身心发展以及个体身心发展的不同方面之间,存在着发展程度和速度的不同,要求教育必须因材施教,充分发挥每个学生的潜能和积极因素,有的放矢地选择适宜、有效的教育途径和方法手段,使每个学生都能得到最大的发展。个体身心发展的顺序性,是指人的

身心发展是一个由低级到高级、由简单到复杂、由量变到质变的连续不断的发展过程,要求教育工作要循序渐进地促进人的发展,不可"陵节而施"。

9. × 【解析】本题考查自主学习的内涵。自主学习关注学习者的主体性和能动性,是学生自主而不受他人支配的学习方式。其特点是:(1)自主学习是一种主动学习,主动性是自主学习的基本品质;(2)自主学习是一种独立学习,"独立学习"是自主学习的核心;(3)自主学习是一种元认知监控的学习,培养学生对学习的自我意识和自我监控并使之养成习惯,是促进学生自主学习的重要因素。自主学习的重点在于培养学习者的主体性和能动性,而非题干中所认为的学习时间的增多。

10. √ 【解析】本题考查《中小学教师职业道德规范》(2008 年修订)的内容。《中小学教师职业道德规范》(2008 年修订)的基本内容包括 6 个方面:爱国守法、爱岗敬业、关爱学生、教书育人、为人师表和终身学习。

11. × 【解析】本题考查陶冶教育法的概念。陶冶教育法是教师利用环境和自身的教育因素,对学生进行潜移默化的熏陶和感染,使其在耳濡目染中受到感化的德育方法。陶冶教育法的方式主要有环境陶冶、情感陶冶、人格陶冶、艺术陶冶、科学知识陶冶、各种活动和交往情境陶冶等。"让学校的每一面墙都说话"是环境陶冶的方式。榜样示范法是用榜样人物的优秀品德来影响学生的思想、情感和行为的德育方法。榜样包括伟人的典范、教育者的示范、学生中的好榜样等。

12. × 【解析】本题考查《中华人民共和国义务教育法》(2018 年修正)的内容。《中华人民共和国义务教育法》(2018 年修正)第二条规定,国家实行九年义务教育制度。

三、简答题(参考答案)

13. 人的气质类型分为哪几种?

人的气质类型分为胆汁质、多血质、黏液质、抑郁质四种。(1)胆汁质:精力旺盛、粗枝大叶、表里如一、刚强、易感情用事。(2)多血质:反应迅速、有朝气、活泼好动、动作敏捷、情绪不稳定。(3)黏液质:稳重,但灵活性不足;踏实,但有些死板;沉着冷静,但缺乏生气。(4)抑郁质:敏锐、稳重、体验深刻、外表温柔、怯懦、孤独、行动缓慢。

(共 4 分。完全正确得 4 分;答出"胆汁质、多血质、黏液质、抑郁质"等关键词得 3 分,具体分析 1 分)

四、抄写题

14. 德国教育家雅思贝尔斯认为教育的本质是:一棵树摇动另一棵树,一朵云推动另一朵云,一个灵魂唤醒另一个灵魂。(共 1 分,书写工整得 1 分)

第二部分 学科专业知识

五、填空题

15. 政治 保教
16. 后继学习
17. 直接感知 实际操作
18. 环境
19. 身心状况 动作发展
20. 交流 运用

六、单项选择题

题序	21	22	23	24	25	26	27	28	29	30
答案	C	D	C	A	A	C	B	D	D	A
题序	31	32	33	34	35	36	37	38	39	40
答案	B	A	B	D	C	B	A	B	B	D

21. C 【解析】本题考查我国学前教育机构的产生与发展。湖北巡抚端方于 1903 年在武昌创办湖北幼稚园,我国第一所学前儿童教育机构正式诞生,这也是我国最早的公立学前教育机构。

22. D 【解析】本题考查《幼儿园工作规程》的内容。《幼儿园工作规程》第二十九条规定,幼儿园应当根据幼儿的年龄特点指导游戏,鼓励和支持幼儿根据自身兴趣、需要和经验水平,自主选择游戏内容、游戏材料和伙伴,使幼儿在游戏过程中获得积极的情绪情感,促进幼儿能力和个性的全面发展。

23. C 【解析】本题考查《幼儿园教师专业标准(试行)》的内容。《幼儿园教师专业标准(试行)》的基本理念是师德为先、幼儿为本、能力为重、终身学习。

24. A 【解析】本题考查情境式教学的概念。情境式教学,强调与实际情境相类似的教学,强调以事例、

问题为基础,要求教学过程中要使学生的学习与具体情境结合起来,完成真实的任务,加深学生对知识的理解和应用。

25. A 【解析】本题考查《幼儿园教育指导纲要(试行)》的内容。《幼儿园教育指导纲要(试行)》第四部分"教育评价"第八条规定,对幼儿发展状况的评估,要注意:明确评价的目的是了解幼儿的发展需要,以便提供更加适宜的帮助和指导。

26. C 【解析】本题考查《幼儿园教师专业标准(试行)》的内容。《幼儿园教师专业标准(试行)》的基本内容中"专业理念与师德"维度"个人修养与行为"领域的基本要求指出,教师要勤于学习,不断进取。

27. B 【解析】本题考查《3~6 岁儿童学习与发展指南》的内容。《3~6 岁儿童学习与发展指南》健康领域"身心状况"目标 3"具有一定的适应能力"指出,4~5 岁幼儿能在较热或较冷的户外环境中连续活动半小时左右。

28. D 【解析】本题考查陶行知的学前教育思想。陶行知先生主张改革外国化的、费钱的、富贵的幼稚园,建立适合中国国情的、省钱的、平民的幼稚园。在教育实践中,他创立了生活教育理论和教、学、做合一的教育方法。

29. D 【解析】本题考查幼儿园活动室的布置原则。幼儿园活动室的布置原则包括:(1)教育性原则;(2)主体性原则;(3)创造性原则;(4)美观、经济的原则。

30. A 【解析】本题考查有规则游戏的概念。有规则游戏是成人在儿童自发游戏的基础上,为一定的教育目的而编制的,大都由教师组织儿童进行,有时也可以由儿童组织进行。包括体育游戏、智力游戏、音乐游戏等。

31. B 【解析】本题考查学前儿童动作发展的规律。学前儿童动作发展的规律包括:(1)从整体到局部规律(由整体到分化);(2)首尾规律(从上至下);(3)近远规律(由近及远);(4)大小规律(由粗到细,或者说由大到小);(5)无有规律(从无意到有意)。

32. A 【解析】本题考查学前儿童想象发生的年龄。1 岁半到 2 岁儿童出现想象的萌芽,主要是通过动作和语言表现出来的。

33. B 【解析】本题考查学前儿童理解的发展。学前儿童的理解往往很直接、肤浅,年龄越小越是如此。学前儿童对语言中的转义、喻义和反义现象也比较难理解。所以对学前儿童,尤其是对小班幼儿,千万不要说反话,要坚持正面教育。因此,教师在向小班幼儿提出一些简单规则时,应避免使用否定性语句。

34. D 【解析】本题考查学前儿童心理健康的标准。学前儿童心理健康的标准包括:(1)正常发展的智力;(2)稳定、反应适度的情绪;(3)乐于与人交往,有良好的人际关系;(4)思想和行为协调一致;(5)良好的性格特征。

35. C 【解析】本题考查幼儿道德感的发展。幼儿 3 岁前只有某些道德感的萌芽,进入幼儿园以后,特别是在集体生活环境中,逐渐掌握了各种行为规范,道德感也逐步发展起来。中班孩子不但关心自己的行为是否符合道德标准,而且开始关心别人的行为,并由此产生相应的情感。如中班幼儿的告状行为就是幼儿对别人行为方面的评价,它是基于一定的道德标准而产生的。

易错提示:考生易混淆理智感与道德感。理智感与认知(认识事物、探索知识)有关;道德感强调依据道德标准对人产生评价时的情感。

36. B 【解析】本题考查《幼儿园工作规程》的内容。《幼儿园工作规程》第十八条规定,在正常情况下,幼儿户外活动时间(包括户外体育活动时间)每天不得少于 2 小时,寄宿制幼儿园不得少于 3 小时;高寒、高温地区可酌情增减。

37. A 【解析】本题考查《幼儿园工作规程》的内容。《幼儿园工作规程》第十五条规定,幼儿园教职工必须具有安全意识,掌握基本急救常识和防范、避险、逃生、自救的基本方法,在紧急情况下应当优先保护幼儿的人身安全。幼儿园应当把安全教育融入一日生活,并定期组织开展多种形式的安全教育和事故预防演练。

38. B 【解析】本题考查《幼儿园工作规程》的内容。《幼儿园工作规程》第二十条指出,幼儿园应当建立卫生消毒、晨检、午检制度和病儿隔离制度,配合卫生部门做好计划免疫工作。

39. B 【解析】本题考查幼儿身心发展的特征及其教育要求。幼儿身心发展的阶段性是指幼儿在不同

的年龄阶段表现出身心发展的不同特征，同时也面临着不同的发展任务，这就要求幼儿教师和家长针对该年龄段幼儿的身心特点和发展需要，制定符合年龄特征的教育目标，采用适当的教养方法，进行相应的教养活动。“一刀切”的方式忽视了幼儿不同年龄阶段的特点，是不可取的。

40. D 【解析】本题考查幼儿园物质环境创设中玩具和材料的选择和提供标准。为保证玩具教育作用的充分发挥和游戏的健康发展，玩具和游戏材料的选择和提供应符合一定的标准。一味地选择高档玩具，不仅造成教育资金的浪费，也很容易使幼儿产生虚荣心，互相攀比，不利于幼儿正确的价值观的形成，所以，经济适用的原则是不可忽视的。我们提倡就地取材，多利用自然物和废旧物自制玩具，经济适用，针对性强。对于年龄稍长的幼儿，提供一些诸如旧纸盒子、破皮球、小木块等物品，不仅符合经济要求，也可有助于幼儿想象力和创造性的发展。玩具及游戏材料的好坏不应以价格和外形为判断依据，而是要以教育作用为主要的判断依据。在有限的经济条件下，要优先配备教育价值高的玩具，符合既经济又有利于幼儿发展的双重要求。故 D 项不适宜。

七、判断题

题序	41	42	43	44	45	46	47	48	49	50
答案	√	√	×	×	√	×	√	×	√	×

41. √ 【解析】本题考查《3～6 岁儿童学习与发展指南》的内容。《3～6 岁儿童学习与发展指南》健康领域“身心状况”目标 1“具有健康的体态”的教育建议指出，保证幼儿每天睡 11～12 小时，其中午睡一般应达到 2 小时左右。午睡时间可根据幼儿的年龄、季节的变化和个体差异适当减少。

42. √ 【解析】本题考查《3～6 岁儿童学习与发展指南》的内容。《3～6 岁儿童学习与发展指南》健康领域“生活习惯与生活能力”目标 3“具备基本的安全知识和自我保护能力”的教育建议指出，幼儿园应定期进行火灾、地震等自然灾害的逃生演习。

43. × 【解析】本题考查《幼儿园工作规程》的内容。《幼儿园工作规程》第十一条规定，幼儿园每班幼儿人数一般为：小班(3 周岁至 4 周岁)25 人，中班(4 周岁至 5 周岁)30 人，大班(5 周岁至 6 周岁)35 人，混合班 30 人。寄宿制幼儿园每班幼儿人数酌减。幼儿园可以按年龄分别编班，也可以混合编班。

44. × 【解析】本题考查教师沟通的能力。教师的沟通能力主要包括教师与幼儿、教师与家长的沟通能力和促进幼儿之间相互沟通的能力。其中，教师与幼儿的沟通方式有言语的和非言语的两种，教师可以通过掌握一定的沟通技能，用准确的言语沟通，平等地与幼儿交流。也可以通过微笑、点头等非言语的沟通，表达对幼儿的关心和爱护。

45. √ 【解析】本题考查《幼儿园工作规程》的内容。《幼儿园工作规程》第五十四条规定，幼儿园应当成立家长委员会。家长委员会的主要任务是：对幼儿园重要决策和事关幼儿切身利益的事项提出意见和建议；发挥家长的专业和资源优势，支持幼儿园保育教育工作；帮助家长了解幼儿园工作计划和要求，协助幼儿园开展家庭教育指导和交流。家长委员会在幼儿园园长指导下工作。

46. × 【解析】本题考查皮亚杰的认知发展阶段理论。前运算阶段(2～7 周岁)儿童的思维具有自我中心性。不能考虑其他人观点的思维是自我中心思维。学前儿童不明白其他人有着和自己不同的视角。自我中心思维有两种形式：缺乏对他人会从不同物理角度看待事物的意识，以及不能意识到他人或许持有和自己不同的想法、感受和观点。

47. √ 【解析】本题考查《3～6 岁儿童学习与发展指南》的内容。《3～6 岁儿童学习与发展指南》艺术领域“表现与创造”目标 1“喜欢进行艺术活动并大胆表现”的教育建议指出，要营造安全的心理氛围，让幼儿敢于并乐于表达表现。如：了解并倾听幼儿艺术表现的想法或感受，领会并尊重幼儿的创作意图，不简单用“像不像”“好不好”等成人标准来评价。

48. × 【解析】本题考查《幼儿园教育指导纲要(试行)》的内容。《幼儿园教育指导纲要(试行)》第四部分教育评价第四条规定，幼儿园教育工作评价实行以教师自评为主，园长以及有关管理人员、其他教师和家长等参与评价的制度。

49. √ 【解析】本题考查《幼儿园教师专业标准(试行)》的内容。《幼儿园教师专业标准(试行)》中

"专业理念与师德"维度"幼儿保育和教育的态度与行为"领域的基本要求指出,教师要重视自身日常态度言行对幼儿发展的重要影响与作用。

50. × 【解析】本题考查幼儿辨别空间方位的发展。幼儿辨别空间方位要经过以自身为中心逐步过渡到以客体为中心的过程。

八、简答题(参考答案)

51. 根据《幼儿园教育指导纲要(试行)》,教师应如何科学合理地安排和组织一日生活?

(1)时间安排应有相对的稳定性与灵活性,既有利于形成秩序,又能满足幼儿的合理需要,照顾到个体差异;(2)教师直接指导的活动和间接指导的活动相结合,保证幼儿每天有适当的自主选择和自由活动时间,教师直接指导的集体活动要能保证幼儿的积极参与,避免时间的隐性浪费;(3)尽量减少不必要的集体行动和过渡环节,减少和消除消极等待现象;(4)建立良好的常规,避免不必要的管理行为,逐步引导幼儿学习自我管理。

(共5分。完全正确得5分;答出"时间安排稳定灵活、直接指导和间接指导相结合、避免隐性浪费、减少过渡环节、建立良好常规"等关键词酌情给3~4分)

52.《3~6岁儿童学习与发展指南》中社会领域"具有初步的归属感"的教育建议有哪些?

(1)亲切地对待幼儿,关心幼儿,让他感到长辈是可亲、可近、可信赖的,家庭和幼儿园是温暖的。如:

①多和孩子一起游戏、谈笑,尽量在家庭和班级中营造温馨的氛围。

②通过和幼儿一起翻阅照片、讲幼儿成长的故事等,让幼儿感受到家庭和幼儿园的温暖,老师的和蔼可亲,对养育自己的人产生感激之情。

(2)吸引和鼓励幼儿参加集体活动,萌发集体意识。如:

①幼儿园和班级里的重大事情和计划,请幼儿集体讨论决定。

②幼儿园应经常组织多种形式的集体活动,萌发幼儿的集体荣誉感。

(3)运用幼儿喜闻乐见和能够理解的方式激发幼儿爱家乡、爱祖国的情感。如:

①和幼儿说一说或在地图上找一找自己家所在的省、市、县(区)名称。

②和幼儿一起外出游玩,一起看有关的电视节目或画报等;和他们一起收集有关家乡、祖国各地的风景名胜、著名的建筑、独特物产的图片等,在观看和欣赏的过程中激发幼儿的自豪感和热爱之情。

③利用电视节目或参加升旗等活动,向幼儿介绍国旗、国歌以及观看升旗、奏国歌的礼仪。

④向幼儿介绍反映中国人聪明才智的发明和创造,激发幼儿的民族自豪感。

(共5分。完全正确得5分;答出"亲切地对待幼儿,关心幼儿,吸引和鼓励幼儿参加集体活动,激发幼儿爱家乡、爱祖国的情感"等关键词酌情给2~3分,举例说明2分)

九、案例分析题(参考答案)

53. (1)①这一现象说明家长对学前阶段与小学阶段的不同教育特点理解不到位。幼儿园以游戏作为基本活动,所学的内容是与幼儿生活紧密相关的浅显知识,办学与教学随意性较强;小学的教育内容是以符号为媒介的学科知识,有严格的教育要求。家长认为贝贝整天沉浸在搭积木、画画、看图画书中,什么都不会,说明家长没有理解两个阶段中幼儿的发展状况是不同的。

②这一现象说明在家园合作中教师与家长的沟通出现了问题。教师没有做好家长工作,导致家长产生了错误观念,认为孩子在幼儿园整天玩,进入小学后不能很快适应小学生活,把入学准备片面地理解为认字、做数学题。由此造成的来自家长的压力,对幼儿园的幼小衔接工作造成了很大的冲击。

③这一现象说明部分学前教育机构一味地迎合应试教育的需求,教育大环境浮躁。同龄的小兰上培训班学写字和数学,是学前教育小学化倾向的典型表现,部分机构不考虑幼儿的发展规律和特点,提前进行小学课程,造成幼儿间差距的增大,加深了家长们的焦虑。

(共5分。观点正确,结合案例分析给5分。答出"学前阶段和小学阶段理解不到位、教师与家长沟通出现问题、学前教育机构迎合应试教育"等关键词酌情给3~4分)

(2)①帮助家长分析幼儿园小学化倾向的危害。幼儿园教育倾向于小学化的问题最后危害的还是幼

儿,幼儿教育与小学教育是不同的概念,因此在幼儿教育过程中若是使用小学的内容不仅仅违背了幼儿的成长原则,同时也是一种教育资源的浪费,属于重复性教育,压缩了幼儿本身应该动手动脑的活动和游戏时间。

②明确幼小衔接内涵,解除家长后顾之忧。幼小衔接是全面素质教育的重要组成部分,做好幼小衔接工作,必须促进幼儿的体、智、德、美的全面发展,培养入学的适应性而非小学化。

③帮助家长转变教育观念,树立正确的幼儿教育观。儿童的发展是一个持续渐进的过程,具有阶段性特征,同时要充分理解和尊重幼儿发展进程中的个别差异,支持和引导他们从原有水平向更高水平发展。幼儿的学习是以直接经验为基础,在游戏和日常生活中进行,幼儿在活动过程中表现出的积极态度和良好行为倾向是终身学习与发展所必需的宝贵品质,家长应该理解幼儿的学习方式和特点,重视幼儿的学习品质。

(共5分。观点正确,答出小学化倾向的危害,方法恰当给5分。答出"小学化的危害、幼小衔接的内涵、转变家长的观念"等关键词酌情给3~4分,具体分析1分)

十、活动设计题(参考答案)

54. (一)活动名称

我会洗手(大班健康教育活动)

(二)设计意图

新冠病毒的扩散向人们发出了警示,我们需要采取科学有效的教育方式,帮助孩子理解病毒的危害,保护孩子的健康与生命安全。设计本次活动,通过向幼儿展现病毒的传播途径和防范方法,使他们能够更好地理解现下生活的紧张气氛,同时养成良好的卫生习惯,做好自我保护。

(三)活动目标

1. 掌握有关新冠病毒的常识,了解病毒的危害;
2. 学会七步洗手法,懂得预防的方法;
3. 养成勤洗手、讲卫生的好习惯。

(四)活动准备

1. 物质准备:儿歌音频、七步洗手法的解说图片;
2. 经验准备:幼儿对新冠病毒有一定了解。

(五)活动重难点

1. 活动重点:掌握新冠病毒的常识,懂得如何防范;
2. 活动难点:学会并且熟练使用七步洗手法。

(六)活动过程

1. 谈话导入

病毒很小,肉眼看不到它,但是在放大镜下,科学家发现这个新病毒的形状像皇冠,所以大家叫它新型冠状病毒。新冠病毒的传染性极强,你们知道人与人之间是怎么传染的吗?(触摸、唾液的飞沫等)

2. 了解病毒的危害,大胆地说出自己的所见所感

(1)你们知道它会对我们造成多大的危害吗?(人的身体难以抵抗这种病毒的感染,就会生病,会发烧、咳嗽、呼吸困难,有的人会病得很重,甚至危及生命)

(2)人们都是怎么保护自己的呢?你见过爸爸妈妈都用过哪些方法?(待在家里、出门戴口罩、勤洗手、多运动……)

3. 学念儿歌,掌握保护自己的方法

(1)教师播放"新冠病毒预防歌"音频,幼儿学念。

(2)师:音频播放结束了,小朋友们学到了什么呢?

幼:不往人群挤,戴口罩,洗手也很重要。

师:没错,掌握了儿歌里的方法,病毒就很难找到你们啦!

4. 介绍七步洗手法,幼儿学做

(1)展示讲解图片,教师示范。

(2)幼儿学做,教师巡回指导。

(3)挑选幼儿进行展示和讲解。

5. 活动延伸

回家与家长一起讨论,如何在疫情中更好地保护自己和家人。

评分标准参考如下:

(1)活动名称(共0.5分。名称完整、明确0.5分)

(2)设计意图(共2分。设计意图符合幼儿身心发展特点2分)

(3)活动目标(共1.5分。认知、行为、情感各0.5分)

(4)活动准备(共1分。准备得当、充分1分)

(5)活动重难点(共1分。重点0.5分,难点0.5分)

(6)活动过程(共13分。①选择符合幼儿认知特点的图片或者视频作为导入2分;以口头语言进行导入,符合主题可酌情给1~2分。②操作过程应步

骤清晰,注重幼儿主体探究8分;写出大致活动过程,不偏离主题可酌情给5~6分。③通过合适的过渡将幼儿获得的经验迁移到别的事物中3分;缺乏过渡活动但点明迁移对象可酌情给1~2分)

(7)活动延伸(共1分。延伸具体可行1分,有利于激发幼儿的探索行为1分)

2020年江苏省常州市教师招聘考试幼儿园教育理论基础真题试卷(五)

一、填空题

1. 游戏　日常生活　游戏　生活
2. 保育　教育
3. 虐待　歧视　体罚　身心健康
4. 感受美　表现美　创造美　认识　情绪态度
5. 想说　敢说　喜欢说　有机会说
6. 委托交接

二、单项选择题

题序	1	2	3	4	5	6	7	8	9	10
答案	C	C	A	A	D	A	C	B	A	D
题序	11	12	13	14	15					
答案	C	D	A	C	A					

1. C 【解析】本题考查园所文化的含义。我们所强调的园所文化,主要指在园所这一级组织中形成全体成员认同并自愿遵循的价值观、信念系统、思想作风与规范、思维方式与行为准则。园所文化是园所生存的基础,是园所发展的动力和取得成效的关键,甚至可以说是园所的灵魂。

2. C 【解析】本题考查《幼儿园工作规程》的内容。《幼儿园工作规程》第二十八条指出,幼儿园应当为幼儿提供丰富多样的教育活动。教育活动内容应当根据教育目标、幼儿的实际水平和兴趣确定,以循序渐进为原则,有计划地选择和组织。

3. A 【解析】本题考查儿童思维方式的变化。3~6、7岁儿童的思维,以具体形象思维为主。所谓具体形象思维是指儿童依靠事物在头脑中的具体形象进行的思维,即依靠具体事物的表象以及对具体形象的联想而进行的思维。

4. A 【解析】本题考查轶事记录法的含义。轶事记录法是着重记录观察者认为有价值、有意义的任何可表现儿童个性或某方面发展的行为情景,观察者也可以运用轶事记录法观察记录某个特定儿童,积累有关他的一些典型事例或异常的行为事件的资料,留待以后进行分析研究。

5. D 【解析】本题考查夸美纽斯的著作。夸美纽斯为父母们编写的学前家庭教育指南《母育学校》,是世界上第一部论述学前教育的专著,集中体现了他的学前教育思想。

6. A 【解析】本题考查回避型依恋儿童的外显行为问题。回避型依恋的儿童容易出现外显的行为问题,如攻击性比较强、经常抢夺别的小朋友的玩具、欺负别的小朋友等。因为他们的母亲往往忽视了孩子的生理和心理需要或对之不敏感,因此孩子发出的需求信号经常遭到冷遇,久而久之,孩子对母亲的感情也变得冷漠了。故答案选择A项。

7. C 【解析】本题考查《3~6岁儿童学习与发展指南》的内容。《3~6岁儿童学习与发展指南》健康领域"动作发展"目标1"具有一定的平衡能力,动作协调、灵敏"指出,4~5岁幼儿能以匍匐、膝盖悬空等多种方式钻爬。

8. B 【解析】本题考查开放性材料的含义。开放性材料是指儿童游戏和建构活动中的一系列可用于拓展和延伸儿童思维的自然或人造物品。常见的开放性材料有自然材料、木制品、塑料、金属制品、陶瓷与玻璃制品、包装材料、织物与丝带等。塑料瓶盖是塑料材料,积木是木制品材料,珠子是陶瓷与玻璃制品材料,电动汽车玩具不是开放性材料。故答案选B项。

9. A 【解析】本题考查陈鹤琴的教育思想。陈鹤琴先生反对埋没人性的、读死书的死教育。在抗战时代,他抱着实验新教育的使命,创建了"活教育"理论。实现活教育目标的教育方法,如陈鹤琴先生所说:"非从'做'做起来不可,应当是'做中教,做中学,做中求进步'。"

10. D 【解析】本题考查儿童亲社会行为的形成。目前,多数研究认为,3 岁前是亲社会行为的萌芽期,3 ~6岁是亲社会行为的正式发生期。

11. C 【解析】本题考查社会教育主题方案架构的基本思路。人的社会性发展有一个由表及里再由内而外的循环过程。也就是说,人的社会行为的产生总是伴随着理解体验逐步建立起来的。当一定的社会行为较为稳固地表现出来,我们才能认为个体社会性发展了。所以,社会性教育活动的设计应该抓住认知—体验—积累—实践—迁移这几个社会教育的基本要素,通过设计多种形式的活动引导儿童体验与他人共同生活的乐趣,从而积累与他人相处、合作的经验,并在实践中运用交往技能,最终养成对他人、社会亲近的态度。

12. D 【解析】本题考查幼儿发展评价的方法。幼儿发展评价的方法包括:观察法、作品分析法、谈话法、问卷调查法、档案评估法。教师发展评价的发展包括:自我评价、观察记录、案例分析、家长评价。故答案选 D 项。

13. A 【解析】本题考查《幼儿园新型冠状病毒肺炎防控指南》的内容。《幼儿园新型冠状病毒肺炎防控指南》指出,应每天早、中、晚三次对活动室和睡眠室进行开窗通风,每次不少于 30 分钟,开窗通风时做好班级内幼儿的保暖。在外界温度适宜、空气质量较好的条件下,应采取持续开窗通风的方式。

14. C 【解析】本题考查观察活动的类型。观察的类型从不同角度可有多种分法:从时间上区分,观察可以分为间或性观察和长期系统性观察;从对象上区分,观察可以分为个别物体的观察和比较性观察;从空间上区分,观察可以分为室内观察和室外观察。以上分类之间有交叉现象,如室外观察同时也可以是对个别物体的观察,室内观察也可以是比较性观察等。幼儿是在室外的菜地里进行观察的,属于室外观察,A 项描述正确。观察黄瓜的生长过程需要幼儿在较长的时间内对黄瓜的生长进行系统的观察,符合长期系统性观察的要求,D 项描述正确。个别物体的观察是指幼儿对单个物体(或一类物体)或现象的观察,比较性观察是幼儿同时观察两种或两种以上的物体并进行比较,以找出物体间的异同点。题干中幼儿观察的是黄瓜这一类物体,属于个别物体的观察而非比较性观察,B 项描述正确。因此答案选 C 项。

方法技巧:考生易混淆个别物体的观察和长期系统性观察。题干中对黄瓜生成过程的观察既是对个别物体的观察也是长期系统性的观察,考生要注意理解二者之间的含义。

15. A 【解析】本题考查幼儿园教育评价的方法。幼儿园教育评价有许多方法,根据评价的功能和运行时间分类可分为诊断性评价、形成性评价和终结性评价。诊断性评价是在教育活动之前进行预测性评价或“事实评价”,目的在于了解对象的基础情况,并有效地发现问题,为制订教学计划或解决某些问题做准备。题干中幼儿教师在开学前为了了解幼儿各方面的发展情况,制作了家访用的相关表格并与家长沟通了解情况,这属于诊断性评价。形成性评价是在教育过程中持续地进行,及时了解教育动态过程的成效,以便及时地做出反馈性调节,获得改进工作的依据,提高教育过程的质量。终结性评价是在完成某个阶段教育活动后进行,目的在于全面了解该教育活动的结果,对达成目标的程度作出总结性评价。故答案选 A 项。

三、判断题

题序	1	2	3	4	5	6	7	8	9	10
答案	×	×	√	×	×	×	×	×	√	×

1. × 【解析】本题考查创造性游戏的含义。创造性游戏强调儿童的主动性和创造性,大都由儿童自由地玩。包括角色游戏、结构游戏和表演游戏。

2. × 【解析】本题考查教师用语。教师用语应通俗易懂,符合儿童的年龄特点和认知水平,因此,教师表述应该简单明了,使儿童容易听懂;教师应讲究语言艺术,由于学前儿童的思维具有直觉行动性和具体形象性,因此教师的口语应该生动形象,引人入胜,并伴有动态语言。

3. √ 【解析】本题考查《3 ~6 岁儿童学习与发展指南》的内容。《3 ~6 岁儿童学习与发展指南》艺术领域中“表现与创造”部分目标 1“喜欢进行艺术活动

并大胆表现”的教育建议指出,教师应了解并倾听幼儿艺术表现的想法或感受,领会并尊重幼儿的创作意图,不简单用“像不像”“好不好”等成人标准来评价。因此,对幼儿的作品,教师要用探究、了解的态度去欣赏与解读。

4. × 【解析】本题考查 3~6 岁幼儿注意发展的主要特征。3 岁前儿童的注意基本上属于无意注意,3~6 岁幼儿注意的特点是无意注意占优势地位,有意注意逐渐发展。

5. × 【解析】本题考查儿童心理发展的关键期。“时过然后学,则勤苦而难成”出自《礼记·学记》,意为一旦错过了时机以后再学,即使再刻苦,也很难有所成就。这句话表明儿童心理发展具有关键期。关键期是指个体发展过程中环境影响能起最大作用的时期,它是儿童在某个时期最容易学习某种知识技能或形成某种心理特征,但过了这个时期,发展的障碍就难以弥补。

6. × 【解析】本题考查福禄贝尔的教育观点。幼儿教育之父福禄贝尔认为“父母是孩子的第一任老师”,家庭对孩子的影响是全面的、深刻的,也是无可取代的。

7. × 【解析】本题考查幼儿运动会项目的选择。运动会的项目要适合幼儿的发展水平,根据年龄特点有所侧重,小班幼儿以模仿操为主,中班幼儿以徒手操为主,学习简单的轻器械操,大班幼儿以徒手操为主,学习较难些的轻器械操。故体操可以作为幼儿运动会的项目,但在进行过程中应针对幼儿年龄差异进行区别对待。在体育活动目标中,一般要求中班幼儿能快跑 20 米左右,大班幼儿能快跑 25 米左右或接力跑。百米短跑严重超出了幼儿预期发展目标的要求,故不适合作为幼儿运动会的项目。

8. × 【解析】本题考查《幼儿园教师专业标准(试行)》的内容。《幼儿园教师专业标准(试行)》的基本理念是师德为先、幼儿为本、能力为重和终身学习。

9. √ 【解析】本题考查幼儿园课程内容选择的基本原则。生活化原则是指在选择课程内容时,应尽可能从幼儿的生活中寻找适合目标的内容,不要舍近求远,求新求奇。要在生活中挖掘课程内容,让孩子亲身感受,自然学习,再通过生活化的课程内容,帮助幼儿整理、提升经验,促使他们进一步发展。但生活化的课程内容不能等同于生活本身,要注意课程内容基于生活而又高于生活的原则要求。

10. × 【解析】本题考查洛克的“白板说”。洛克从唯物主义的立场出发,提出了著名的“白板说”。他认为人出生后心灵如同一块白板,没有任何标记和观念;人的一切知识都是后天得来的,都建立在经验的基础上;人的发展是由教育决定的,而不是由先天的遗传因素决定。

四、简答题(参考答案)

1. 幼儿园的适宜材料应具备哪些特征?

(1)目的性和适宜性。①目的性即与教育目标的一致性。②适宜性即根据儿童的年龄特点投放材料。

(2)丰富性和层次性。①丰富性即提供数量充足和形式、功能多样的材料,但并不是越多越好。②层次性即提供能满足不同水平儿童发展需要的材料。

(3)启发性、操作性和探索性。投放的材料要能启发幼儿思维,有利于培养幼儿动手操作能力,有利于引发、支持幼儿的游戏和各种探索活动。

(4)自主性。教师应注重引导儿童参与,充分发挥儿童的主体作用。

(5)兴趣性。教师要在区域活动中合理投放游戏材料,提高幼儿对游戏的兴趣,激发其对游戏的热情。

(6)整合性和开放性。区域的材料应该是一个开放的体系,要整合教育机构、教师、儿童、家庭以及社区等多方面的资源。

(共 6 分。完全正确得 6 分;答出“目的性、适宜性、丰富性、层次性、启发性、自主性、兴趣性、整合性、开放性”等关键词酌情给 4~5 分)

2. 教师应如何对幼儿的结构游戏进行指导?

(1)小班:①引导幼儿认识结构材料;②带领幼儿参观中、大班幼儿的建构活动,引起幼儿对建构活动的兴趣;③为幼儿安排场地,准备足够数量的结构玩具;④指导幼儿学习基本的构造技能,建构简单的物体;⑤建立结构游戏简单的规则;⑥教给幼儿整理和保管玩具的简单方法。

(2)中班:①丰富幼儿的生活经验;②引导幼儿学习设计结构方案,有目的地选材;③指导幼儿掌握结构技

能并会应用技能塑造物体;④鼓励幼儿独立地进行创造性的建构活动;⑤组织结构活动小组(3～4人)进行集体建构活动;⑥组织幼儿评议结构成果。

(3)大班:①丰富幼儿的结构造型知识和生活印象;②指导幼儿学习表现物体的细节和特征;③指导幼儿制订计划;④重点指导幼儿掌握并应用新的技能;⑤教育幼儿重视结构成果;⑥引导幼儿开展参加人数多、持续时间长的大型结构活动。

(共6分。完全正确得6分;按照小中大班回答得2分,答出“认识材料、安排场地、丰富幼儿生活经验、学习设计方案、独立进行创作、表现物体的细节和特征、掌握新技能、重视结构成果”等关键词酌情给4～5分)

3. 幼儿园人际交往的教育目标是什么?

《3～6岁儿童学习与发展指南》社会领域“人际交往”的教育目标有四点:(1)愿意与人交往;(2)能与同伴友好相处;(3)具有自尊、自信、自主的表现;(4)关心尊重他人。

(共6分。完全正确得6分;答出“愿意与人交往、能与同伴友好相处、自尊、自信、自主、关心尊重他人”等关键词酌情扣1～2分)

五、综合题(参考答案)

1. (1)角色游戏的特点:

①象征性。角色游戏是幼儿在对角色、动作、情境等方面进行想象并表征出来的活动。其象征性是通过以物代物、以人代物、以人代人、情境转换等方式实现的。通俗地讲,儿童在角色游戏中常常通过“假装”某个人物或事物,通过想象游戏情节和人物活动来完游戏过程。如材料中豆豆把自己想象成服务员推销自己的新菜品(彩泥做的面条)。

②社会性。角色游戏以儿童扮演、模仿日常生活中的人、事、物为主要的游戏内容。游戏的角色来自日常真实生活,常常包含了儿童对成人世界的认知及期待。儿童进行角色游戏的水平往往与他们的社会化水平相一致。儿童的社会化程度越高,其角色游戏的发展水平也就越高;同时,儿童通过扮演社会角色,加深对社会角色和社会生活的理解,也促进了儿童社会化程度的提高。如材料中豆豆玩“小小餐厅”游戏,游戏的主题、情节、角色等来源于现实生活中豆豆自身的社会经验。

③自主性。角色游戏的开展是建立在儿童自主选择角色、游戏材料及游戏内容的基础上的。在角色游戏中,游戏的主题、角色的选择,材料的使用,以及情节的设定都随儿童的意愿而产生与发展。儿童可以随心所欲地通过扮演角色的语言及行为表达他们对生活的认识和理解。因此,儿童是角色游戏的创造者和支配者,对游戏拥有绝对的自主权。如材料中豆豆在游戏中自主选择主题和角色,自由切换游戏的内容和情节。

(共6分。完全正确得6分;答出“象征性、社会性、自主性”等关键词酌情扣1～2分,未做具体分析扣2分)

(2)角色游戏的指导要点:

①角色游戏前期准备:丰富幼儿的生活经验,提供适合的场所以及丰富的游戏材料,提供充足的游戏时间。

②角色游戏过程中的现场指导:

A. 鼓励和启发幼儿按照自己的意愿自主确定游戏主题;

B. 教会幼儿分配游戏角色;

C. 观察、参与幼儿游戏,尊重幼儿个体差异性,给予适宜的指导。

③角色游戏结束环节的指导:

A. 愉快地结束游戏,培养幼儿对游戏的兴趣;

B. 引导幼儿收拾游戏材料和场地,培养幼儿良好的习惯;

C. 评价游戏,丰富幼儿的游戏经验,提升游戏水平。

(共6分。完全正确得6分;答出“丰富幼儿的生活经验、丰富游戏材料、充足的游戏时间、学会分配角色、尊重个别差异、愉快地结束游戏、评价游戏”等关键词酌情扣1～2分)

2. (1)材料中教师的教育行为是恰当的。首先,徐老师的教育活动是建立在了解事件情况的基础上;其次,徐老师耐心倾听沐子诉说自己的情绪;最后,徐老师用语言和行动安慰沐子,抱着沐子直到她情绪逐渐平稳。徐老师掌握了控制幼儿情绪的方法,使沐子正确发泄了心中的委屈,从而获得了良好的情感发展。

(共3分。判断准确1分,结合案例分析2分)

(2)帮助儿童建立良好同伴关系的策略包括：

①教会儿童合作，增强儿童的自信感。案例中徐老师应该教给沐子和同伴交往的策略，学会和同伴相处。

②教会儿童游戏，提高儿童的参与度。案例中徐老师应该帮助沐子参与到阳阳的游戏中，学会处理同伴之间的问题。

③教会儿童接纳，融洽儿童的同伴关系。案例中徐老师应教阳阳接纳沐子，而不是把沐子排斥在外，影响了同伴关系的发展。

④教会儿童表达，培养儿童的积极情感。案例中徐老师应该教会阳阳和沐子沟通交流，培养他们积极的情感。

(共7分。完全正确得7分；答出"教会儿童合作、游戏、接纳、表达"等关键词酌情给3～4分，结合材料分析3分)

2020年江苏省无锡市教师招聘考试幼儿园教育理论基础真题试卷(六)

一、单项选择题

题序	1	2	3	4	5	6	7	8	9	10
题序	D	C	A	B	D	C	C	C	A	B

1. D 【解析】本题考查幼儿想象的夸张性。幼儿在想象中常常把事物的某个部分或某种特征加以夸大。题干的表述是幼儿想象夸张性的表现。

2. C 【解析】本题考查杜威的教育思想。杜威认为，传统教育的最大弊病是把学科作为教育的中心，从外部把外在的教材强加给儿童，去除这个弊病的方法就是把教育的中心由学科转到儿童。杜威提出"儿童中心论"，学校生活组织应该是以儿童为中心，教学内容、计划和方法以及一切教育活动都要服从儿童的兴趣和经验的需要。

3. A 【解析】本题考查碘的生理功能。碘是合成甲状腺素的原料。甲状腺素具有调节新陈代谢、促进神经系统发育的生理功能。碘缺乏的典型症状为甲状腺肿大。胎儿发育期缺碘，婴儿出生后就会生长发育迟缓、智力低下，严重者发生"呆小症"，即"克汀"，表现为聋、哑、矮、傻。

4. B 【解析】本题考查幼儿园教育活动设计的原则。科学性原则是指设计幼儿园教育活动时要确保向幼儿传授的知识、观点、技能等应该是正确的，是符合客观规律的，并帮助幼儿正确地认识事物，形成正确的概念。贯彻科学性原则需注意以下三个方面：(1)保证活动内容的科学性，为幼儿今后树立科学的世界观奠定基础；(2)设计活动时要科学合理地安排幼儿的活动时间、活动强度，由于幼儿神经系统易兴奋、易疲劳，因此不仅在一日活动中要注意动静交替，在同一个活动中也要注意采用多种方式有动有静地开展活动，避免幼儿过于疲劳，影响身心健康；(3)幼儿教师要注意提高自身的专业素养，自己有渊博的知识，才能深入浅出地给传达幼儿正确的科学知识，才能回答幼儿的各种问题。

5. D 【解析】本题考查陶行知的贡献。陶行知先生猛烈地批判旧中国幼儿教育的弊端，坚决主张改革外国化的、费钱的、富贵的幼稚园，建立适合中国国情的、省钱的、平民的幼稚园。他身体力行地积极推行平民的、乡村的教育，在南京郊区首创了中国第一所乡村幼稚园——南京燕子矶幼稚园，还创建了乡村幼儿师范教育，农村幼教研究会，等等。

6. C 【解析】本题考查《3～6岁儿童学习与发展指南》的内容。《3～6岁儿童学习与发展指南》健康领域中"生活习惯与生活能力"部分目标1"具有良好的生活与卫生习惯"指出，4～5岁幼儿要知道保护眼睛，不在光线过强或过暗的地方看书，连续看电视等不超过20分钟。

7. C 【解析】本题考查创造性游戏的含义。创造性游戏强调儿童的主动性和创造性，大都由儿童自由地玩。包括角色游戏、结构游戏和表演游戏。娃娃家游戏和小超市游戏属于角色游戏。小舞台游戏属于表演游戏。飞行棋游戏是智力游戏，属于有规则游戏。故答案选C项。

8. C 【解析】本题考查幼儿教师的教育机智。"向家长说明情况并婉言拒绝，同时在班级内用其他方式为这位小朋友庆祝生日"既避免了分享蛋糕可能带来的意外情况，又实现了家长想为幼儿过生日的心愿。C项最为合理。A项，容易导致其他小朋友的攀

比心理，可能导致个别肠胃不好的幼儿出现腹泻的情况。B 项，打击了家长想为孩子过生日的积极性，不利于良好家园关系的建立。D 项，可能导致个别肠胃不好的幼儿出现腹泻的情况，也没有实现为该小朋友庆祝生日的目的。

9. A 【解析】本题考查教师对幼儿游戏的介入。"和幼儿一起讨论'怎样玩更合适'并为幼儿的游戏提供支持"既避免了幼儿因打斗玩耍而出现的危险行为，又充分满足了幼儿继续游戏的心理需求。A 项符合题意。B 项中仅仅制止打斗，不能彻底解决幼儿的争斗问题，且将幼儿拼搭好的手枪宝剑拆掉，容易使幼儿丧失游戏兴趣，打击了幼儿游戏的积极性。C 项的做法是教师不负责的表现，且容易造成意外事故。D 项的做法没有尊重幼儿的游戏意愿，且没有支持幼儿的游戏。

10. B 【解析】本题考查皮亚杰的游戏理论。皮亚杰的游戏理论是从他的认知发展理论派生出来的，他关于儿童游戏的观点是他对儿童发展基本观点的扩展和具体化。皮亚杰把游戏看成是认知水平的表现形式，游戏是随着认知发展而发展的，因此游戏的形式必然与智力发展阶段相对应。皮亚杰根据儿童智力发展的不同水平，把游戏分为三种类型：练习性游戏（0 ~ 2 岁）、象征性游戏（2 ~ 7 岁）和有规则的游戏（7 ~ 12 岁），它们分别与认知发展的感知运动阶段、前运算阶段和具体运算阶段相对应。象征性游戏（2 ~ 7 岁）是幼儿借助于代替物的帮助，再现不在眼前的事物或情景的活动，如幼儿经常把椅子当马骑。象征性游戏是儿童游戏的典型形式，发生在前运算阶段。题目中幼儿将小椅子当作小汽车开来开去，属于象征性游戏，故相对应的该幼儿的认知发展处于皮亚杰认知发展理论中的前运算阶段。

二、判断题

题序	11	12	13	14	15	16	17	18	19	20
答案	×	√	×	√	√	×	×	√	×	√

11. × 【解析】本题考查《3 ~ 6 岁儿童学习与发展指南》的内容。《3 ~ 6 岁儿童学习与发展指南》艺术领域中"感受与欣赏"部分目标 2"喜欢欣赏多种多样的艺术形式和作品"指出，4 ~ 5 岁幼儿欣赏艺术作品时会产生相应的联想和情绪反应。

12. √ 【解析】本题考查幼儿自我认知的发展。自我认识和自我评价是幼儿自我认知发展的重要标志。

13. × 【解析】本题考查幼儿性别认同的发展。性别认同是指对自己和他人的性别的正确认识。性别认同出现的年龄较早，大致在 1.5 ~ 2 岁。在这一阶段儿童开始知道一些特定的活动或物品同性别的联系。例如，知道领带是"爸爸的"，口红是"妈妈的"。到 3 岁时，大部分幼儿都能正确地识别自己和别人的性别，这时他们已经有了性别认同。

14. √ 【解析】本题考查《3 ~ 6 岁儿童学习与发展指南》的内容。《3 ~ 6 岁儿童学习与发展指南》健康领域中"生活习惯与生活能力"部分目标 1"具有良好的生活与卫生习惯"的教育建议指出，应激发幼儿参加体育活动的兴趣，养成锻炼的习惯。如：和幼儿一起观看体育比赛或有关体育赛事的电视节目，培养他对体育活动的兴趣。

15. √ 【解析】本题考查合力教育。"合力教育"即在教育过程中充分利用各种有利于儿童发展的教育资源，共同促进儿童全面和谐发展。"培养一个儿童需要一个村庄"是指家庭、社区、幼儿园需要共同参与营构儿童教育的"村庄"，家庭、社区和幼儿园合作形成教育的一致性和一贯性，共同促进幼儿的发展。

16. × 【解析】本题考查《幼儿园工作规程》的内容。《幼儿园工作规程》第三十三条规定，幼儿园和小学应当密切联系，互相配合，注意两个阶段教育的相互衔接。幼儿园不得提前教授小学教育内容，不得开展任何违背幼儿身心发展规律的活动。题干中拼音认读和 20 以内加减法属于小学教育的内容。

17. × 【解析】本题考查张雪门的教育思想。张雪门，著名的幼儿教育家，行为课程理论的代表人。幼稚园行为课程理论的基本思想就是"生活即教育""行为即课程"，强调通过儿童的实际行为，使儿童获得直接经验。

18. √ 【解析】本题考查概念画期幼儿绘画的空间特征。空间：从基底线到三维概念的表达。在幼儿绘画发展中，空间概念是最重要的因素，在成人看来，一些较复杂的空间关系难以表现，孩子们却有一套

特殊的表现方法，为了有意识地表现自己与环境的关系，幼儿在动手画画之前，总是一开始就画出一条基底线（这往往被幼儿看成是道路、地等），然后将描画的物象并列画在这一条线上。洛温菲尔德指出，幼儿采用基底线最初并不是由视觉经验开始，而是起源于沿着线条移动的运动感觉。

19. × 【解析】本题考查幼儿计数能力的发展。幼儿计数能力的发展顺序是：口头数数，按物计数，说出总数，按数取物。3～4岁的幼儿一般能从1数到10，但一般都像背儿歌似的背诵这些数字，带有顺口溜的性质，并没有形成每一个数词与实物间的一对一的联系，幼儿尚不理解数的实际意义。按数取物即按一定的数目拿出同样多的物体，这是对数概念的实际运用。按数取物首先要求幼儿能记住所要求取物的数目，然后按数目取出相应的物体。3～4岁的幼儿一般只能按数取出三四个实物。

20. √ 【解析】本题考查水痘的有关知识。水痘是一种常见的、由水痘—带状疱疹病毒感染的疾病，一年四季都可以发病，多见于春冬季，传染性非常强，主要是通过空气飞沫经过呼吸道传染，也有的是因为接触患者痘内胞质污染的物品或者母婴垂直传播而感染的。

三、填空题

21. 一日生活
22. 社会适应
23. 作品分析
24. 益智
25. 积极态度
26. 师德为先
27. 挑战性　视野
28. 社区
29. 不稳定性

四、简答题（参考答案）

30. 简述如何科学、合理地安排和组织幼儿一日生活。

(1)时间安排应有相对的稳定性与灵活性，既有利于形成秩序，又能满足幼儿的合理需要，照顾到个体差异；(2)教师直接指导的活动和间接指导的活动相结合，保证幼儿每天有适当的自主选择和自由活动时间，教师直接指导的集体活动要能保证幼儿的积极参与，避免时间的隐性浪费；(3)尽量减少不必要的集体行动和过渡环节，减少和消除消极等待现象；(4)建立良好的常规，避免不必要的管理行为，逐步引导幼儿学习自我管理。

（共5分。完全正确得5分；答出“时间安排稳定灵活、直接指导和间接指导相结合、避免隐性浪费、减少过渡环节、建立良好常规”等关键词酌情扣1～2分）

31. 简述区域活动材料投放原则。

(1)目的性原则；(2)适宜性原则；(3)丰富性原则；(4)层次性原则；(5)操作性原则。

（共5分。完全正确得5分；答出“目的性、适宜性、丰富性、层次性”等关键词酌情扣1～1.5分）

32. 如何结合大班幼儿一日生活组织实施劳动教育活动，请至少提出5条建议。

(1)在餐饮活动中，指导幼儿自洗碗勺、擦拭饭桌；

(2)在睡眠活动中，指导幼儿收拾被子、穿脱衣服、叠放衣物；

(3)在盥洗活动中，指导幼儿自取毛巾、使用牙刷、洗刷杯子；

(4)在如厕活动中，指导幼儿自脱裤子、使用厕纸、会用厕具；

(5)在区角活动中，指导幼儿收拾和存放玩具、图书、器材。

（共5分。完全正确得5分；答出“洗碗、擦桌子、穿脱衣服、使用牙刷、整理玩具”等关键词酌情给3～4分）

五、实践应用题（参考答案）

33. (1)设计思路：

幼儿的发展是在与周围环境的相互作用下实现的，围绕幼儿感兴趣的“向日葵”开展此次活动，充分利用身边的自然资源展开教育，对幼儿的身心发展具有积极的促进作用。本次活动主要是为了让幼儿了解向日葵的生长过程，对植物的生长变化感兴趣。通过观察感知向日葵的形状、色彩、大小等特征，了解向日葵种子给人们带来的好处，从而激发幼儿对身边动植物的探究兴趣。本次系列活动主要涉及科学、艺术、语言三个领域。

①科学领域：通过各种感官的参与，探究向日葵成

长的变化过程,培养幼儿对科学活动的兴趣。

②艺术领域:合理掌握作画布局,运用多种线条和图案装饰向日葵,能大胆、愉快地创作和表现。

③语言领域:能说出几种不同品牌葵花籽的名称和包装特征,为葵花籽编广告语,发展语言理解与表达能力。

(2)系列活动框架:

活动领域	活动名称	组织形式
科学	向日葵笑了	集体活动
	阳光下的向日葵	集体活动
艺术	美丽的向日葵	小组活动
	葵花朵朵开	集体活动
语言	我最爱吃的瓜子	集体活动
	我是小小推销员	小组活动

(共20分。①设计思路8分,设计思路符合幼儿的身心发展特点,指明本次活动的要求给6~7分。②系列活动框架12分。其中活动领域3分,每个3分。活动名称3分,每个0.5分。组织形式6分,活动组织能激发幼儿的探究兴趣6分,组织形式不合理,不能激发幼儿的兴趣酌情扣2~3分)

六、活动设计题(参考答案)

34.(一)活动名称

各种职业的帽子(大班社会)

(二)活动目标

1.对各种职业的帽子具有探索兴趣;

2.能够认真观察厨师、医生、警察、建筑工人的帽子,大胆表达自己的想法;

3.知道有些帽子可以代表职业,可以通过帽子分辨出人们从事的不同职业。

(三)活动准备

1.物质准备:厨师、护士、警察、建筑工人的帽子,各种帽子的图片;

2.经验准备:认识几种较为常见的职业,如护士、警察等。

(四)活动过程

1.谈话导入

小朋友们,今天我要带大家参观一家帽子商店,看看这里的帽子,你都见过吗?(教师出示图片)孩子们,这里的帽子可真多,是给小朋友们戴的吗?那是给谁戴的呢?来,咱们坐下来说一说。

2.展开

(1)帽子代表不同的职业

①你认识什么样的帽子?谁想给大家介绍一下?

②这顶帽子是什么颜色的?戴上看看,像谁?谁还看到了不一样的帽子?

③这顶帽子是给谁戴的?摸一摸、捏一捏,是什么感觉?

(2)同一种职业有不同样式的帽子

①男女不同

师:其实,警察还有很多种帽子,你们瞧,老师有一个魔术盒,只要我们一起念出咒语"魔盒魔盒,变变变",它就会变出各种各样的警察帽子。(出示男警察和女警察的帽子)

师:这两顶帽子有什么不同?分别是谁戴的?(随机选择不同性别的幼儿,询问幼儿应该戴哪一顶)

小结:不同的性别,警察的帽子也不一样。

②四季不同

师:一起喊"魔盒魔盒,变变变",一下变出了两顶帽子。(出示棉帽、夏帽)

师:这顶帽子很特别,你觉得会是什么时候戴的?谁来戴上试试,感觉怎么样?这是警察的棉帽,有了它,就算是下雪,警察叔叔也不会怕冷了。

小结:不同的季节,警察的帽子也不一样。

③师:你们猜我的魔盒还有帽子吗?请一位幼儿当魔术师,一起喊"魔盒魔盒,变变变",你们见过这种帽子吗?谁戴这样的帽子?(出示厨师、护士、建筑工人的帽子进行介绍)

(3)有的职业没有帽子

师:你们喜欢这些帽子吗?我也喜欢,我是一名老师,老师应该戴什么帽子呢?(不戴帽子)

小结:原来,有的工作有特别的帽子,有的工作是没有帽子的。

3.角色扮演游戏

师:接下来,请小朋友们自主选择喜欢的帽子。我想扮演护士,小朋友们想扮演谁?到帽子商店去选一顶合适的帽子吧!选好了吗?谁在医院工作?

站到这边来,让大家看看像不像?小警察在哪里?站到这边,给大家敬个礼吧!小厨师呢?让大家看看像不像?

师:大家都选好了帽子,我们一起到角色扮演区去玩游戏吧。

(五)活动延伸

谈话活动:幼儿根据自己的兴趣爱好说一说自己的职业愿望。

评分标准参考如下:

(1)活动名称(共0.5分。名称完整、明确0.5分)

(2)活动目标(共1.5分。认知、行为、情感各0.5分)

(3)活动准备(共1分。准备得当、充分1分)

(4)活动过程(共21分。①选择符合幼儿认知特点的图片或者视频作为导入4分;以口头语言进行导入,符合主题可酌情扣1~2分。②操作过程应步骤清晰,注重幼儿主体探究12分;写出大致活动过程,不偏离主题可酌情给5~6分。③通过合适的过渡将幼儿获得的经验迁移到别的事物中5分;缺乏过渡活动但点明迁移对象可酌情给2~3分)

(5)活动延伸(共1分。延伸具体可行0.5分,有利于激发幼儿的探索行为0.5分)

2020年江苏省江阴市教师招聘考试幼儿园教育理论基础真题试卷(精编)(七)

一、填空题

1. 人际交往　社会适应
2. 教师组织　自主自由活动
3. 游戏　社会
4. 支持者　引导者
5. 交流　运用

二、判断题

题序	6	7	8	9
答案	√	√	×	√

6. √　【解析】本题考查《幼儿园教育指导纲要(试行)》的内容。《幼儿园教育指导纲要(试行)》第三部分"组织与实施"第二条规定,幼儿园的教育活动,是教师以多种形式有目的、有计划地引导幼儿生动、活泼、主动活动的教育过程。

7. √　【解析】本题考查《3~6岁儿童学习与发展指南》的内容。《3~6岁儿童学习与发展指南》健康领域中"动作发展"部分目标2"具有一定的力量和耐力"指出,4~5岁幼儿能单脚连续向前跳5米左右。

8. ×　【解析】本题考查《3~6岁儿童学习与发展指南》的内容。《3~6岁儿童学习与发展指南》健康领域中"身心状况"部分目标3"具有一定的适应能力"的教育建议指出,幼儿每天的户外活动时间一般不少于两小时,其中体育活动时间不少于1小时,季节交替时要坚持。

9. √　【解析】本题考查《3~6岁儿童学习与发展指南》的内容。《3~6岁儿童学习与发展指南》社会领域中"社会适应"部分目标2"遵守基本的行为规范"的教育建议指出,教育幼儿要诚实守信。如:允许幼儿犯错误,告诉他改了就好。不要打骂幼儿,以免他因害怕惩罚而说谎。

10—15. 缺

三、单项选择题

题序	16	17	18	19	20	21	22	23	24	25	26
答案	A	A	B	C	B	A	A	A	A	C	A

16. A　【解析】本题考查量的相对性。量的相对性是通过对三个不同量的物体的比较来认识的。题干中先比较丽丽身高和明明身高之间量的不同,再比较丽丽身高和乐乐身高之间量的不同,体现了量的相对性。

17. A　【解析】本题考查儿童观的演变。持有"儿童是私有财产"这种观点的人认为,儿童是父母婚姻的结晶,产生于母体,归父母所有,是父母的隶属品。父母可以左右儿童的命运,控制儿童的生活,要求儿童学习许多并不感兴趣的课程,把儿童培养成他们认为最理想的人。他们开始重视儿童、关心儿童,但儿童仍被视为家庭和家族的附属品,特别是男孩被视为是家庭的希望,传宗接代的工具。儿童没有独立自主的人格和地位,与其抚养人之间的关系是一种依附关系。例如"老子打儿子"被认为是天经地义的,是家庭的私事,别人无权干涉。

18. B 【解析】本题考查幼儿教师的能力结构。幼儿教师利用环境的能力就是充分合理地利用各种资源,为幼儿提供和制作适合的玩教具和学习材料,引发和支持幼儿的主动活动。题干中郑老师利用各种废旧材料来制作教学材料,这体现了郑老师利用环境的能力。

19. C 【解析】本题考查《幼儿园教育指导纲要(试行)》的内容。《幼儿园教育指导纲要(试行)》第四部分"教育评价"第四条规定,幼儿园教育工作评价实行以教师自评为主,园长以及有关管理人员、其他教师和家长等参与评价的制度。

20. B 【解析】本题考查小班幼儿结构游戏的特点。小班幼儿结构游戏的特点:(1)游戏的目的性:结构游戏缺乏目的性和计划性;(2)游戏材料的选择:选用结构材料盲目、简单;(3)建构技能水平:建构技能简单、重复;(4)游戏的社会性:对游戏的坚持性较差。题干中小班幼儿反复推倒重建积木说明其建构技能简单、重复,喜欢简单重复的过程。

21. A 【解析】本题考查陶行知的贡献。陶行知先生猛烈地批判旧中国幼儿教育的弊端,坚决主张改革外国化的、费钱的、富贵的幼稚园,建立适合中国国情的、省钱的、平民的幼稚园。他身体力行地积极推行平民的、乡村的教育,在南京郊区首创了中国第一所乡村幼稚园——南京燕子矶幼稚园,还创建了乡村幼儿师范教育,农村幼教研究会,等等。

22. A 【解析】本题考查多彩光谱评价的理论基础。以加德纳的多元智能理论和费尔德曼的非普遍性理论为依托的"多彩光谱评价"提供了与传统标准化测验不同的、与多元智能理论相适应的儿童智能评估工具,为我们今天的幼儿发展评价提供了理论和实践方面的指导。加德纳多元智能理论认为,每个幼儿都有多种智能,并且都有自己的智能强项和弱项,教育的责任就是引导幼儿用他的智能强项带动他的智能弱项的发展;费尔德曼的非普遍性理论认为,人的发展范围可以由普遍领域到独特领域,在普遍领域的发展是人人都可以达到的,而在独特性领域,并非人人都能达到完全相同的发展,因为这需要个体特殊的条件和持续的外部支持(如教育)。以这两种理论为基础的"多彩光谱"象征着每个儿童的智能、风格、潜能所表现出的广泛的多样性,说明幼儿的发展是多方面的、多维的,故对幼儿发展的评价也应该是全面的。

23. A 【解析】本题考查直观法的含义。直观法是一种让儿童直接感知认识对象的方法。演示、示范、运用范例属于直观法。直观法符合学前儿童的思维特点,是儿童教育教学中常用的方法。B项,活动法又称实践法,是指幼儿园提供各种材料,让幼儿通过自己练习、操作、发现、感受,以获得知识或经验,养成行为习惯的方法。C项,欣赏法是指在教学过程中,教师指导学生体验客观事物的真善美的一种方法。D项,口授法是指教师通过口头语言系统地向儿童传授知识经验的一种教学方法。

24. A 【解析】本题考查《幼儿园教育指导纲要(试行)》的内容。《幼儿园教育指导纲要(试行)》第一部分"总则"第三条规定,幼儿园应与家庭、社区密切合作,与小学相互衔接,综合利用各种教育资源,共同为幼儿的发展创造良好的条件。

25. C 【解析】本题考查学前教育的主体性原则。发挥主体性原则,要尊重儿童人格、尊重儿童需要、激发儿童的主动性。贯彻主体性原则应注意:(1)准确把握儿童发展的特点和现状;(2)在活动之前要善于激发学前儿童的学习兴趣和动机。

26. A 【解析】本题考查幼小衔接的内容。幼小衔接工作的重点应放在培养幼儿的入学适应性上。教师一定要遵循过渡期幼儿身心发展的特点和实际情况,重视培养幼儿适应新环境的各种素质,帮助幼儿顺利完成幼小过渡,而不是把小学的一套简单地转移到幼儿园。

27—30. 缺

四、简答题(参考答案)

31. 实施《3~6岁儿童学习与发展指南》应把握哪几个方面?

(1)关注幼儿学习与发展的整体性;(2)尊重幼儿发展的个体差异;(3)理解幼儿的学习方式和特点;(4)重视幼儿的学习品质。

(共5分。完全正确得5分;答出"整体性、个体差异性、学习方式和特点、学习品质"等关键词酌情扣1~1.5分)

32. 陶行知主张要解放儿童的创造力，其具体要求有哪些？

(1)解放幼儿的头脑，把他们的头脑从迷信、成见、曲解和幻想中解放出来；(2)解放幼儿的双手，给幼儿动手的机会；(3)解放幼儿的眼睛；(4)解放幼儿的嘴，给幼儿说话的自由，尤其是要允许他们发问；(5)解放幼儿的空间，让他们接触大自然、大社会；(6)解放幼儿的时间，给他们自己学习、活动的时间，但不要把儿童的全部的时间占去，让儿童有学习人生的机会。

(共5分。完全正确得5分；答出“解放幼儿的头脑、双手、眼睛、嘴、空间、时间”等关键词酌情给3～4分)

五、案例分析题(参考答案)

33. (1)李老师的做法不合理。

(共1分。判断正确给1分)

(2)①李老师的做法未能遵循适量的运动负荷原则。在幼儿的体育活动中，教师应注意根据身体锻炼的内容、运动项目的特点及儿童年龄的差异，合理地确定身体锻炼时的“量”，包括练习的距离、练习的次数、练习的时间和间隔时间、持续活动的总时间、练习的密度、活动的强度等。一般来说，幼儿园体育活动应遵循高密度、低强度、注重运动节奏的要求，使幼儿身体锻炼保持合理的负荷。材料中李老师设置青蛙跳、自由练习跳跃动作、跳房子等环节，环节较多密度大，超额的运动负荷使幼儿感到劳累。

②李老师的做法未能遵循全面发展的原则。在幼儿身体运动的过程中，应选择和安排全面的、多样的活动内容和方法，促进学前儿童全面和谐发展。它包含两层含义：一是指幼儿园体育活动应促进幼儿身心全面发展，即体育活动不仅要促进幼儿身体的健康，而且要促进幼儿心理的健康和发展；不仅要增强幼儿的体质，而且要促进幼儿在认知、情感、态度、社会性和个性方面的良好发展。二是指学前儿童体育活动应尽量使幼儿身体的各个部位、各器官系统的机能、各种身体素质和基本活动技能等，都能得到全面协调的发展，尽量避免身体锻炼的片面性和不平衡性。材料中李老师在活动中只设计了跳跃的活动，不利于幼儿全面协调的发展。

(共14分。答出“适量的运动负荷原则、全面发展的原则”等关键词给10分，结合材料分析给4分。只给出观点，未结合材料分析酌情扣3～4分)

34. (1)王老师的这种安排不妥当。因为幼儿教师应该对每一个幼儿一视同仁，这是幼儿教师的职业道德。

(2)①幼儿的形象、气质和艺术才能不可能一样，但是有一点却是共同的：他们都有参与集体活动的权利。幼儿教师应当热爱每个幼儿，关心、教育和帮助每个幼儿成长。②王老师为了能够在表演中获奖，把较差的幼儿让保育员带着玩，不能作为演员上台表演，她的做法首先就违反了教师职业道德的基本要求：平等地对待每一个幼儿，不管幼儿的出生是贫穷还是富裕，长相是丑陋还是漂亮，都应该一视同仁。③教师的这种行为也会促使其他幼儿对这些形象、气质和艺术才能不好的幼儿产生歧视，导致孩子之间关系的不融洽，最终也会影响师幼之间的关系。④作为新时代的一名幼儿教师，应该具备基本的职业道德标准，其中有一点就是要关心、热爱幼儿。这是做好教育工作的前提条件。它包括关心爱护全体幼儿，尊重幼儿的人格，平等、公正对待幼儿。王老师应让所有的幼儿都参加节目，上台表演。

(共15分。判断正确给3分，观点明确，分析合理6分，结合材料分析6分。观点正确，未结合材料分析酌情扣3～4分)

六、活动设计题(参考答案)

35. (一)活动名称

猜猜我有多爱你(中班语言)

(二)设计意图

爱是人与人交往中不可或缺的一个重要纽带，孩子的情感在不断地发展，他们已经逐渐懂得爱在生活中的意义。但是，该如何去感受爱的美好，如何大胆地去表达心中的爱，这对于中班孩子来说是一个很抽象的问题。如何让爱这个复杂的词语变得通俗易懂、生动形象，绘本《猜猜我有多爱你》

让我找到了回答孩子问题的答案。让孩子寻找身边的爱,大胆地向爱的人表达自己的情感,明白心中有爱就要大胆地表达出来,这样爱你的人就会越来越多。

(三)活动目标

1. 在温馨宁静的氛围中倾听故事,感受绘本中小兔子与大兔子间真挚深切的情感;

2. 能够大胆地运用语言和肢体动作表达自己的爱。

(四)活动准备

故事《猜猜我有多爱你》PPT、音乐《爱我你就抱抱我》。

(五)活动过程

1. 音乐导入,引出话题

(1)师生随着音乐《爱我你就抱抱我》进行表演。

(2)观察故事封面。

师:今天老师带来了一个有关爱的故事。我们一起来看看吧,封面上有谁?他们在干嘛?

(幼儿自由回答)

(3)引出书名,展开联想。

师:小朋友观察的非常仔细,小兔子拉着兔妈妈的耳朵想向它表达自己的爱,猜猜小兔子还会用什么方式表达自己的爱呢?

(幼儿自由猜测)

师:让我们一起阅读这本书,从书中找到答案吧。

(指认书名:《猜猜我有多爱你》)

2. 集体阅读,理解绘本

(1)师幼共读绘本。

师:小兔子用了一个什么动作来表达爱?我们一起来学一学小兔子,表达一下你的爱。

(师幼一边说"我爱你有这么多"一边做用力张开双臂的动作)

(2)继续朗诵故事。

师:兔妈妈和小兔子它们说着说着来到了山脚下,看到了一幅美丽的景象,这美丽的景象里面有什么?小兔子和兔妈妈看到了什么?小兔子说了哪些话来表示对兔妈妈的爱?

幼:花、树、小河、小路、山、小草。

(引导幼儿用"我爱你一直到××那里"的句式)

(3)朗诵故事结尾。

3. 迁移经验,大胆表达

(1)请幼儿用简短的话讲述自己对绘本的理解。

(2)引导幼儿用"我爱你一直到××那里"的句式造句。

师:孩子们,故事中的爱多吗?你们的身边有没有很爱你们的人呢?

幼:爸爸妈妈。

师:那你们爱不爱自己的爸爸妈妈啊?你们要用什么方法来表达对他们的爱呢?

幼:我爱你一直到天空/太阳/树顶那里。

(3)教师根据幼儿的回答适当的点评。

教师总结:心中有爱就要大胆地表达出来,这样爱你的人就会越来越多。

(六)活动延伸

(1)创设"爱要大声说出来"的主题墙,展示幼儿关于"爱"的童言稚语。

(2)将幼儿的童言稚语与肢体动作用照片和绘画的形式记录下来,并且制作成一本小书《猜猜我有多爱你》投放到语言区中进行阅读。

评分标准参考如下:

(1)活动名称(共0.5分。名称完整、明确0.5分)

(2)设计意图(共1分。设计意图符合幼儿身心发展的特点1分)

(3)活动目标(共1.5分。认知、行为、情感各0.5分)

(4)活动准备(共1分。准备得当、充分1分)

(5)活动过程(共20分。①选择符合幼儿认知特点的图片或者视频作为导入4分;以口头语言进行导入,符合主题可酌情扣1~2分。②操作过程应步骤清晰,注重幼儿主体探究12分;写出大致活动过程,不偏离主题可酌情给5~6分。③通过合适的过渡将幼儿获得的经验迁移到别的事物中4分;缺乏过渡活动但点明迁移对象可酌情给2~3分)

(6)活动延伸(共1分。延伸具体可行0.5分,有利于激发幼儿的探索行为0.5分)

江苏省教师招聘考试幼儿园教育理论基础真题试卷Ⅱ

2020年江苏省淮安市教师招聘考试幼儿园教育理论基础真题试卷(八)

一、填空题

1. 后继学习　终身发展
2. 社会适应
3. 教育资源
4. 体验探究
5. 个别化
6. 启蒙性
7. 自我实现的需要
8. 表现美　创造美

二、单项选择题

题序	1	2	3	4	5	6	7	8	9	10
答案	D	B	C	B	C	A	B	D	D	B

1. D 【解析】本题考查《幼儿园教育指导纲要(试行)》的内容。《幼儿园教育指导纲要(试行)》第一部分“总则”第二条指出,幼儿园教育是基础教育的重要组成部分,是我国学校教育和终身教育的奠基阶段。

2. B 【解析】本题考查《幼儿园教育指导纲要(试行)》的内容。《幼儿园教育指导纲要(试行)》第三部分“组织与实施”第六条指出,教育活动内容的组织应充分考虑幼儿的学习特点和认识规律,各领域的内容要有机联系,相互渗透,注重综合性、趣味性、活动性,寓教育于生活、游戏之中。

3. C 【解析】本题考查《幼儿园教育指导纲要(试行)》的内容。《幼儿园教育指导纲要(试行)》第三部分“组织与实施”第十条指出,教师应成为幼儿学习活动的支持者、合作者、引导者。

4. B 【解析】本题考查幼儿游戏的分类。萨拉·斯米兰斯基根据游戏的描述性特征,把游戏分为以下四类:功能游戏、建构游戏、扮演游戏、规则游戏。

5. C 【解析】本题考查《3～6岁儿童学习与发展指南》解读的内容。《3～6岁儿童学习与发展指南》的五个领域共含11个子领域、32个目标,这些目标也是分领域表述的。

6. A 【解析】本题考查《3～6岁儿童学习与发展指南》的内容。《3～6岁儿童学习与发展指南》健康领域中“身心状况”部分目标3“具有一定的适应能力”的教育建议指出,幼儿每天的户外活动时间一般不少于2小时,其中体育活动时间不少于1小时,季节交替时要坚持。

7. B 【解析】本题考查陈鹤琴的贡献。陈鹤琴于1923年创办了我国最早的幼儿教育实验中心——南京鼓楼幼稚园,他创立了“活教育”理论,一生致力于探索中国化、平民化、科学化的幼儿教育道路。他被誉为“中国幼教之父”。

易错提示:考生注意区分:被誉为“中国幼教之父”的是陈鹤琴,被世界誉为“幼儿园之父”(幼儿教育之父)的是福禄贝尔。

8. D 【解析】本题考查观察记录的方法。观察记录的主要方法可分为三类:描述记录、取样记录和行为检核表。其中描述记录是运用文字对观察到的事件或研究对象的行为表现作客观、全面的描述式记载的方法。它又可分为日记描述法、轶事记录法、连续记录法。

9. D 【解析】本题考查儿童的思维发展阶段。儿童最初的思维是以直观行动思维为主。直观行动思维是指以直观的、行动的方式进行的思维。

10. B 【解析】本题考查《幼儿园工作规程》的内容。《幼儿园工作规程》第十九条规定,幼儿园应当建立幼儿健康检查制度和幼儿健康卡或档案。每年体检一次,每半年测身高、视力一次,每季度量体重一次;注意幼儿口腔卫生,保护幼儿视力。

三、判断题

题序	1	2	3	4	5	6	7	8	9	10
答案	√	×	√	×	√	×	√	×	×	√

1. √ 【解析】本题考查《3～6岁儿童学习与发展指南》的内容。《3～6岁儿童学习与发展指南》指出,目标部分分别对3～4岁、4～5岁、5～6岁三个年龄

段末期幼儿应该知道什么、能做什么,大致可以达到什么发展水平提出了合理期望,指明了幼儿学习与发展的具体方向;教育建议部分列举了一些能够有效帮助和促进幼儿学习与发展的教育途径与方法。

2. × 【解析】本题考查幼儿园课程的性质。幼儿园课程虽然是基础性课程,但是,由于学前教育的非义务性质,幼儿园课程也就具有了非义务性,也就是说,它不是适龄儿童必须学习和完成的任务,不具有强制性和普遍性。

3. √ 【解析】本题考查陈鹤琴的教育理论体系。17条原则是陈鹤琴活教育理论体系中的核心部分,它全面地反映了该体系的其他各个方面,尤其活教育的三大目标像一条线贯穿于其中。

4. × 【解析】本题考查《幼儿园工作规程》的内容。《幼儿园工作规程》第十一条规定,幼儿园规模应当有利于幼儿身心健康,便于管理,一般不超过360人。

5. √ 【解析】本题考查福禄贝尔的贡献。19世纪中叶,福禄贝尔在德国创办了世界上第一所幼儿园,而且创立了一整套幼儿教育理论和相应的教育方法、教材、玩具等。他推动了世界范围内的幼儿园运动的兴起和发展,因而被世人誉为“幼儿教育之父”(幼儿园之父)。

6. × 【解析】本题考查《国家中长期教育改革和发展规划纲要(2010—2020年)》的内容。《国家中长期教育改革和发展规划纲要(2010—2020年)》提出要积极发展学前教育,到2020年,普及学前一年教育,基本普及学前两年教育,有条件的地区普及学前三年教育。

7. √ 【解析】本题考查陶行知的教育思想。陶行知先生认为教育要启发、解放幼儿的创造力,为他们提供手脑并用的条件和机会。具体包括六个方面:(1)解放幼儿的头脑,把他们的头脑从迷信、成见、曲解和幻想中解放出来;(2)解放幼儿的双手,给幼儿动手的机会;(3)解放幼儿的眼睛;(4)解放幼儿的嘴,给幼儿说话的自由,尤其是要允许他们发问;(5)解放幼儿的空间,让他们接触大自然、大社会;(6)解放幼儿的时间,给他们自己学习、活动的时间,但不要把儿童的全部的时间占去,让儿童有学习人生的机会。

8. × 【解析】本题考查陶行知的教育思想。在教育实践中,陶行知先生创立了生活教育理论和教、学、做合一的教育方法。

9. × 【解析】本题考查教育的定义。广义的教育是指增进人的知识与技能、发展人的智力与体力、影响人的思想观念的活动。广义的教育可能是无组织的、自发的或零散的,也可能是有组织的、自觉的或系统的。它包括社会教育、学校教育和家庭教育。狭义的教育是指学校教育,是教育者依据一定的社会要求,依据受教育者的身心发展规律,有目的、有计划、有组织地对受教育者施加影响,促使其朝着所期望的方向发展变化的活动。

10. √ 【解析】本题考查视触觉的协调。视触协调主要表现为眼手探索活动的协调。眼手协调活动是婴儿认知发展过程中的重要里程碑,也是手的真正探索活动的开始。眼手协调动作出现的主要标志是伸手能抓到东西。产生这种动作所要求的知觉条件有三个:(1)知觉到物体的位置——主要是视觉。(2)知觉到手的位置——主要是动觉。(3)视觉指导手的触觉活动。幼儿已能很好地协调视觉,进而实现对客观事物的更精确的反映。

四、名词解释

1. 最近发展区

最近发展区是指一种儿童无法依靠自己来完成,但可在成人和更有技能的儿童帮助下来完成的任务范围,也就是儿童能够独立表现出来的心理发展水平,和儿童在成人指导下能够表现出来的心理发展水平之间的差距。

(共3分。答出儿童无法依靠自己来完成1分,在成人和更有技能的儿童帮助下完成2分)

2. 五指活动

陈鹤琴把课程内容划分为:健康活动、社会活动、科学活动、艺术活动、文学活动等五项,但这五项活动是一个整体,如人的手指与手掌,手指只是手掌的一部分,其骨肉相连,血脉相通,因此被称为“五指活动”。

(共3分。答出五项活动2分,手指和手掌骨肉相连,血脉相通1分)

3. 区域活动

区域活动指的是教师以教育目标、儿童感兴趣的活

动材料和活动类型为依据，将活动室的空间相对划分为不同区域，吸引儿童自主选择并在活动区中通过与材料、环境、同伴的充分互动而获得学习与发展的活动。

（共3分。答出教师以教育目标、儿童感兴趣的活动材料2分，儿童自主选择1分）

4. 有意注意

有意注意是指有预定目的，需要一定意志努力的注意。

（共3分。答出有预定目的1分，需要一定意志努力2分）

五、简答题（参考答案）

1. 幼儿园教育的双重任务是什么？

（1）幼儿园对幼儿实施保育和教育；

（2）幼儿园同时面向幼儿家长提供科学育儿指导。

（共4分。每条2分。答出"保育和教育、给幼儿提供育儿指导"等关键词酌情给3～3.5分）

2. 实施《3～6岁儿童学习与发展指南》要把握哪些方面？

（1）关注幼儿学习与发展的整体性；（2）尊重幼儿发展的个体差异；（3）理解幼儿的学习方式和特点；（4）重视幼儿的学习品质。

（共4分。完全正确得4分。答出"整体性、个体差异性、学习方式和特点、学习品质"等关键词酌情扣1～1.5分）

3. 幼儿会说谎，简单分析一下幼儿会说谎的原因。

（1）幼儿认识发展水平低，常常不能区分真假，不能区别愿望（或想象）与事实；（2）受感知、记忆、语言表达和理解力的限制，说话不符合事实；（3）怕受批评，推诿责任；（4）希望得到成人的表扬或奖励；（5）好胜心强或受虚荣心、自尊心的驱使；（6）由于某种感情的作用，或在别人的压力下，为庇护错误而说谎。

（共4分。完全正确得4分。答出"不能区分真假、想象与现实混淆、语言表达和理解力差、怕批评、好胜心强"等关键词酌情扣1～2分）

4. 皮亚杰认为游戏是随认知发展而变化的，他根据儿童认知发展的阶段，把儿童游戏分为哪三类？

（1）练习性游戏；（2）象征性游戏；（3）规则游戏。

（共4分。完全正确得4分。答出"练习性游戏、象征性游戏"等关键词酌情给3～4分）

六、论述题（参考答案）

1. 教师通过哪些途径与家长沟通？与家长沟通时，应该沟通哪些内容？

（1）幼儿教师与家长沟通可以采用的方式有多种。主要包括：①家访；②个别约谈；③临时性谈话；④书面联系。

（2）教师与家长沟通的内容包括：①向家长宣传学校办学理念，办学特色、教育法规及学校课改实验等内容，赢得家长对学校工作的理解和支持。②向家长宣传学校近期取得的成绩，收集和听取家长对学校工作的意见和建议。③向家长汇报其孩子在校表现，了解学生在家庭中的表现状况、学习习惯、思想表现、生活习惯、个性特点等。④了解学生家庭基本情况。如经济状况、家庭对学生的影响、文化教养等。⑤普及家庭教育知识，帮助家长提高家庭教育水平，以达到配合、支持学校教育工作的目的。⑥与家长协商共同教育学生的措施、方法、手段。

（共6分。①途径2分，至少答出4条。答出"家访、个别约谈、书面联系"等途径给1.5分。②沟通内容4分，至少答出4条。答出"向家长宣传办学理念、办学特色、学校近期取得的成绩、汇报孩子的表现"等内容酌情给2～3分）

2. 分析幼儿不去区角活动的原因以及如何解决？

（1）小班或者中班初期的幼儿往往不会选择区角活动，因为这一年龄段幼儿的很多活动都是无意行为。针对类似情况，教师可以通过提问、建议、行动示范等方法来培养幼儿行动的目的性，帮助该年龄段幼儿学会自主选择区角活动。

（2）因为情绪的影响，导致幼儿对区角活动出现排斥的情绪。这一情况在小班比较常见，这时教师不要急于要求幼儿进入某一区域，而应先安抚幼儿的情绪，可以通过谈话的方法帮助幼儿发泄心中的不快，幼儿发泄情绪时教师应该认真倾听，并适时表示理解，然后通过直接沟通的方式疏导幼儿的情绪，也可以转移幼儿的注意力，利用有趣的材料或情景来吸引幼儿，使他逐步产生活动的兴趣。

（3）区角活动中的游戏材料难以引起幼儿的兴趣，如

果区角活动材料长期不变，幼儿就会对活动渐渐失去兴趣。因此，教师要根据幼儿的兴趣变化、对各类材料的选用频次、活动的深度等情况，对环境材料进行适当的调整，激发和维持幼儿的持续探索行为。对于那些幼儿喜欢、经常选用、保证活动深入开展的材料要给予充分的保障，而对那些幼儿不喜欢、很少或者从不选用、不利于活动深入开展的材料要及时换掉，并根据幼儿的兴趣进行补充。

（共6分。每条2分，分析原因正确给3分，解决策略3分。给出原因未给解决策略酌情扣2~3分，解决策略效果不明显扣1~2分）

七、活动设计题（参考答案）

（一）活动名称

认识水果（小班）

（二）设计意图

幼儿园的孩子，这一年龄段已形成与生活经验有关的概念。最近发现班内的小朋友对水果产生了特别浓厚的兴趣，小朋友经常议论“苹果吃了很有营养的。”“我爸爸给我买香蕉吃”……孩子们还通过水果形象地认识了相对应的颜色。

所以我组织了这节认识水果课，让小朋友通过猜一猜、玩一玩、尝一尝等系列活动，培养爱吃水果的良好习惯。

（三）活动目标

(1)能说出几种常见的水果名称及其主要特征；

(2)迁移运用多种感官观察、认识各种水果；

(3)在猜猜、玩玩、吃吃的过程中享受活动的乐趣。

（四）活动准备

1. 食物水果：香蕉、橘子、杨桃、猕猴桃若干。

2. 果盘若干。

（五）活动过程

1. 谈话导入

师：小朋友，你们喜不喜欢吃水果呢？谁来说说你最喜欢吃的水果是什么？（提醒他们用完整的话说）

师：老师也很喜欢吃水果，昨天我到果园里摘了很多水果回来。（出示神秘箱）

2. 鼓励幼儿根据教师描述的水果特征来猜测一些水果

(1)教师摸香蕉

教师：老师摸到的这个水果感觉软软的、滑滑的、弯弯的，像月亮似的。小朋友你们猜它是谁？

教师总结香蕉的特征并让幼儿一起说说：黄黄的，弯弯的，像月亮。

(2)出示橘子

师：哎呀，这个水果宝宝是谁呀？橘子宝宝也着急了，它自个“跑”出来了。

师：橘子宝宝长得什么样子？它摸上去什么感觉？（圆圆的，软软的、摸上去很粗糙）

(3)请小朋友来摸一摸：猕猴桃

师：接下来我请小朋友来摸一摸。说说你摸到的感觉（毛毛的，圆圆的）。猜出来是什么了吗？

教师总结猕猴桃的特征：灰灰的，有点圆圆的，摸上去毛毛的。

(4)出示杨桃

请小朋友来摸摸，说说摸到的感受。老师引导幼儿认识杨桃。

3. 引导幼儿观察几种剥皮、切开的水果

师：小朋友们很聪明！水果宝宝说它们想变一个样子，再来和你们做游戏，看你们还认不认识它们呢。

(1)出示剥皮的橘子。

师：它是谁呀？“脱掉外套”的橘子是什么样子的？

(2)出示切成两半的猕猴桃。

教师：它是谁呀？切开的猕猴桃是什么样子？你看到了什么？

(3)出示切成片的杨桃，让幼儿说说它的样子。

4. 开“水果品尝会”，引导幼儿通过品尝认识各种水果

(1)教师出示准备好的水果，让幼儿看一看、闻一闻。

教师：小朋友喜不喜欢这些水果呀？这些水果看上去一样吗？吃起来的味道相同吗？让我们一起来尝一尝老师为你们准备的水果。

(2)请幼儿品尝水果并猜猜，自己吃的是什么水果？它的味道怎么样？

(3)教育幼儿吃水果时要讲卫生，果皮、果核不乱扔。

评分标准参考如下：

(1)活动名称（共0.5分。名称完整、明确1分）

(2)设计意图（共2分。设计意图符合幼儿身心发展的特点2分）

(3)活动目标(共 1.5 分。认知、行为、情感各 0.5 分)

(4)活动准备(共 1 分。准备得当、充分 1 分)

(5)活动过程(共 25 分。①选择符合幼儿认知特点的谈话导入 4 分,符合主题可酌情扣 1～2 分。②操作过程应步骤清晰,注重幼儿主体探究 15 分;写出大致活动过程,不偏离主题可酌情给 8～9 分。③通过合适的过渡将幼儿获得的经验迁移到别的事物中 6 分;缺乏过渡活动但点明迁移对象可酌情给 2～3分)

2020 年江苏省苏州市姑苏区教师招聘考试幼儿园教育理论基础真题试卷(精编)(九)

一、填空题

1. 适宜性　有效性

2. 直接经验　游戏　日常生活

3. 专业发展　培养　准入　培训　考核

4. 发展进程

5. 叶圣陶

6. 保护幼儿的生命　促进幼儿的健康

二、单项选择题

题序	1	2	3	4	5	6	7	8	9	10
答案	B	D	C	A	C	A	C	D	A	B
题序	11	12	13	14	15	16	17	18	19	
答案	A	A	C	B	B	A	缺	A	B	

1. B 【解析】本题考查教学工作的中心环节。上课是整个教学工作的中心环节,是教师教和学生学的最直接的体现,是提高教学质量的关键。教学质量的高低,直接取决于教师上课的水平。

2. D 【解析】本题考查数学逻辑知识。3 个人一天喝一桶水,6 个人 3 天就能喝 6 桶水,9 个人 3 天就能喝 9 桶水,9 天就是 27 桶水。

3. C 【解析】本题考查皮亚杰的认知发展阶段理论。具体运算阶段幼儿的思维具有可逆性,思维的可逆性是守恒观念出现的关键。例如,将一大杯中的水倒入小杯中时,这一阶段的儿童不仅能够考虑水从大杯倒入小杯,而且还能设想水从小杯倒回大杯,并恢复原状。这种可逆思维是运算思维的本质特征之一。

4. A 【解析】本题考查幼儿园教师职业道德的内容。热爱幼儿是幼儿园教师职业道德的核心,是幼儿园教师教育观、儿童观的集中体现,也是评价幼儿园教师职业道德水准的重要指标。

5. C 【解析】本题考查《幼儿园教育指导纲要(试行)》的颁布时间。《幼儿园教育指导纲要(试行)》于 2001 年 7 月 2 日中华人民共和国国家教育委员会令第 20 号发布,自 2001 年 9 月 1 日起试行。

6. A 【解析】本题考查《幼儿园工作规程》的内容。《幼儿园工作规程》第十八条规定,幼儿园应当制定合理的幼儿一日生活作息制度。正餐间隔时间为 3.5～4 小时。在正常情况下,幼儿户外活动时间(包括户外体育活动时间)每天不得少于 2 小时,寄宿制幼儿园不得少于 3 小时;高寒、高温地区可酌情增减。

7. C 【解析】本题考查学前教育的原则。保教合一的原则,也称保教结合或保教并重,指对幼儿保育和教育要给予同等的重视,并使两者相互配合。幼儿园保育和教育不可分割的关系是由幼教工作的特殊性和幼儿身心发展的特点决定的。虽然保育和教育有各自的主要职能,但并不是完全分离的。教育中包含了保育的成分,保育中也渗透着教育的内容。因此,题干的表述体现了保教结合的原则。

8. D 【解析】本题考查前摄抑制和倒摄抑制的相关知识。前摄抑制是先学习的材料对识记和回忆后学习材料的干扰作用。倒摄抑制是指后学习的材料对保持和回忆先学习的材料的干扰作用。题干中强调利用早晚时间学习、记忆,其效果优于白天,这是因为早上只受倒摄抑制的影响,晚上只受前摄抑制的影响,故本题答案选 D 项。

9. A 【解析】本题考查学前教育的原则。发展适宜性原则是美国幼儿教育协会 1986 年以后极力提倡的教育理念与实践,当时主要是针对美国幼教界普遍出现的幼儿教育“小学化”等倾向而提出来的。

10. B 【解析】本题考查教育的功能。教育的本体功能是教育对个体发展的影响和作用。它由教育活动的内部结构特征决定,发生于教育活动内部。

11. A 【解析】本题考查卢梭的著作。卢梭的主要著

作有《论人类不平等的起源和基础》《社会契约论》《爱弥儿》等。卢梭的教育思想主要集中于他的教育著作《爱弥儿》一书中。

12. A 【解析】本题考查布鲁姆的教育目标分类。布鲁姆认为，完整的教育目标分类应包括三个主要的领域：认知的、情感的、动作技能的。其中对认知目标的研究最为深入、具体。他把认知目标由低到高分为六级：知识、理解、应用、分析、综合、评价。

13. C 【解析】本题考查教师正确教育观的树立。苏霍姆林斯基在描述"没有也不可能有抽象的学生"时用一个很形象的比喻：有的孩子能提 20 桶水不费吹灰之力，而有的孩子只打了 5 桶水却累得筋疲力尽了。这表明教师要尊重和爱护学生，要承认每一个学生都是独一无二的存在，要尊重学生的主体性和差异性。

14. B 【解析】本题考查心理的实质。心理的实质是在社会实践中人脑对客观世界的主观的能动的反映。心理的主观性是指由于人的知识经验、需要、愿望以及个性特征的不同，因而对客观现实的反映也不同。题干所述名言强调的是主观反映的不同，说明人的心理具有主观性。

15. B 【解析】本题考查《3～6 岁儿童学习与发展指南》的内容。《3～6 岁儿童学习与发展指南》科学领域中科学探究部分目标 1"亲近自然，喜欢探究"指出，4～5 岁幼儿喜欢接触新事物，经常问一些与新事物有关的问题。A 项属于 3～4 岁幼儿的发展目标，CD 两项属于 5～6 岁幼儿的发展目标。

16. A 【解析】本题考查蒙台梭利的教育思想。蒙台梭利于 1907 年在罗马贫民区创办了一所"儿童之家"，不按年龄分班，在一个班级里，既有大龄孩子，也有小龄孩子，在教师的指导下共同学习、游戏、开展活动。

17. 缺

18. A 【解析】本题考查著名教育家的教育思想及教育著作。《学记》是我国最早的一部教育学专著，A 项说法不正确。B 项夸美纽斯的《大教学论》是教育学开始形成一门独立学科的标志，该书被认为是近代第一本教育学著作，说法正确。C 项《民主主义与教育》是实用主义教育学家杜威的作品，说法正确。D 项"生活即教育"是陶行知教育理论的核心。

19. B 【解析】本题考查学生认知方式的差异。沉思型（又称反省型认知方式）的学生在解决认知任务时，总是谨慎、全面地检查各种假设，在确认没有问题的情况下才会给出答案。这种类型的学生解答认知问题的速度虽然慢，但错误率很低，在解决高层次问题时占优势。

20～25. 缺

三、名词解释

1. 最近发展区

最近发展区是指一种儿童无法依靠自己来完成，但可在成人和更有技能的儿童帮助下来完成的任务范围，也就是儿童能够独立表现出来的心理发展水平，和儿童在成人指导下能够表现出来的心理发展水平之间的差距。

（共 4 分。答出儿童无法依靠自己来完成 2 分，在成人和更有技能的儿童帮助下完成 2 分）

2. 幼儿园课程

幼儿园课程是实现幼儿园教育目的的手段，是帮助幼儿获得有益的学习经验，促进其身心全面和谐发展的各种活动的总和。

（共 4 分。答出实现幼儿园教育目的的手段 2 分，获得有益的学习经验 1 分，促进全面和谐发展 1 分）

3. 发现学习

发现学习是指给学生提供有关的学习材料，让学生通过探索、操作和思考，自行发现知识、理解概念和原理的教学方法。

（共 4 分。答出提供有关的学习材料 2 分，让学生通过探索、操作和思考 2 分）

四、简答题（参考答案）

1.《幼儿园教师专业标准（试行）》中专业能力维度包含哪些领域？

（1）环境的创设与利用；（2）一日生活的组织与保育；（3）游戏活动的支持与引导；（4）教育活动的计划与实施；（5）激励与评价；（6）沟通与合作；（7）反思与发展。

（共 5 分。完全正确得 5 分；答出"环境的创设、一日生活的组织与教育、游戏活动、教育活动设计、激励、沟通、反思"等关键词酌情扣 1～2 分）

2. 实施《3~6岁儿童学习与发展指南》应该注意哪些方面。

(1)关注幼儿学习与发展的整体性;(2)尊重幼儿发展的个体差异;(3)理解幼儿的学习方式和特点;(4)重视幼儿的学习品质。

(共5分。完全正确得5分。答出"整体性、个体差异性、学习方式和特点、学习品质"等关键词酌情扣1~1.5分)

3. 幼儿园环境创设的原则有哪些?

(1)安全性原则;(2)环境与教育目标的一致性原则;(3)发展适宜性原则;(4)幼儿参与性原则;(5)开放性原则;(6)经济性原则;(7)启发性原则;(8)动态性原则。

(共6分。完全正确得6分。答出"安全性、环境与教育目标的一致性、发展适宜性、幼儿参与性、开放性、经济性"等关键词酌情扣0.5~1分)

4. 简述幼儿教育评价的发展方向。

(1)评价过程由静态评价变为动态评价,关注幼儿的学习变化与成长的历程;(2)评价情境由人为的变为真实的,强调在真实情境中对幼儿进行评价;(3)评价内容与方式由单一变多元;(4)由评价者作为单一评价主体到有关人员都是评价的参与者。

(共6分。完全正确得6分。答出"评价过程、评价情境、评价内容与方式、评价者"等关键词酌情扣1~2分)

五、论述题(参考答案)

请在阐述幼儿游戏的本质前提下,试论述教师指导幼儿游戏的策略。

(1)幼儿游戏的本质包括:①福禄贝尔最早系统地研究游戏并尝试创建游戏的实践体系。他认为,游戏是儿童内部存在的自我活动的表现,是一种本能性的活动。他将游戏的本质归结为生物性。②德国思想家席勒和英国心理学家斯宾塞则将游戏看作是剩余精力的发泄和运用,儿童可以从中获得愉悦和满足。③德国心理学家、生物学家格罗斯提出能力练习说,也叫生活预备说。他认为,儿童有天生的本能,但本能不足以适应将来复杂的生活,因此要有一个准备生活的阶段,游戏即是准备生活阶段练习本能的一种手段。④美国心理学家霍尔提出游戏复演论,认为人类的文化经验是可以遗传的。⑤苏联心理学家维果斯基认为游戏是社会性活动,是在真实的实践情况之外,在行动上再造某种生活现象。游戏的本质是以物代物进行活动。⑥中国《教育大辞典》认为游戏是幼儿的基本活动,是适合幼儿年龄特点的一种有目的、有意识的,通过模仿和想象,反映周围现实生活的一种独特的社会活动。其特点是趣味性、具体性、虚幻性、自由自愿性、社会性。

(2)幼儿游戏的指导策略:①尊重幼儿游戏的自主性;②以间接指导为主;③按幼儿游戏发展的规律指导游戏;④按各种类型游戏的特点指导游戏;⑤正确评价幼儿的游戏;⑥使游戏成为幼儿园的基本活动。

(共12分。幼儿游戏的本质6分,答出"福禄贝尔、席勒、斯宾塞、格罗斯、霍尔、维果斯基"等人的观点酌情给3~4分。教师指导幼儿游戏的策略6分,答出"尊重幼儿游戏的自主性、间接指导为主、按幼儿游戏发展规律、按各种类型游戏的特点指导游戏、正确评价游戏、游戏成为基本活动"等关键词酌情给4~5分)

2019年江苏省淮安市教师招聘考试幼儿园教育理论基础真题试卷(十)

第一部分 教育基础知识

一、单项选择题

题序	1	2	3	4	5
答案	B	B	C	D	D

1. B 【解析】本题考查个体身心发展的规律。个体身心发展的个别差异性,是指个体之间的身心发展以及个体身心发展的不同方面之间,存在着发展程度和速度的不同。个体身心发展的个别差异性的表现:(1)不同儿童同一方面的发展速度和水平不同,如有些人"少年得志",有些人则"大器晚成";(2)不

同儿童不同方面的发展存在差异,如有的儿童的数学能力较强,但绘画却很差,而有的儿童正好相反;(3)不同儿童所具有的个性心理倾向不同,如同年龄的儿童具有不同的兴趣、爱好和性格等;(4)个别差异也表现在群体间,如男女性别的差异。题干中描述的有的学生擅长文学艺术,有的学生擅长科学技术,有的学生擅长体育运动,属于不同儿童不同方面的发展存在差异,这说明了人的身心发展具有个别差异性。

2. B 【解析】本题考查陶行知的教育名言。"捧着一颗心来,不带半根草去"是陶行知的教育名言,这句话表达的是一种无私奉献的高尚精神。

3. C 【解析】本题考查常用的德育方法。实际锻炼法是有目的地组织学生参加各种实践活动,使其在活动中锻炼思想、增长才干、培养优良思想和行为习惯的方法。题干所述是实际锻炼法,故C项正确。A项,陶冶教育法是教师利用环境和自身的教育因素,对学生进行潜移默化的熏陶和感染,使其在耳濡目染中受到感化的德育方法。B项,品德评价法是通过对学生品德进行肯定或否定的评价而予以鼓励或抑制,促使其品德健康形成和发展的德育方法。D项,榜样示范法是用榜样人物的优秀品德来影响学生的思想、情感和行为的德育方法。

4. D 【解析】本题考查关键期的内容。所谓关键期,就是指人的某种身心潜能在某一年龄段有一个最好的发展时期。研究认为,关键期既包括有机体需要刺激的时期,也包括有机体对某种刺激最敏感的时期。A项说法正确。在这一时期内,对个体某一方面进行训练可以获得最佳成效,并能充分发挥个体在这一方面的潜力。错过了关键期,训练的效果就会降低,甚至永远无法补偿。B项说法正确。当然,关键期也并非绝对的,错过关键期之后,经过补偿性学习仍有可能得到发展,只是难度要大些。故D项说法错误。4~5岁是学习书面语言的关键期,C项说法正确。

5. D 【解析】本题考查艾宾浩斯遗忘曲线。艾宾浩斯遗忘曲线表明,遗忘在学习之后立即开始,而且在最初的时间里遗忘速度很快,随着时间的推移,遗忘的速度逐渐缓慢下来,过了相当长的时间后,几乎不再发生遗忘。由此可以看出,遗忘是有规律的,即遗忘的进程是不均衡的,其趋势是先快后慢、先多后少,呈负加速,且到一定的程度就不再遗忘了。

二、判断题

题序	1	2	3	4	5
答案	×	√	×	√	√

1. × 【解析】本题考查思维的种类。根据思维的指向性,思维可分为发散思维和聚合思维。发散思维,也叫求异思维、分散思维、辐射思维,是指人们解决问题时,思路朝着各种可能的方向扩散,从而求得多种答案。发散思维的过程是从给予的信息中产生多种信息的过程。题干所述"一题多解"与"一事多写"是发散性思维的表现形式。聚合思维,也叫求同思维、集中思维、辐合思维、会聚思维,是指人们解决问题时,思路集中到一个方向,从而形成唯一的、确定的答案。这是一种有方向、有条理、有范围的思维方式。

2. √ 【解析】本题考查教育的负向功能。教育的负向功能是指教育阻碍社会进步和个体发展的消极影响和作用。题干所述体现了教育的负向功能。

3. × 【解析】本题考查《论语》的内容。"学而不思则罔,思而不学则殆"出自《论语·为政》,意思是:只一味地读书学习而不主动思考问题,就会迷惑而无所得;只空想却不去学习钻研,也会陷入困境而无所获。

4. √ 【解析】本题考查最近发展区的概念。维果斯基认为,儿童有两种发展水平:一是儿童的现有水平,即由一定的已经完成的发展系统所形成的儿童心理机能的发展水平;二是可能达到的发展水平。这两种水平之间的差异,就是最近发展区。也就是说,最近发展区是儿童在有指导的情况下,借助成人的帮助所能达到的解决问题的水平与独自解决问题所达到的水平之间的差异,实际上是两个邻近发展阶段间的过渡状态。

5. √ 【解析】本题考查习得性无助感。习得性无助是一种习得的,在面对困难、惩罚或消极刺激时认为自己无能为力的表现。自我效能感是指人对自己能否成功从事某一成就行为的主观判断。人一旦形成习得性无助,再次遇到相似的情况,便会放弃努力。失败的体验越多,就越怀疑自己的胜任能力,因而效能

期望就越低。

第二部分　学科专业知识

一、单项选择题

题序	1	2	3	4	5	6	7	8	9	10
答案	C	B	C	D	A	B	B	A	D	C
题序	11	12	13	14	15	16	17	18	19	20
答案	C	C	A	D	B	D	A	C	A	D

1. C 【解析】本题考查陈鹤琴的贡献和理论。陈鹤琴先生是我国著名的幼儿教育家。他于1923年创办了我国最早的幼儿教育实验中心——南京鼓楼幼稚园。他创立了"活教育"理论,一生致力于探索中国化、平民化、科学化的幼儿教育道路,被誉为"中国幼儿园之父"。

2. B 【解析】本题考查《幼儿园教育指导纲要(试行)》解读的内容。《幼儿园教育指导纲要(试行)》中的教育目标主要表明该领域重点追求什么、主要的价值取向是什么。在目标表述上使用较多的是"体验""感受""喜欢""乐意"等词汇,突出了情感、兴趣、态度、个性等方面的价值取向,着眼于培养终身学习的基础和动力。

3. C 【解析】本题考查维果斯基的贡献。最近发展区是维果斯基对儿童心理学的一个突出贡献。它是一种介于儿童看得见的现实能力与并不是显而易见的潜在能力之间的潜能范围。换句话说,最近发展区是指一种儿童无法依靠自己来完成,但可在成人和更有技能的儿童帮助下来完成的任务范围,也就是儿童能够独立表现出来的心理发展水平,和儿童在成人指导下能够表现出来的心理发展水平之间的差距。

4. D 【解析】本题考查表演游戏的含义。A项,角色游戏又称想象性游戏,是指学前儿童以模仿和想象,通过扮演角色,创造性地反映周围现实生活的一种游戏。B项,结构游戏是指儿童利用积木、积塑、泥、沙等结构材料进行建造的游戏。C项,智力游戏是指以生动、新颖、有趣的游戏形式,使儿童在轻松愉快的活动中,增进知识、发展智力的游戏。D项,表演游戏又称为戏剧游戏,是以故事或童话情节为表演内容的一种游戏形式。在表演游戏中,儿童扮演故事或童话中的人物,并以故事中人物的语言、动作和表情进行活动。这种游戏是以想象为基础的。题干所述的是表演游戏。故D项正确。

5. A 【解析】本题考查帕登以儿童社会性发展为依据的游戏分类。帕登认为儿童之间的社会性互动随着年龄的增长而增加,他把游戏分为以下六种:(1)非游戏行为;(2)旁观游戏;(3)独立游戏;(4)平行游戏;(5)联合游戏;(6)合作游戏。联合游戏:3岁半至4岁半以上的儿童,在小组里与同伴交换材料,一起游戏,但事先没有确定游戏的目的。题干所述的是联合游戏。

6. B 【解析】本题考查幼儿情绪发展的一般趋势。总的来说,在3岁前幼儿情绪反应的动因中,生理需要是否满足是其主要动因。3~4岁,幼儿情绪的动因处于从主要为满足生理需要向主要为满足社会性需要的过渡阶段。在中班和大班儿童中,社会性需要的作用越来越大。

7. B 【解析】本题考查幼儿身心发展的顺序性。幼儿身心发展的顺序性是指个体的身心发展是一个持续变化的过程,它经历了由低级到高级、由简单到复杂的发展过程,具有顺序性的特征,幼儿的身心发展也遵循这一规律。如幼儿行走动作的发展依次经历:匍匐爬行、扶着能站立、独自站立、独自行走、行走自如等阶段。再如思维发展:从直觉行动思维到形象思维,再从形象思维到抽象逻辑思维。因此,无论是幼儿动作的发展,知识和技能的学习,行为和习惯的培养,还是情感与态度的获得都必须遵循这一基本规律,循序渐进,逐步推进。题干中拔苗助长式教育违背了幼儿身心发展的顺序性。

8. A 【解析】本题考查《3~6岁儿童学习与发展指南》的内容。《3~6岁儿童学习与发展指南》健康领域中"动作发展"部分目标2"具有一定的力量和耐力"指出,3~4岁幼儿能双手抓杠悬空吊起10秒左右。

9. D 【解析】本题考查幼儿园课程的学习基础。幼儿主要是通过感官来认识环境中的事物,即用眼睛看到物体外形、耳朵听到声音、舌头尝到味道、鼻子嗅到气味、皮肤感到温度和质地等,他们的思维方式也主要是具体形象思维。幼儿只有通过感官确切地接

触到事物，并操作它们，才会比较容易地真正达到理解。所以，幼儿园课程要以幼儿的直接经验为基础。

10. C 【解析】本题考查幼儿园体育活动的内容。A项不合适，儿童的骨骼发育不完全，大力的拔河会影响腕骨和足关节的正常发育，甚至造成脱臼。B项不合适，在呼吸循环方面，儿童的肺活量相对较小，心脏只有成年人的1/3大，心脏壁薄，所以呼吸、心跳频率要比成年人快，才能达到身体的需要。因此，儿童的身体对长跑这样的运动适应能力差，对同类运动项目也同样难以忍受。D项不合适，3～6岁儿童的骨骼弹性大，硬度小，容易发生变形，肌肉的纤维较细，容易疲劳和受损伤，长时间悬吊，骨骼有发生分离移位的可能，也可能会造成肌肉纤维的损伤。走平衡木可以促进幼儿身体两侧肌肉力量的协调发展、控制身体平衡能力以及促进方位知觉的发展。故C项合适。

11. C 【解析】本题考查《3～6岁儿童学习与发展指南》的内容。《3～6岁儿童学习与发展指南》科学领域中"数学认知"部分目标3"感知形状与空间关系"指出，5～6岁的幼儿能辨别自己的左右。

12. C 【解析】本题考查幼小衔接工作的原则。幼小衔接工作中的长期性、系统性原则指出，幼儿园教育是儿童终身教育的基础阶段，因此幼小衔接不仅看成是两个阶段的过渡，而应把它置于终身发展的背景下考虑。应当看到，让学前儿童顺利地进入小学只是幼儿园教育的近期目标而已，它是实现幼儿园教育长期目标的前提。对幼儿园来讲，应把幼小衔接贯穿整个教育工作的始终，而不仅仅在大班进行；在内容上要涉及学前儿童发展的各个方面的准备，通过系统的策划、课程的安排、规则的制定，使儿童具备进入小学应具有的素质。对教师来讲，让全园教师、家长都要有幼小衔接的意识，在日常生活中给予儿童积极的影响。对小学来讲，也不能把衔接看成是幼儿园单方面的事情，而应当遵循素质教育的理念，改革不适应儿童发展的教育目标、教育内容、教育形式、教育评价等。总之，两个阶段都要重视幼小衔接工作，立足儿童终身发展，为其以后的学习、生活奠定良好的基础。

13. A 【解析】本题考查儿童口语的发展。在单词句阶段(1～1.5岁)，幼儿往往用一个单词表示一个句子，我们称之为单词句。这时候幼儿说出的词，并不单独地和词所代表的对象发生联系，而是和包括这个对象在内的一种情境相联系，所以单词句阶段的词所表达的意思是不精确的，家长常常需要把幼儿说话时附加的手势、表情、体态等许多情境作为参考的因素，确定幼儿说话的意思。这个阶段幼儿语言发展的特点是：(1)理解语言的能力迅速发展。此阶段，幼儿所能理解的名词和动词很多。名词主要是幼儿周围生活的、所熟悉的家用物品、人物的称谓、动物的名称和特征较明显的身体器官的名称等。能理解的动词主要是表示身体动作的，其次是表示事件和活动的能愿动词和判断动词；(2)会给常见的物体命名。在词汇能力方面，以声代物是1岁半以前的幼儿说话的一个明显的特点。但是幼儿在命名和使用新词时常常会出现一种词义"泛化""窄化"和"特化"现象，例如把"狗"称作"汪汪"；(3)继续讲"小儿语"，常用省略音、替代音和重叠音。有的幼儿说话时还有"小儿语"，其"小儿语"中有明显的旋律和抑扬顿挫的音调变化，某些情况下听上去很像成人说话。题干所述表明儿童的口语发展处于单词句阶段。

14. D 【解析】本题考查学前心理学的研究方法。A项，观察法是通过有目的、有计划地观察幼儿在日常生活、游戏、学习和劳动过程中的表现，包括其言语、表情和行为，并根据观察结果分析幼儿心理发展的规律和特征的方法。B项，实验法是根据研究目的，改变或控制幼儿的活动条件，以引起其心理活动有规律地变化，从而揭示特定条件与心理活动之间关系的方法。C项，问卷法可以说是把调查问题标准化。运用问卷法研究学前儿童的心理，所问对象主要是与学前儿童有关的成人，即请被调查者按拟定的问卷表作书面回答。测验法是根据一定的测验项目和量表，来了解幼儿心理发展水平的方法，故D项正确。

15. B 【解析】本题考查幼儿园教育活动评价的原则。多元化原则是指教育评价的主体、评价内容、评价标准、评价的方式方法应该具有多样性，不追求刻板的单一化。题干所述表明幼儿园教育活动评价

主体的多元化。

16. D 【解析】本题考查活动性原则。活动性原则要求学前教育以活动为主导,是以活动贯穿整个教育过程,以活动促进儿童身心健康发展的原则。活动性原则源自杜威的“做中学”,实际来自苏联心理学家的“活动主导论”和皮亚杰的儿童认知发展理论。

17. A 【解析】本题考查学前儿童学习数学的特点。从具体到抽象:幼儿的思维发展经历了一个从直觉行动思维到具体形象思维再到抽象思维的过程,在他们学习数学时也明显地表现出这一特征。小班幼儿的思维处于直觉行动思维阶段,他们学习数学需要借助于具体的动作和对事物的操作,才能理解数学知识。随着具体形象思维的发展并逐步在幼儿的思维中占优势,特别是到了中班,幼儿在学习数学时更多地要依赖于对具体事物的观察、操作,依赖于与具体事物进行相互的作用,并能从中获得对抽象的数学知识的理解。到了大班,幼儿对抽象的数学符号有了进一步的理解。他们能够从数量众多的具体事物中概括出抽象的数学知识,能够理解蕴涵于事物中的数学关系,能够对简单的数概念有初步的理解。题干中儿童从数出“6 个人、6 个苹果、6 棵树”这样的具体事物,发展到认识抽象的数概念“6 个代表 6 个物件”,这说明儿童学习数学具有从具体到抽象的特点。

18. C 【解析】本题考查洛克的幼儿教育思想。洛克从唯物主义的立场出发,提出了著名的“白板说”。他认为人出生后心灵如同一块白板,没有任何标记和观念;人的一切知识都是后天得来的,都建立在经验的基础上。

19. A 【解析】本题考查幼儿同伴关系的特点。儿童之间绝大多数的社会交往是在游戏情境中发生的。儿童在游戏中的交往是从 3 岁左右开始的,而 3 岁儿童独自游戏比较多,4 岁左右儿童在游戏中的互借玩具、彼此的语言交流及共同合作逐渐增多。

20. D 【解析】本题考查想象在学前儿童发展中的作用。想象的发展是学前儿童创造思维发展的核心。想象是创造思维的一个主要方面,对于学前儿童来说,创造思维的核心就是想象。我们评价学前儿童创造思维的水平也主要是从想象的水平出发。丰富的想象是学前儿童创造性的表现,如儿童画“月亮上荡秋千”就充满了丰富的想象,因此才可能获得很高的评价。既然想象是学前儿童创造思维的核心,就应该充分发展学前儿童的想象,以更好地促进学前儿童的发展。

二、填空题

1. 表演游戏　结构游戏
2. 整体性　个体差异　学习方式　特点　学习品质
3. 有趣
4. 游戏　观察　模仿
5. 呼吸道(飞沫)　消化道(粪—口)
6. 客观因素　主观因素

三、判断题

题序	1	2	3	4	5	6	7	8	9	10
答案	√	×	×	√	×	√	√	√	√	×

1. √ 【解析】本题考查幼儿园课程内容选择的原则。适宜性原则(考虑发展的适应性)指出,课程内容既要符合儿童已有的发展水平,又要促进其进一步发展,即难度水平处在儿童的“最近发展区”之内。题干所述体现了适宜性原则。

2. × 【解析】本题考查教育活动的类型。小组教育活动是为了完成某一任务,将幼儿分为不同组,通过小组互助开展教育活动。小组教育活动的组织形式有利于幼儿通过合作完成任务,有利于幼儿沟通交流能力的发展。自选教育活动是幼儿可以在一定的时间、空间范围内,自己选择活动对象、活动内容、活动形式和方法的活动,这种活动没有教师预设的教育目标、内容等,幼儿可以获得充分的自主权。这也是教师可以充分观察、了解幼儿,支持幼儿自主发展的好时机。

3. × 【解析】本题考查《3 ~6 岁儿童学习与发展指南》的内容。《3 ~6 岁儿童学习与发展指南》健康领域“生活习惯与生活能力”目标 1“具有良好的生活与卫生习惯”指出,3 ~4 岁的幼儿不用脏手揉眼睛,连续看电视等不超过 15 分钟;4 ~5 岁的幼儿知道保护眼睛,不在光线过强或过暗的地方看书,连续看电视等不超过 20 分钟;5 ~6 岁的幼儿主动保护眼睛,不在光线过强或过暗的地方看书,连续看电视等不超过 30 分钟。

4. √ 【解析】本题考查幼儿呼吸运动的特点。幼儿呼吸运动的特点包括:(1)呼吸量少,频率快。婴幼儿代谢旺盛,需消耗较多的氧气,因此只能通过加快呼吸频率来满足生理需要,年龄越小,呼吸频率越快;(2)呼吸不均匀;(3)以腹式呼吸为主。

5. × 【解析】本题考查多媒体的运用。多媒体的运用并非多多益善。机械的多媒体展示,不仅对学生的个性心理活动难以捉摸,而且不利于运用教师的体态语言对学生的情绪进行调控,难以引起学生情感上的共鸣,因此,对于多媒体的运用要掌握适度性原则。

6. √ 【解析】本题考查《幼儿园教育指导纲要(试行)》的内容。《幼儿园教育指导纲要(试行)》第三部分“组织与实施”第八条指出,家庭是幼儿园重要的合作伙伴,应本着尊重、平等、合作的原则,争取家长的理解、支持和主动参与,并积极支持、帮助家长提高教育能力。

7. √ 【解析】本题考查幼儿生长发育的规律。人的生长发育是快慢交替的,因此发育速度曲线并不是随年龄呈直线上升,而是波浪式上升的。在整个生长发育期间,全身和大多数器官、系统有两次生长突增高峰。第一次是在胎儿期。第二次是在青春发育初期,而且女性比男性大约早两年出现。以身高、体重为例,幼儿出生后的第一年增长最快,身高约是出生时(50cm)的1.5倍,体重约是出生时(3kg)的3倍。2岁以后,生长速度逐渐慢下来,并保持相对的稳定,平均每年身高增加4~5cm,体重增加1.5~2kg,直至青春期生长速度出现第二次高峰。

8. √ 【解析】本题考查幼儿园学习特点。教师要允许幼儿出错。幼儿对事物的认识是建立在其已有经验的基础上的,一些在成人看来是不合理的想法,在幼儿自身经验的基础上看却是合理的,所以,教师要善于判断幼儿错误背后的真正原因,给予幼儿出错的权利。

9. √ 【解析】本题考查幼儿园教育活动的组织形式。幼儿园的教育教学组织形式有三种:集体活动、小组活动、个别活动。

10. × 【解析】本题考查陶行知的教育思想。在教育实践中,陶行知创立了生活教育理论和教、学、做合一的教育方法。张雪门注重课程研究,是行为课程理论的代表人。

四、简答题(参考答案)

1. 简述如何利用环境有效地促进幼儿的发展。

(1)幼儿园的空间、设施、活动材料和常规要求等应有利于引发、支持幼儿的游戏和各种探索活动,有利于引发、支持幼儿与周围环境之间积极的相互作用;(2)幼儿同伴群体及幼儿园教师集体是宝贵的教育资源,应充分发挥这一资源的作用;(3)教师的态度和管理方式应有助于形成安全、温馨的心理环境,言行举止应成为幼儿学习的良好榜样;(4)家庭是幼儿园重要的合作伙伴,应本着尊重、平等、合作的原则,争取家长的理解、支持和主动参与,并积极支持、帮助家长提高教育能力;(5)充分利用自然环境和社区的教育资源,扩展幼儿生活和学习的空间,幼儿园同时应为社区的早期教育提供服务。

(共5分。完全正确得5分,答出“幼儿与周围环境之间的积极互动、教师态度和管理方式、家园合作、充分利用自然环境和社区的教育资源”等关键词酌情给3~4分)

2. 学前儿童呼吸道异物堵塞分为哪两类?并列举出一般的处理方法。

(1)①内源性(呼吸道内有伪膜、干痂、干酪样坏死物等堵塞);②外源性(平时所指的气管异物如瓜子、鱼刺、骨头、钱币、铁钉)。

(2)①若发生在年龄较小的幼儿身上,抓住幼儿双脚使其倒置,并大力拍击其背部,使异物从喉部落出,如果此法无效,速将幼儿送往医院急救。

②若发生在年龄较大的幼儿身上,让幼儿坐在抢救者的腿上,面朝外,用两手的食指和中指形成一个“垫”,按在患儿的上腹部,快而轻地向后上方挤压,随后放松,使膈肌压缩肺,产生气流,将气管中的异物冲出,如此法无效,速送往医院急救。

(共5分。答出“内源性”和“外源性”各1分。处理办法共3分,若仅答出两条具体措施,没有进行年龄区分,酌情扣1分)

五、案例分析题(参考答案)

(1)豆豆能够和序序合作进行游戏,说明豆豆具备基本的同伴交往能力。但是在与果果的交流过程中,因为对方的不回应而推倒其作品,反映了豆豆的同伴交往方式存在问题,教师需要帮助他掌握合

适的同伴交往策略。

(2)序序能够和豆豆共同搭建作品,主动与果果进行交流,态度积极并且表现较好,说明他喜欢与人交往,社会性发展良好。

(3)果果独自玩积塑并且作品与其他幼儿不一样,说明果果能按照自己的愿望主动、有计划地开展游戏。但是在与同伴交往的过程中,果果的态度冷淡、拒绝交流,不利于良好同伴关系的建立,教师应该多加引导。

(共8分。若没有分别分析三名幼儿的表现并指出建议,仅笼统答出“豆豆同伴交往方式有问题、果果拒绝交流、态度冷淡”等关键词酌情扣3~4分)

六、论述题(参考答案)

运用皮亚杰的认知发展理论,联系实际阐述“幼儿通过直接感知、实际操作和亲身体验获取经验”的学习方式和特点。

(1)皮亚杰认为一个人从出生到成熟的过程中,人的认知结构是一直不断变化的,在环境作用的过程中会不断地重组,并不是说一出生就是固定不变的。他将儿童的认知发展分为四个阶段:感知运动阶段(0~2周岁)、前运算阶段(2~7周岁)、具体运算阶段(7~11周岁)、形式运算阶段(11~15周岁)。

(2)就幼儿园教育来说,此阶段的儿童正好处于前运算阶段,该阶段儿童已获得了心理表征,他们可以将不在眼前的事物表征为图片、声音、表象、单词或其他形式,进而能运用符号进行思维和推理,但是他们的思维还缺乏逻辑性。该阶段儿童的思维特点是:泛灵论、自我中心性、不能理顺整体和部分的关系、思维的不可逆性、缺乏守恒。

(3)幼儿的学习是以直接经验为基础,在游戏和日常生活中进行的。幼儿园以游戏为基本活动,幼儿在活动和游戏中主动参与其中,通过实践操作获得不同的经验。情境教学法是幼儿以直接经验为基础进行学习的有力体现。幼儿的认知情绪化特征明显,主要受外界事物和自己的情绪支配,良好的情境必然引起幼儿积极的情绪反应。可以利用情境教学,创设幼儿喜欢的教学情境,如具有鲜明主题标志的故事情境、形象逼真的生活情境、生动有趣的游戏情境等,引发他们的积极情绪,使其能够愉快地投入到学习中。

(4)幼儿期的思维是以具体形象思维为主,主要依靠事物的形象和表象认识世界。例如教幼儿学习数学的加减运算时,幼儿不能直接给出答案,而是需要通过头脑中的表象或者是教具的操作来进行计算。

(5)幼儿通过直接感知、实际操作和亲身体验获取经验,因此要理解幼儿的学习方式和特点。珍视游戏和生活的独特价值,创设丰富的教育环境,合理安排一日生活,最大限度地支持和满足幼儿通过直接感知、实际操作和亲身体验获取经验的需要,严禁“拔苗助长”式的超前教育和强化训练。

(共10分。正确答出皮亚杰认知发展理论中儿童认知发展的四个阶段2分,点明幼儿期的儿童处于前运算阶段并答出该阶段儿童认知特点2分。答出“幼儿园以游戏为主要活动、幼儿通过实际操作获得不同的经验、情境教学法、以具体形象思维为主”等关键词酌情给4~5分)

七、活动设计题(参考答案)

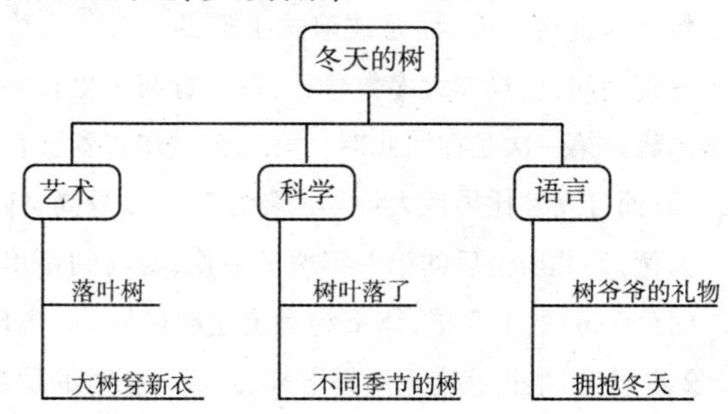

(一)活动名称

落叶树(大班艺术活动)

(二)活动目标

1. 通过对比观察,了解树干和树枝的不同特征;
2. 尝试用曲直、长短、粗细不同的线条表现冬天里的树,探索树枝由粗变细的表现方法;
3. 喜欢参加美术活动,体验作画过程中的乐趣。

(三)活动准备

1. 经验准备:幼儿已了解在深冬季节落叶树的叶子会落光,幼儿已欣赏过四季中树的图片;
2. 物质准备:冬天树的图片,小号水粉笔,水粉颜料(黑色、咖啡色、褐色),洗笔筒,画纸。

(四)活动过程

1. 教师引导幼儿迁移已有经验

(1)冬天到了,大树妈妈发生了什么变化呢?

(2)树叶都掉光了,剩下了什么呢?

2.引导幼儿欣赏冬天树的图片,整体感受树干和树枝的不同造型

(1)光秃秃的大树给你什么感觉呢?让你想到了什么?

(2)你喜欢哪棵树?它是什么样子的?它像什么?

3.引导幼儿对比观察树干和树枝的不同特征

(1)现在我们来找一找,树干在哪里?树枝在哪里?树干是什么样子的?树枝呢?

(2)这棵树上的树枝有什么不一样呢?(引导幼儿用手臂的动作表现树枝的不同)

(3)靠着树干的树枝和最上面的树枝一样吗?有什么变化?

(4)用什么方法可以画出由粗变细的树枝呢?

要点提示:

(1)在探索树枝由粗变细的表现方法时,教师可以提示幼儿用笔的侧面进行作画,或用笔的力度由重到轻,类似于"提"的感觉;

(2)画大树时一定要引导幼儿从下往上,按生长的方向进行绘画。

4.幼儿绘画

分发材料,幼儿自由作画,教师巡回指导。

5.欣赏幼儿作品

将作品贴起来组成"冬天的小树林",幼儿欣赏同伴作品,说一说自己喜欢哪张作品。

(五)活动延伸

1.美术区:提供色纸,让幼儿撕出大树的树干和树枝并进行拼贴,造出树的剪影效果;

2.科学区:提供各种树的图片,幼儿根据不同标准进行分类。如落叶树、常青树等。

评分标准参考如下:

(1)网络图(共2分。下述活动设计在网络图中没有体现扣1分,网络图没有涉及多个领域的活动设计扣1分)

(2)活动目标(共1分。缺乏认知、行为、情感任意一方面的目标扣0.5分)

(3)活动准备(共1分。若在具体活动过程中用到但在活动准备环节没有体现扣0.5分)

(4)活动过程(共7分。选择能吸引幼儿注意力的导入方式1分,若导入方式不能充分引发幼儿兴趣,在不偏离主题的情况下可酌情给0.5分;②活动过程步骤清晰、注重幼儿主动探究5分,写出大致活动过程,在不偏离主题的情况下可酌情给2分;③结束环节能让幼儿保持愉快情绪并强化活动效果1分,若仅是对活动做最后总结可酌情给0.5分)

(5)活动延伸(共1分。活动延伸环节具体可行并能渗透不同领域的教育1分,若仅是对活动的机械重复可酌情给0.5分)

2019年江苏省连云港市东海县教师招聘考试幼儿园教育理论基础真题试卷(精编)(十一)

第一部分　教育基础知识

一、单项选择题

题序	1	2	3	4	5	6	7	8	9	10
答案	A	B	A	D	D	A	B	B	A	A

1.A 【解析】本题考查洛克的教育思想。洛克反对天赋观念,提出了"白板说"。他认为人的心灵原来就像一块白板,没有一切特性,没有任何观念,天赋的智力人人平等。

2.B 【解析】本题考查教学的一般任务。现代教学观认为,教学过程既是向学生传授知识的过程,又是发展学生智力和能力的过程。"授人以鱼,不如授人以渔"正体现了教师不仅要教给学生知识,更重要的是要发展学生的能力。题干所述体现了教学不仅应重视知识的传授,更应重视学生能力的发展。

3.A 【解析】本题考查孔子的教育思想。孔子在教育对象上主张"有教无类"。

4.D 【解析】本题考查教师的专业发展方式。教学反思是指教师以自己的教学活动为意识对象,对自己的教育理念、教学行为、决策以及由此所产生的结果进行认真的自我审视、评价、反馈、控制、调节、分析的过程。题干中李老师的做法体现了教学反思的内涵。

5.D 【解析】本题考查教师期望效应。教师期望效应也叫罗森塔尔效应或皮格马利翁效应,即教师的期

望或明或暗地传递给学生，会使学生按照教师所期望的方向来塑造自己的行为。故罗森塔尔效应强调教师的期望对学生发展具有重要影响。

6. A 【解析】本题考查注意的基本特征。注意的广度也称注意的范围，是指在同一时间内，人们能够清楚地知觉出的对象的数目。“一目十行”指的就是注意的范围。题干中的小明可以“一目十行”，而小华只能“一目一行”，这说明他们在注意的广度上存在差异。

7. B 【解析】本题考查思维的种类。根据思维的指向性，思维可分为聚合思维和发散思维。发散思维，也叫求异思维、分散思维、辐射思维，是指人们解决问题时，思路朝着各种可能的方向扩散，从而求得多种答案。题干中小红的思维方式属于发散思维。

8. B 【解析】本题考查强化的分类。负强化也称消极强化，是通过消除或中止厌恶、不愉快刺激来增强反应频率。题干中的小马总害怕回答问题，因此回答问题对于他来说属于厌恶、不愉快刺激。小马发现坐在教室后排时，就可减少被教师提问的次数（即消除或中止了厌恶、不愉快刺激），于是他增强了这种行为。因此，负强化导致了小马愿意坐在教室的后排。故B项正确。A项，正强化也称积极强化，是通过呈现想要的愉快刺激来增强反应频率。C项，延迟强化是指教师有时对学生前一段时期的行为进行的强化。D项，替代强化是指观察者因看到榜样的行为被强化而受到强化。

9. A 【解析】本题考查个体身心发展的规律。个体身心发展的不平衡性表现在：一方面是指身心发展的同一方面的发展速度，在不同的年龄阶段是不平衡的；另一方面是就个体身心发展的不同方面而言的。题干强调儿童身心发展在某一时期特别迅速而在其他阶段相对平稳，这体现了儿童身心发展的不平衡性。故A项正确。B项，个体身心发展的顺序性是指人的身心发展是一个由低级到高级、由简单到复杂、由量变到质变的连续不断的发展过程。C项，个体身心发展的阶段性是指个体身心发展在不同的年龄阶段表现出不同的总体特征及主要矛盾，面临着不同的发展任务。D项，个体身心发展的个别差异性，是指个体之间的身心发展以及个体身心发展的不同方面之间，存在着发展程度和速度的不同。

10. A 【解析】本题考查教育的本质属性。教育的本质属性是育人，即教育是一种有目的地培养人的社会活动，这是教育区别于其他事物现象的根本特征。

二、名词解释

1. 最近发展区

最近发展区是指一种儿童无法依靠自己来完成，但可在成人和更有技能的儿童帮助下来完成的任务范围，也就是儿童能够独立表现出来的心理发展水平，和儿童在成人指导下能够表现出来的心理发展水平之间的差距。

（共3分。答出儿童无法依靠自己来完成1分，在成人和更有技能的儿童帮助下完成2分）

2. 课程计划

课程计划是根据一定的教育目的和培养目标，由教育行政部门制订的有关学校教育和教学工作的指导性文件。

（共3分。教育目标和培养目标1分，教育行政部门制定1分）

三、辨析题

学习动机是指引发与维持学生学习活动的内部动力，学习动机越强，学习效率越高。

（1）这种说法是不正确的。

（2）学习动机是指激发个体进行学习活动，维持已引起的学习活动，并使行为朝向一定学习目标的一种心理倾向或内部动力。在一定的范围内，学习动机具有提高学习效率的作用，但学习动机的强度与学习效率并不完全成正比。

（3）根据“耶克斯—多德森定律”可知，在动机强度为中等水平时，学习效率最高，动机不足或过于强烈，都会导致学习效率降低。具体表现在：①动机的最佳水平随着任务性质的不同而不同。在比较容易的任务中，学习效率随着动机的提高而上升；随着任务难度的增加，动机的最佳水平有逐渐下降的趋势。②一般来讲，最佳水平为中等强度的动机。③动机水平与行为效果呈倒U型曲线。

（共4分。对观点进行正误判断1分，答“正确”则该题不得分。答出“中等水平时学习效率最高、动机水平与行为效果呈倒U型曲线”等关键词酌情给2分）

第二部分　学科专业知识

一、单项选择题

题序	1	2	3	4	5	6	7	8	9	10
答案	A	A	C	B	B	B	C	D	C	C

1. A 【解析】本题考查学前教育机构常见游戏的分类。有规则游戏是成人在儿童自发游戏的基础上，为一定的教育目的而编制的，大都由教师组织儿童进行，有时也可以由儿童组织进行。包括体育游戏、智力游戏、音乐游戏等。

2. A 【解析】本题考查适宜性教学。适宜性教学源于美国的发展适宜性教学主张，它是美国幼儿教育协会在1986年的“符合孩子身心发展的专业幼教”声明中提出的。它认为，幼儿教学包括两方面的适宜：年龄适宜与个别差异适宜。

3. C 【解析】本题考查发展适宜性原则。发展适宜性原则是美国幼儿教育协会1986年以后极力提倡的教育理念与实践，它当时主要是针对美国幼教界普遍出现的幼儿教育“小学化”等倾向而提出来的。

4. B 【解析】本题考查福禄贝尔的贡献。19世纪中叶，福禄贝尔在德国创办了世界上第一所幼儿园，而且创立了一整套幼儿教育理论和相应的教育方法、教材、玩具等。他推动了世界范围内的幼儿园运动的兴起和发展，因而被世人誉为“幼儿教育之父”(幼儿园之父)。

5. B 【解析】本题考查学前阶段美的教育重点。学前阶段美的启蒙重在培养儿童发现美、欣赏美的能力，在儿童还不具备欣赏美的能力时就开始培养其表现美的技能，是典型的拔苗助长式行为。因此，B项正确，C项错误。A项、D项不符合儿童的身心发展特点。

6. B 【解析】本题考查幼儿园实施幼小衔接工作的指导思想。幼小衔接工作的重点应当放在培养幼儿的入学适应性上。教师要针对过渡期幼儿的特点及实际情况，着重培养幼儿适应新环境的各种素质，帮助幼儿顺利完成幼小过渡，而不是把小学的一套简单地下放到幼儿园。

7. C 【解析】本题考查《幼儿园工作规程》的内容。《幼儿园工作规程》第十一条规定，幼儿园规模应当有利于幼儿身心健康，便于管理，一般不超过360人。幼儿园每班幼儿人数一般为：小班(3周岁至4周岁)25人，中班(4周岁至5周岁)30人，大班(5周岁至6周岁)35人，混合班30人。寄宿制幼儿园每班幼儿人数酌减。幼儿园可以按年龄分别编班，也可以混合编班。

8. D 【解析】本题考查《幼儿园工作规程》的内容。《幼儿园工作规程》第十八条规定，幼儿园应当制定合理的幼儿一日生活作息制度。正餐间隔时间为3.5～4小时。在正常情况下，幼儿户外活动时间(包括户外体育活动时间)每天不得少于2小时，寄宿制幼儿园不得少于3小时；高寒、高温地区可酌情增减。

9. C 【解析】本题考查幼儿园社会教育的内容。幼儿园社会教育的核心在于发展幼儿的社会性。

10. C 【解析】本题考查幼儿智育。智力是人认识事物的能力。它包括观察力、注意力、记忆力、思维力、想象力和创造力等要素，其中思维力是智力的核心。

11—12. 缺

二、填空题

1. 健康　语言　社会　科学　艺术
2. 交流　运用
3. 动静交替　直接感知、实际操作和亲身体验
4. 基础教育　学校教育和终身教育
5. 3
6. 缺

三、判断题

题序	1	2	3	4	5
答案	×	√	×	√	√

1. × 【解析】本题考查《3～6岁儿童学习与发展指南》的内容。《3～6岁儿童学习与发展指南》科学领域中科学探究部分目标2“具有初步的探究能力”指出，5～6岁幼儿能用数字、图画、图表或其他符号记录。

2. √ 【解析】本题考查《幼儿园教育指导纲要(试行)》的内容。《幼儿园教育指导纲要(试行)》第三部分“组织与实施”第七条指出，教育活动的组织形式应根据需要合理安排，因时、因地、因内容、因材料灵活地运用。

3. × 【解析】本题考查教师对幼儿游戏的指导。游戏是幼儿自主的活动,并不是说幼儿的游戏不需要教师的指导。相反,教师在幼儿游戏中起着很重要的作用。教师对幼儿游戏的指导必须以保证幼儿游戏的特点为前提。否则,一切指导都可能是徒劳的,甚至可能成为幼儿发展的障碍。教师不能干扰幼儿正常的游戏活动,但也需要进行合适的指导。

4. √ 【解析】本题考查教师在幼儿游戏时观察的价值。教师对幼儿游戏活动是否进行观察,直接关系到游戏的水平和质量。观察不仅是游戏准备工作的基础,也是教师介入幼儿游戏的前提,它把教师的游戏准备工作和介入游戏联结起来,起着纽带的作用。通过观察,教师不仅能知道是否需要延长游戏时间、改变游戏空间、丰富知识经验、是增加游戏材料还是减少游戏材料,还能把握幼儿游戏的最新动态,了解幼儿对游戏的兴趣,意识到自己是否要加入,如何加入等。幼儿的个性特点和能力差异通常在游戏中得以充分的表露,教师只要善于观察,就能深入了解每个幼儿的特点,并以此为依据对幼儿的游戏活动进行指导、评价,促进每个幼儿的发展。反之,如果教师对游戏不进行细致地观察,匆忙介入,就会破坏幼儿的游戏,导致游戏的解体。

5. √ 【解析】本题考查《幼儿园工作规程》的内容。《幼儿园工作规程》第十一条规定,幼儿园每班幼儿人数一般为:小班(3 周岁至 4 周岁)25 人,中班(4 周岁至 5 周岁)30 人,大班(5 周岁至 6 周岁)35 人,混合班 30 人。寄宿制幼儿园每班幼儿人数酌减。幼儿园可以按年龄分别编班,也可以混合编班。

6—8. 缺

四、简答题(参考答案)

1. 简述幼儿健康教育的总目标。

(1)身体健康,在集体生活中情绪安定、愉快;(2)生活、卫生习惯良好,有基本的生活自理能力;(3)知道必要的安全保健常识,学习保护自己;(4)喜欢参加体育活动,动作协调、灵活。

(共4分。完全正确得4分,少答1条扣1分,若答出"身体健康、情绪安定、生活卫生习惯良好、动作协调灵活"等关键词可酌情给2~3分)

2. 幼儿园课程内容选择应遵循哪些原则?

(1)目的性原则(与课程目标一致);(2)适宜性原则(考虑发展的适应性);(3)生活化原则(源于生活、并加深对生活的认识);(4)兴趣性原则(是儿童感兴趣的、关心的);(5)基础性原则(要有利于儿童的长远发展);(6)逻辑性原则;(7)价值性原则;(8)直接经验性原则(能够让儿童获得直接经验);(9)兼顾"均衡"与"优先"的原则(要有利于儿童的全面发展)。

(共4分。考生需最少答出四条原则,少答或错答一条原则扣1分)

3. 实施《3~6岁儿童学习与发展指南》应把握哪几个方面?

(1)关注幼儿学习与发展的整体性;(2)尊重幼儿发展的个体差异;(3)理解幼儿的学习方式和特点;(4)重视幼儿的学习品质。

(共4分。完全正确得4分,若仅答出"整体性、个体差异、重视幼儿学习品质"等关键词而缺乏完整表述可酌情扣1分)

4.《幼儿园教育指导纲要(试行)》提出的教育活动内容的选择应体现的原则是什么?

(1)既适合幼儿的现有水平,又有一定的挑战性;(2)既符合幼儿的现实需要,又有利于其长远发展;(3)既贴近幼儿的生活来选择幼儿感兴趣的事物和问题,又有助于拓展幼儿的经验和视野。

(共4分。完全正确得4分,答出"现有水平与挑战性、现实需要与长远发展"等关键词酌情给3分)

五、论述题(参考答案)

1. 教师如何与幼儿进行有效沟通?

(1)在尊重和接纳的前提下与幼儿进行沟通。尊重、接纳幼儿的情感和行为,是师幼间积极关系和有效沟通的基础,也是幼儿是否愿意、喜欢和教师沟通的关键,更是进一步培养幼儿良好社会性行为的基本条件。在沟通时,教师要认真地倾听他们的诉说,对诉说的内容做出积极反应,如点头、微笑、询问、鼓励、柔和的眼神等,使幼儿由此产生与教师情感上的共鸣。

(2)注意合适的沟通时机。教师要把握与幼儿沟通的时机,如沟通的时间、地点、环境,以及幼儿的生理状况及情绪状态。只有把握了这些,才会使沟通产生事半功倍的成效。

(3)教师要注意话题内容的选择。幼儿的生活阅历和知识经验都比较少,因此,需要教师根据幼儿的能力和兴趣去确定沟通内容。沟通内容可以从幼儿感兴趣的话题出发去考虑,例如影视、文学作品、幼儿的家庭生活等,也可以是一些有针对性的话题。

(4)掌握沟通的艺术与技巧。①教师要注意和幼儿沟通时的体态与表情;②教师要注意语言的表达方

式;③教师要注意和幼儿沟通时的相对位置和距离。(共8分。每条2分,答出"尊重接纳幼儿的情感和行为、注意合适的沟通时机、注意话题内容的选择、掌握沟通的艺术与技巧"等关键词酌情给5~6分)

2. 教师如何成为幼儿学习活动的支持者、合作者和引导者?

(1)以关怀、接纳、尊重的态度与幼儿交往,耐心倾听,努力理解幼儿的想法与感受,支持、鼓励他们大胆探索与表达;

(2)善于发现幼儿感兴趣的事物、游戏和偶发事件中所隐含的教育价值,把握时机,积极引导;

(3)关注幼儿在活动中的表现和反应,敏感地察觉他们的需要,及时以适当的方式应答,形成合作探究式的师生互动;

(4)尊重幼儿在发展水平、能力、经验、学习方式等方面的个体差异,因人施教,努力使每一个幼儿都能获得满足和成功;

(5)关注幼儿的特殊需要,包括各种发展潜能和不同发展障碍,与家庭密切配合,共同促进幼儿健康成长。

(共8分。完全正确得8分,答出"以关怀尊重的态度与幼儿交往、把握时机积极引导、合作探究式师生互动、因人施教"等关键词酌情给5~6分)

六、案例分析题(参考答案)

(1)材料中体现了幼儿园环境创设中的幼儿参与性原则。幼儿参与性原则是指环境的创设过程是幼儿与教师共同合作、共同参与的过程。环境的创设过程应该是一个积极的教育过程。环境创设过程本身的教育意义主要体现在:培养幼儿的主体精神,发展幼儿的主体意识;培养幼儿的责任感。幼儿参与环境的创设,能切实地体验到自己做的事对集体的影响,从而培养幼儿的合作精神。

(2)幼儿园户外场地的设计如下:

①场地的设计一定要满足幼儿活动的需要,能让幼儿充分地活动,有利于幼儿开展各种游戏和体育活动。教师可与幼儿讨论需要投放的设施设备和材料,鼓励幼儿收集户外的活动材料,带到幼儿园进行布置。

②教师可引导幼儿用自己的美术作品装饰户外环境,从而让幼儿更加爱护环境。

③教师可引导幼儿一起设计户外环境,如幼儿自己设计户外体育材料收纳的步骤和标识等。

(共15分。对材料的理解5分,其中点明材料体现了参与性原则1分,解释参与性原则的含义1分,结合材料对幼儿参与环境创设的意义进行叙述3分。幼儿园户外场地设计过程中贯彻参与性原则的策略10分,答出"满足幼儿活动需要、引导幼儿自己装饰、教师和幼儿一起设计"等关键词酌情给5~6分)

2019年江苏省泰州市高港区教师招聘考试幼儿园教育理论基础真题试卷(十二)

第一部分 幼儿教育理论

一、单项选择题

题序	1	2	3	4	5	6	7	8	9	10
答案	A	B	C	D	D	B	C	C	B	B
题序	11	12	13	14	15					
答案	C	C	A	A	D					

1. A 【解析】本题考查再造想象的类型。再造想象包括经验性想象、情境性想象、愿望性想象、拟人化想象。经验性想象是幼儿凭借个人生活经验和个人经历开展想象活动。"小姐姐坐在河边,天热,她想洗澡,她还想洗脸,因为脸上淌汗。"这种想象是经验性想象。

2. B 【解析】本题考查儿童思维方式的变化。具体形象思维是指儿童依靠事物在头脑中的具体形象进行的思维,即依靠具体事物的表象以及对具体形象的联想而进行的思维。具体形象思维是学前儿童思维的典型方式。

3. C 【解析】本题考查学前儿童想象的发展。幼儿常常满足于想象的过程,由于情绪的作用,幼儿虽然知道想象与现实不符,仍然迷恋于想象过程。游戏中的想象,更多表现了幼儿的情绪和愿望。例如,当有人欺负了游戏中的孩子(一块小木头)时,做"妈妈"的幼儿真正地感到自己受了欺负,甚至会流泪。而这个幼儿清楚地知道,那不过是一块小木头。

4. D 【解析】本题考查思维的含义。思维是人脑对客观现实的间接的和概括的反映。题干中儿童知道从烤炉中取出的面包是热的,这体现的是思维的发展。

5. D 【解析】本题考查陶行知的教育思想。陶行知创

立了生活教育理论和教、学、做合一的教育方法。他猛烈地批判旧中国幼儿教育的弊端,坚决主张改革外国化的、费钱的、富贵的幼稚园,建立适合中国国情的、省钱的、平民的幼稚园。

6. B 【解析】本题考查学前儿童思维的特点。3~4 岁的儿童认为,所有的物体都是有生命的、有意义的。4~5 岁以后,儿童开始认识到,移动着的物体才有生命。6 岁的儿童认识到,有自发运动状态的物体才可能有生命。儿童不仅认为万物有灵,而且认为万物有情,即周围事物都是有感情的。儿童之所以有泛灵论的倾向,可能是因为他们的知识所限。因为对某些东西不熟悉、不理解,他们就可能倾向于用他们熟悉的"理论"来解释。题干中乐乐的思维具有泛灵论的特点。

7. C 【解析】本题考查幼儿园教学活动。我国幼儿园的教学是教师和幼儿的共同活动,教师根据教育目的、教学大纲,有目的、有计划地指导幼儿的学习活动,以上课为基本模式的班级集体或小组的活动,日常生活中有教师参与和指导分散的、个别的活动以及幼儿自发的学习活动等,它们有机地结合,相互影响,以促进幼儿的发展。

8. C 【解析】本题考查皮亚杰的"三山"实验。三山实验,是心理学家皮亚杰做过的一个著名的实验。实验材料是一个包括三座高低、大小和颜色不同的假山模型,实验首先要求儿童从模型的四个角度观察这三座山,然后要求儿童面对模型而坐,并且放一个玩具娃娃在山的另一边,要求儿童从四张图片中指出哪一张是玩具娃娃看到的"山"。结果发现幼童无法完成这个任务。他们只能从自己的角度来描述"三山"的形状。皮亚杰以此来证明儿童的"自我中心"的特点。

9. B 【解析】本题考查《儿童权利公约》的内容。《儿童权利公约》第三条规定,关于儿童的一切行动,不论是由公私社会福利机构、法院、行政当局或立法机构执行,均应以儿童的最大利益为一种首要考虑。综上所述,B 项正确。

10. B 【解析】本题考查幼儿视觉器官的发育。幼儿眼睛的辨色力在 1 周岁时才出现,3 岁时已发育完全。但最初只能辨别红、黄、蓝等基本颜色,对相近的颜色还不能清楚地分辨,这必须通过训练来发展。

11. C 【解析】本题考查两栖动物的种类。两栖动物是指幼体生活在水中,用鳃呼吸,发育为变态发育,成体既能生活在水中,又能生活在陆地上,用肺呼吸,皮肤辅助呼吸。A 项、B 项、D 项属于两栖动物,C 项属于爬行动物。

12. C 【解析】本题考查历史常识。"完璧归赵"比喻将原物完整无损地归还本人。相传战国时赵国得到了楚国的和氏璧,秦昭王要用十五座城池来换璧。赵王派蔺相如带着璧去换城。相如到秦国献了璧,见秦王没有诚意,不肯交出城池,就设法把璧要回,派人送回赵国。

13. A 【解析】本题考查文学常识。《海的女儿》是现代童话之父安徒生创作的童话故事。该作品讲述了海公主小人鱼放弃海底生活和长寿生命,以美妙的歌喉为代价,从巫婆手里换取把鱼尾变成人腿的机会,去追求永生而崇高的人的灵魂,分享人类幸福的故事。

14. A 【解析】本题考查扭伤的处理办法。扭伤初期应停止活动,减少出血,采用冷敷,以达到止血、消肿、止痛的目的。1~2 天后,可用热敷促进消肿和血液的吸收。

15. D 【解析】本题考查幼儿生长发育所需要的营养素。营养素是指食物中所含的能够维持生命和健康并促进机体生长发育的化学物质。营养素分为蛋白质、脂类、碳水化合物、矿物质(无机盐)、维生素和水六大类。

二、填空题

1. 师德为先　幼儿为本　能力为重　终身学习
2. 集体　小组　个别活动
3. 认知
4. 正面教育　生活教育

第二部分　幼儿专业知识

一、单项选择题

题序	1	2	3	4	5	6	7	8	9
答案	C	C	D	C	A	A	D	D	C
题序	10	11	12	13	14	15	16	17	18
答案	D	B	B	C	D	A	A	D	A

1. C 【解析】本题考查《幼儿园工作规程》的内容。《幼儿园工作规程》第三十一条规定,幼儿园的品德教育应当以情感教育和培养良好行为习惯为主,注重潜移默化的影响,并贯穿于幼儿生活以及各项活动之中。

2. C 【解析】本题考查《幼儿园教育指导纲要(试行)》

解读的内容。各领域提炼出的关键能力主要有:健康——自我保护能力;语言——表达能力;社会——人际交往能力;科学——思维能力;艺术——创造能力。故选 C 项。

3. D 【解析】本题考查《幼儿园教育指导纲要(试行)》的内容。《幼儿园教育指导纲要(试行)》第三部分组织与实施指出,幼儿园的教育活动,是教师以多种形式有目的、有计划地引导幼儿生动、活泼、主动活动的教育过程。

4. C 【解析】本题考查《3 ~6 岁儿童学习与发展指南》的内容。《3 ~6 岁儿童学习与发展指南》健康领域中“生活习惯与生活能力”部分目标 1“具有良好的生活与卫生习惯”指出,5 ~6 岁的幼儿能主动保护眼睛。不在光线过强或过暗的地方看书,连续看电视等不超过 30 分钟。

5. A 【解析】本题考查幼儿园实施幼小衔接工作的指导思想。幼儿园实施幼小衔接工作的指导思想包括:(1)长期性而非突击性;(2)整体性而非单项性;(3)培养入学的适应性而非小学化;(4)家、园、校的一致性而非孤立化的原则。故 B、C、D 项正确,A 项错误。

6. A 【解析】本题考查形成性评价的含义。形成性评价主要通过对学生学习进展情况的评价,进而影响学生学习过程的一种评价模式,具有动态性、信息大、范围广等特点。它有利于教师及时获取有效信息,把握活动状况、儿童需要,调整教学策略,促进儿童的有效学习。故 A 项正确。

7. D 【解析】本题考查幼儿园区角活动。在区角活动中,摆放在学前儿童面前的是丰富多彩的活动内容,由于活动内容的丰富性使得学前儿童的自由选择成为可能。在活动过程中,应让学前儿童真正地按自己的兴趣和意愿、自己的水平和需要来选择活动内容与材料。故 A 项错误。幼儿是区角活动的主体,在区角活动的过程中教师要充分尊重幼儿主体地位,把自主权、主动权、选择权还给孩子,强调幼儿在活动中自由、自主、创新,让孩子在区角活动中真正感到开心快乐、满足和有成就感。但是“自由、自主”并非让幼儿放任自流,毫无原则,而是需要教师根据不同的情境采取合适的指导策略。故 B 项错误。区角活动的材料投放并不是越多越好,材料的丰富或者贫乏,依据的标准应该是幼儿积极行为和消极行为的增减,而不是关注材料数量上的增减。故 C 项错误。区角活动规则的制定应当由教师和学前儿童共同完成,不可偏废任何一方。幼儿园区角活动规则的制订是形式多样的,总的来说,一般可分为三种情况:(1)影响活动正常进行的必要规则,由教师在活动前明确规定;(2)以解决区角活动中出现的“问题”为线索,师幼共同讨论制订规则;(3)一些有争执性的“问题”规则,由学前儿童自行商讨制定、修正解决。故 D 项正确。

8. D 【解析】本题考查《3 ~6 岁儿童学习与发展指南》的内容。《3 ~6 岁儿童学习与发展指南》指出,忽视幼儿学习品质培养,单纯追求知识技能学习的做法是短视而有害的。

9. C 【解析】本题考查幼儿园环境创设的目的。幼儿园环境创设中使用易于识别的生活行为规范标识图,其主要目的是便于幼儿习得生活技能和行为准则。

10. D 【解析】本题考查《3 ~6 岁儿童学习与发展指南》的内容。《3 ~6 岁儿童学习与发展指南》语言领域中“倾听与表达”部分目标 1“认真听并能听懂常用语言”指出,5 ~6 岁幼儿能结合情境理解一些表示因果、假设等相对复杂的句子。

11. B 【解析】本题考查幼儿游戏的发展水平。以儿童社会性发展为依据进行分类,可以将游戏分为以下六种:非游戏行为、旁观游戏、独立游戏、平行游戏、联合游戏、合作游戏。这种分类以帕登的研究为代表。因此,题干的描述主要反映了幼儿的社会性发展水平。

12. B 【解析】本题考查《幼儿园教育指导纲要(试行)》的内容。《幼儿园教育指导纲要(试行)》第四部分“教育评价”指出,对幼儿发展状况的评估,要注意:明确评价的目的是了解幼儿的发展需要,以便提供更加适宜的帮助和指导。

13. C 【解析】本题考查幼儿教师的能力结构。课程资源开发是课程开发主体认识课程资源系统,利用课程资源为课程实施服务的过程。题目中该教师能用不同的材料制作成教学工具,体现的是教师对于课程资源开发的意识与能力。

14. D 【解析】本题考查《幼儿园工作规程》的内容。《幼儿园工作规程》第十八条规定,幼儿园应当制定合理的幼儿一日生活作息制度。正餐间隔时间为 3.5 ~4 小时。在正常情况下,幼儿户外活动时间(包括户外体育活动时间)每天不得少于 2 小时,寄宿制

幼儿园不得少于3小时;高寒、高温地区可酌情增减。

15. A 【解析】本题考查学前教育的一般原则。整合性(综合性)原则是指将学前教育看作是一个完整的系统,保证学前儿童身心整体健全和谐的发展,综合化地整合课程的各要素实施教育。内容的整合最终应落实到具体的教育活动之中。例如,语言教育领域,不仅可以在语言教育领域内部对知识学习和能力培养进行整合,而且还可以将社会、科学、艺术等领域的学习内容整合在一起。题干中老师的做法违背综合性的教育原则。

16. A 【解析】本题考查《3~6岁儿童学习与发展指南》的内容。《3~6岁儿童学习与发展指南》科学领域中"数学认知"部分目标2"感知和理解数、量及数量关系"的教育建议指出,引导幼儿感知和理解事物"量"的特征。如:感知常见事物的大小、多少、高矮、粗细等量的特征,学习使用相应的词汇描述这些特征。结合具体事物让幼儿通过多次比较逐渐理解"量"是相对的。如小亮比小明高,但比小强矮。收拾物品时,根据情况,鼓励幼儿按照物体量的特征分类整理。如整理图书时按照大小摆放。故A项正确。

17. D 【解析】本题考查《3~6岁儿童学习与发展指南》的内容。《3~6岁儿童学习与发展指南》艺术领域中"感受与欣赏"部分目标1"喜欢自然界与生活中美的事物"指出,3~4岁幼儿容易被自然界中的鸟鸣、风声、雨声等好听的声音所吸引。

18. A 【解析】本题考查学前儿童词汇的发展。儿童先掌握的是实词,然后是虚词。在实词中,儿童掌握的顺序是名词—动词—形容词。

二、简答题(参考答案)

1. 什么是健康?幼儿身心健康的重要标志是什么?

(1)健康是指人在身体、心理和社会适应方面的良好状态。

(2)发育良好的身体、愉快的情绪、强健的体质、协调的动作、良好的生活习惯和基本生活能力是幼儿身心健康的重要标志,也是其他领域学习与发展的基础。

(共5分。其中健康的概念2分,未答全"身体、心理、社会适应"三方面酌情扣1分。身心健康的标志3分,仅答出"身体发育良好、情绪愉快、体质健康"等关键词酌情扣1分)

2.《3~6岁儿童学习与发展指南》社会领域中"人际交往"部分目标2"能与同伴友好相处"对5~6岁年龄组幼儿有哪几点要求?

(1)能想办法吸引同伴和自己一起游戏;

(2)活动时能与同伴分工合作,遇到困难能一起克服;

(3)与同伴发生冲突时能自己协商解决;

(4)知道别人的想法有时和自己不一样,能倾听和接受别人的意见,不能接受时会说明理由;

(5)不欺负别人,也不允许别人欺负自己。

(共5分。完全正确得5分,答出"与同伴一起游戏、分工合作、协商解决冲突、倾听他人意见"等关键词酌情给3~4分)

三、案例分析题(参考答案)

1. (1)我不赞同张园长的做法。

(2)对大班进行的专门的入学准备工作。培养幼儿向往进入小学学习的感情,激发良好的入学动机和学习态度。注意发展幼儿心理活动的有意性、稳定性,培养幼儿的责任感。不断提高幼儿的学习能力,特别重视培养幼儿前读写能力。锻炼意志,培养自制力,形成良好的学习习惯。

(共11分。表明自己观点2分,若回答"赞成"则该题不得分。建议9分,答出"激发幼儿入学动机、培养幼儿责任感、提高幼儿学习能力、形成良好学习习惯"等关键词酌情5~6分)

2. (1)《3~6岁儿童学习与发展指南》科学领域指出:幼儿科学学习的核心是激发探究兴趣,体验探究过程,发展初步的探究能力。①案例中晨晨在科学活动中,将粗细水管连接在一起,表现出积极的兴趣;②在操作过程中将水从细管倒入,让水从另一头流出时感到非常开心,最后成功将倒入粗水管的水也引流出后,自豪地向同伴分享,这都表现出晨晨在体验整个探究过程中,得到了成功的体验,积累了相关的经验;③在发现水从粗水管倒入但无法流出时,晨晨反复观察尝试,最后发现问题并且解决了问题,发展了初步的探究能力。

(2)策略:教师要善于发现和保护幼儿的好奇心,充分利用自然和实际生活中的机会,引导幼儿通过观察、比较、操作、实验等方法,学会发现问题、分析问题和解决问题,帮助幼儿不断积累经验,并运用于新的学习活动,形成受益终身的学习方法和能力。

(共11分。答出幼儿学习科学的核心1分。结合材料分析晨晨的行为表现4分,若只答出“表现出积极的兴趣、得到成功的体验、发展初步的探究能力”可酌情给3分。教师支持晨晨推进活动的策略6分,答出“发现和保护幼儿的好奇心、帮助幼儿不断积累经验、学会发现问题、分析问题和解决问题”等关键词可酌情给3~4分)

四、实践操作题(参考答案)

热闹的夏天(中班)

(一)活动目标

(1)了解夏季自然变化的特点,以及人们活动的情况。

(2)培养幼儿的观察能力和讲述能力。

(二)活动准备

投影设备、图片。

(三)活动过程

(1)室外观察夏日景色,且稍做活动,引导幼儿感觉夏天天气的特点,自由讨论:小朋友,刚才在室外活动感觉怎样?摸摸自己的头上、身上有什么东西出来了?

(2)幼儿学习讲述夏季的天气特点。

(3)指导幼儿观察图片,提出要求。

师:夏天天气炎热,树上的知了会怎么样呢?小狗会怎样让自己凉快呢?水牛有什么凉快的好办法?

(4)指导幼儿讲述人们在夏天的活动。

师:夏天天气炎热,人们穿什么衣服?人们喜欢吃什么东西?到哪儿去玩?

(5)教师总结夏季特征,教育幼儿在夏季要注意休息,保持身体健康。

评分标准参考如下:

(1)活动目标(共3分。认知、行为、情感各1分)

(2)活动准备(共2分。若在具体活动过程中用到但在活动准备环节没有体现扣1分)

(3)活动过程(共20分。选择能吸引幼儿注意力的导入方式4分,若导入方式不能充分引发幼儿兴趣,在不偏离主题的情况下可酌情给2分;②活动过程步骤清晰、注重幼儿主动探究14分,写出大致活动过程,在不偏离主题的情况下可酌情给8~9分;③结束环节能让幼儿保持愉快情绪并强化活动效果2分,若仅是对活动做最后总结可酌情给1分)

2019年江苏省南通市如东县教师招聘考试幼儿园教育理论基础真题试卷(十三)

第一部分　教育基础知识

一、单项选择题

题序	1	2	3	4	5	6	7	8	9	10
答案	B	B	D	C	C	A	D	A	B	A

1. B 【解析】本题考查个体身心发展的动因。外铄论(环境决定论)认为人的发展主要依靠外在的力量,诸如环境的刺激和要求、他人的影响和学校的教育等。行为主义的创始人华生是环境决定论的主要代表人物,其主要观点是“给我一打健康的婴儿,不管他们祖先的状况如何,我可以任意把他们培养成从领袖到小偷等各种类型的人”。故题干所述为环境决定论的观点。

2. B 【解析】本题考查神经系统的活动方式。第二信号系统是用语词作为条件刺激而建立的条件反射系统,为人类所特有,谈虎色变是其典型例子。故答案B项正确。

3. D 【解析】本题考查注意的特点。注意是心理活动或意识对一定对象的指向和集中,是心理过程的动力特征之一。注意有两个特点:指向性与集中性。

4. C 【解析】本题考查气质的类型。黏液质表现为:稳重,但灵活性不足;踏实,但有些死板;沉着冷静,但缺乏生气。题干中林冲的气质类型属于黏液质。

5. C 【解析】本题考查马斯洛的需要层次理论。早期,马斯洛根据需要出现的先后及强弱顺序,把需要分成了五个层次,即生理需要、安全需要、归属与爱的需要、尊重需要和自我实现的需要。后来他又补充了求知需要和审美需要,即需要由五个层次扩充为七个层次。其中,自我实现的需要是最高层次的需要,是在上述几种需要得到满足后产生的。

6. A 【解析】本题考查教育方针的概念。教育方针是最高国家权力机关根据政治、经济要求,明令颁布实行的一定历史阶段教育工作的总的指导方针或总方向。它反映了一个国家教育的根本性质、总的指导思想和教育工作的总方向等要素。

7. D 【解析】本题考查义务教育的含义。义务教育是

以法律形式规定的,适龄儿童和青少年必须接受的,国家、社会、学校和家庭必须予以保证的国民基础教育。

8. A 【解析】本题考查教学过程的结构。教学过程的结构指教学过程的基本阶段。教学过程大致分为以下五个阶段:(1)激发学习动机;(2)领会知识;(3)巩固知识;(4)运用知识;(5)检查知识。其中,领会知识是教学过程的中心环节。领会知识包括使学生感知和理解教材。

9. B 【解析】本题考查德育的方法。榜样示范法是用榜样人物的优秀品德来影响学生的思想、情感和行为的德育方法。榜样包括伟人的典范、教育者的示范、学生中的好榜样等。“其身正,不令而行;其身不正,虽令不从”,这是说:当管理者自身端正,作出表率时,不用下命令,被管理者也就会跟着行动起来;相反,如果管理者自身不端正,而要求被管理者端正,那么,纵然三令五申,被管理者也不会服从的。这突出了以身作则的重要性,故体现的德育方法是榜样示范法。

10. A 【解析】本题考查班主任工作的内容。了解和研究学生是班主任工作的前提和基础,是做好班级工作的先决条件,也是班级教育过程中有效开展各项工作必不可少的基本环节。

二、判断题

题序	1	2	3	4	5	6	7	8	9	10
答案	×	√	×	√	×	√	×	×	√	×

1. × 【解析】本题考查心理学产生的历史背景。1879年,德国著名心理学家冯特在德国莱比锡大学创建了世界上第一个心理学实验室,开始对心理现象进行系统的实验研究。在心理学史上,人们把这一事件看作是心理学脱离哲学,走上独立发展道路的标志,也意味着科学心理学的诞生,冯特因此被称为“心理学之父”和“科学心理学诞生的旗手”。

2. √ 【解析】本题考查无意注意和有意注意的关系。无意注意和有意注意虽然存在着区别,但在实际活动中它们往往是不能截然分开的,因为任何一件工作都需要有这两种注意的参加。如果我们单凭无意注意去从事某件工作,不仅工作会显得杂乱无章,缺乏计划性和目的性,而且也不能持久。我们进行的工作不可能一帆风顺,总会遇到困难和干扰,也不可能都是有趣的,总有一些单调乏味的过程,因此必须在有意注意的参与下工作才能完成。反之如果我们只凭有意注意去从事工作,那么工作也难以持久,因为有意注意往往需要紧张的努力,时间一久就会使人感到疲劳,所以也必须有无意注意来调节,工作才能持久。因此在每项具体活动中,有意注意和无意注意总是交替进行的。

3. × 【解析】本题考查创造想象和再造想象的关系。根据创造程度的不同,有意想象可以分为再造想象和创造想象。再造想象是依据词语或符号的描述、示意在头脑中形成与之相应的新形象的过程。创造想象是按照一定目的、任务,使用自己以往积累的表象,在头脑中独立地创造出新形象的过程。再造想象有一定程度的创造性,但其创造性水平较低,而创造想象的创造性水平较高,因此,创造想象和再造想象都具有创造性。

4. √ 【解析】本题考查激情的含义。激情是一种爆发式的、猛烈而时间短暂的情绪状态。

5. × 【解析】本题考查个性的核心成分。性格是指人的较稳定的态度与习惯化了的行为方式相结合而形成的人格特征。性格是个人在活动中与特定的社会环境相互作用的产物,具有社会评价意义,即有好坏之分,是个性系统中的核心成分。

6. √ 【解析】本题考查杜威的贡献。实用主义教育学是19世纪末20世纪初兴起于美国的一种教育思潮,对20世纪整个世界的教育理论研究和教育实践发展产生了极大的影响。代表人物是杜威,其代表著作是《民主主义与教育》。

7. × 【解析】本题考查德育过程的基本规律。德育过程的一般顺序可以概括为:提高品德认识、陶冶品德情感、锻炼品德意志和培养品德行为习惯。德育过程一般以知为开端,以行为终结。但由于社会生活的复杂性,德育影响的多样性等因素,在德育具体实施过程中,又具有多种开端,可根据学生品德发展的具体情况,或从导之以行开始,或从动之以情开始,或从锻炼品德意志开始,最后达到使学生品德在知、情、意、行几方面和谐发展的目的。

8. × 【解析】本题考查形式教育与实质教育、传统教育与现代教育的不同观点。实质教育和传统教育认为,课堂教学应以书本、课堂和教师为中心。学生学习的主要任务是获得间接经验,注重知识的积累和系统化。形式教育和现代教育则相反,认为课堂教学应以直接经验、实践活动和学生为中心,重视实

践、探究和发现对于儿童发展的重要作用。

9. √ 【解析】本题考查上课的意义。上课是整个教学工作的中心环节，是教师教和学生学的最直接的体现，是提高教学质量的关键。教学质量的高低，直接取决于教师上课的水平。

10. × 【解析】本题考查实质教育论的主要观点。实质教育论认为教学的主要任务在于传授给学生有用的知识，是重知轻智的。形式教育论认为教学的主要任务在于发展学生的智力，是重智轻知的。

第二部分 学科专业知识

一、填空题

1. 接纳 尊重
2. 身体 社会适应
3. 积极态度 良好行为倾向
4. 共同的生活 自律 尊重
5. 表现美 周围世界的认识
6. 受保护 受照顾
7. 人际交往 社会适应 社会性
8. 厚薄 长和宽
9. 0～3 岁儿童的保育教育
10. 个别差异

二、单项选择题

题序	1	2	3	4	5	6	7	8	9	10
答案	B	A	A	B	C	B	C	B	A	B

1. B 【解析】本题考查《幼儿园教育指导纲要（试行）》与《幼儿园工作规程》的关系。《幼儿园教育指导纲要（试行）》指出，为贯彻《中华人民共和国教育法》《幼儿园管理条例》和《幼儿园工作规程》，指导幼儿园深入实施素质教育，特制定本纲要。从中可以看到，《纲要》是为了更好地贯彻落实以《中华人民共和国教育法》为首的一系列教育法规，特别是《幼儿园管理条例》和《幼儿园工作规程》而制定的，也可以说，这一系列教育法规是《纲要》制定的直接的依据。这样来看《纲要》与《规程》的关系的话，《纲要》是《规程》的下位文件，《规程》涉及的面很广且比较宏观，《纲要》则只将其第四章"幼儿园的教育"的内容展开并具体化，以在《规程》与教育实践层面之间搭起过渡的桥梁。不过，《纲要》作为国家管理幼儿园教育的宏观文件，仍然还是比较概括的，它不可能达到供幼儿园教师直接运用的操作性水平，其间的转化尚需各地根据自身的实际情况制定进一步的细则。

2. A 【解析】本题考查《3～6 岁儿童学习与发展指南》的内容。《3～6 岁儿童学习与发展指南》语言领域中"阅读与书写准备"部分目标 2"具有初步的阅读理解能力"的教育建议指出，经常和幼儿一起阅读，引导他以自己的经验为基础理解图书的内容。

3. A 【解析】本题考查《3～6 岁儿童学习与发展指南》的内容。《3～6 岁儿童学习与发展指南》社会领域中"社会适应"部分目标 3"具有初步的归属感"指出，4～5岁的幼儿喜欢自己所在的幼儿园和班级，积极参加集体活动。

4. B 【解析】本题考查《幼儿园教育指导纲要（试行）》的内容。《幼儿园教育指导纲要（试行）》健康领域指导要点指出，培养幼儿对体育活动的兴趣是幼儿园体育的重要目标，要根据幼儿的特点组织生动有趣、形式多样的体育活动，吸引幼儿主动参与。

5. C 【解析】本题考查《3～6 岁儿童学习与发展指南》的内容。《3～6 岁儿童学习与发展指南》健康领域"动作发展"中目标 3"手的动作灵活协调"指出，5～6岁的幼儿能沿轮廓线剪出由曲线构成的简单图形，边线吻合且平滑。

6. B 【解析】本题考查《幼儿园教育指导纲要（试行）》的内容。《幼儿园教育指导纲要（试行）》艺术领域指导要点指出，艺术是实施美育的主要途径，应充分发挥艺术的情感教育功能，促进幼儿健全人格的形成，要避免仅仅重视表现技能或艺术活动的结果，而忽视幼儿在活动过程中的情感体验和态度的倾向。

7. C 【解析】本题考查《幼儿园教育指导纲要（试行）》的内容。《幼儿园教育指导纲要（试行）》第三部分"组织与实施"指出，教育活动内容的组织应充分考虑幼儿的学习特点和认识规律，各领域的内容要有机联系，相互渗透，注重综合性、趣味性、活动性，寓教育于生活、游戏之中。

8. B 【解析】本题考查《3～6 岁儿童学习与发展指南》的内容。《3～6 岁儿童学习与发展指南》语言领域"阅读与书写准备"中目标 3"具有书面表达的愿望和初步技能"教育建议指出，让幼儿在写写画画的过程中体验文字符号的功能，培养书写兴趣。

9. A 【解析】本题考查《幼儿园教育指导纲要（试行）》的内容。《幼儿园教育指导纲要（试行）》社会领域

指导要点指出，幼儿与成人、同伴之间的共同生活、交往、探索、游戏等，是其社会学习的重要途径。应为幼儿提供人际间相互交往和共同活动的机会和条件，并加以指导。

10. B 【解析】本题考查《3～6岁儿童学习与发展指南》的内容。《3～6岁儿童学习与发展指南》健康领域“身心状况”目标3“具有一定的适应能力”的教育建议指出，保证幼儿的户外活动时间，提高幼儿适应季节变化的能力。幼儿每天的户外活动时间一般不少于2小时，其中体育活动时间不少于1小时，季节交替时要坚持。

三、判断题

题序	1	2	3	4	5	6	7	8	9	10
答案	×	√	√	×	×	√	√	×	×	×

1. × 【解析】本题考查《幼儿园教育指导纲要（试行）》试行的时间。2001年7月2日中华人民共和国国家教育委员会令第20号发布，自2001年9月1日起试行。

2. √ 【解析】本题考查《3～6岁儿童学习与发展指南》的内容。《3～6岁儿童学习与发展指南》语言领域中“阅读与书写准备”部分目标3“具有书面表达的愿望和初步技能”指出，5～6岁的幼儿会正确书写自己的名字。

3. √ 【解析】本题考查《幼儿园教育指导纲要（试行）》的内容。《幼儿园教育指导纲要（试行）》社会领域的内容与要求指出，要为每个幼儿提供表现自己长处和获得成功的机会，增强其自尊心和自信心。

4. × 【解析】本题考查《3～6岁儿童学习与发展指南》的内容。《3～6岁儿童学习与发展指南》艺术领域中“表现与创造”部分目标2“具有初步的艺术表现与创造能力”教育建议指出，幼儿绘画时，不宜提供范画，特别不应要求幼儿完全按照范画来画。

5. × 【解析】本题考查《幼儿园教育指导纲要（试行）》的内容。《幼儿园教育指导纲要（试行）》第四部分“教育评价”指出，管理人员、教师、幼儿及其家长均是幼儿园教育评价工作的参与者。评价过程是各方共同参与、相互支持与合作的过程。

6. √ 【解析】本题考查《幼儿园教育指导纲要（试行）》解读的内容。终身教育思想渗透在《纲要》全文中，是《纲要》的一个基本指导思想。《幼儿园教育指导纲要（试行）》明确指出，“幼儿园教育是基础教育的重要组成部分，是我国学校教育和终身教育的奠基阶段”。这是一个符合终身教育理念的定位，一个符合社会发展需求的定位，一个符合幼儿长远的可持续发展为本的定位。

7. √ 【解析】本题考查《3～6岁儿童学习与发展指南》的内容。《3～6岁儿童学习与发展指南》健康领域中“身心状况”部分目标2“情绪安定愉快”教育建议指出，以欣赏的态度对待幼儿。注意发现幼儿的优点，接纳他们的个体差异，不简单与同伴做横向比较。

8. × 【解析】本题考查《幼儿园教育指导纲要（试行）》的内容。《幼儿园教育指导纲要（试行）》科学领域指导要点指出，科学教育应密切联系幼儿的实际生活进行，利用身边的事物与现象作为科学探索的对象。

9. × 【解析】本题考查学前教育的活动性原则。学前教育促进儿童的发展主要是通过活动来进行的。学前儿童通过参与各种活动使其得到各方面的发展。因此，在活动的设计、组织、实施过程中，教师要为儿童提供丰富的材料和充分的活动空间、时间，开展各种类型的活动，以及进行人际交往的机会，为儿童积极主动活动提供可能。这里的活动主要应该是儿童积极主动的活动。学前教育机构的教育，不能只让儿童静坐着看和听，而应该想尽各种办法，引导儿童主动活动。

10. × 【解析】本题考查《3～6岁儿童学习与发展指南》的内容。《3～6岁儿童学习与发展指南》语言领域中“倾听与表达”部分目标2“愿意讲话并能清楚地表达”教育建议指出，当幼儿因为急于表达而说不清楚的时候，提醒他不要着急，慢慢说；同时要耐心倾听，给予必要的补充，帮助他理清思路并清晰地说出来。

四、简答题（参考答案）

1. 简述发展幼儿语言的重要途径是什么。

(1)日常生活中的语言教育。(2)游戏活动中的语言教育。(3)教学活动的语言教育。

(共4分。少答或错答一条扣2分)

2. 如何引导幼儿遵守基本的行为规范？

(1)成人要遵守社会行为规则，为幼儿树立良好的榜样；(2)结合社会生活实际，帮助幼儿了解基本行为规则或其他游戏规则，体会规则的重要性，学习自觉

遵守规则;(3)教育幼儿要诚实守信。

(共4分。答出"成人树立好榜样、结合社会生活理解规则、诚实守信"等关键词酌情给2~3分)

3. 如何利用生活和游戏中的实际情境,引导幼儿理解数概念?

(1)结合生活需要,和幼儿一起手口一致点数物体,得出物体的总数。通过点数的方式让幼儿体会物体的数量不会因排列形式、空间位置的不同而发生变化。(2)结合日常生活,为幼儿提供"按数取物"的机会,如游戏时,请幼儿按要求拿出几个球。

(共4分。答出"结合日常生活、手口一致点数物体、按数取物"等关键词酌情给2~3分)

五、论述题(参考答案)

《幼儿园教育指导纲要(试行)》中强调,"环境是重要的教育资源,应通过环境的创设和利用,有效地促进幼儿的发展"。请结合教育实践,谈谈如何通过创设和利用环境,有效促进幼儿语言的发展。

(1)为幼儿提供良好的阅读环境和条件。如:提供一定数量、符合幼儿年龄特点、富有童趣的图画书。提供相对安静的地方,尽量减少干扰,保证幼儿自主阅读。

(2)激发幼儿的阅读兴趣,培养阅读习惯。如:经常抽时间与幼儿一起看图书、讲故事。提供童谣、故事和诗歌等不同体裁的儿童文学作品,让幼儿自主选择和阅读。当幼儿遇到感兴趣的事物或问题时,和他一起查阅图书资料,让他感受图书的作用,体会通过阅读获取信息的乐趣。

(3)引导幼儿体会标识、文字符号的用途。如:向幼儿介绍医院、公用电话等生活中的常见标识,让他知道标识可以代表具体事物。结合生活实际,帮助幼儿体会文字的用途。如买来新玩具时,把说明书上的文字念给幼儿听,了解玩具的玩法。

(共8分。仅答出"为幼儿提供良好阅读环境和条件、激发幼儿阅读兴趣、帮助幼儿体会文字符号的用途"等关键词而没有结合实践进行说明酌情扣3~4分)

六、材料分析与教育活动设计题(参考答案)

(1)《幼儿园教育指导纲要(试行)》语言领域指出,引导幼儿接触优秀的儿童文学作品,使之感受语言的丰富和优美,并通过多种活动帮助幼儿加深对作品的体验和理解。散文《落叶》是一篇充满童趣的文学作品,故事情节简单易懂,篇幅适中,语言优美。树叶是幼儿生活中常见的自然事物,散文以生动活泼的语言描绘了树叶在不同季节中的变化以及树叶飘落的景象,能够激发幼儿的兴趣和探究欲望。该散文语言丰富多彩,多次重复结构,适合中班幼儿学习。

(共10分。分析散文的内容4分,分析散文的中的形象4分,分析适合的年龄段2分,其中答出"语言优美、故事情节简单易懂、富有童趣、形象常见、能激发幼儿探究兴趣、适合中班学习"等关键词可酌情给6~7分)

(2) **落叶(中班语言活动)**

(一)活动目标

(1)欣赏散文,感受散文的意境美,体验亲情的美好。

(2)理解散文内容,能用语言、身体动作等多种方式表达对散文美的感受。

(3)学习并运用词汇:"焐焐、惦记、盼望"等。

(二)活动准备

(1)教学课件《落叶》;教学CD《落叶》。

(2)磁性黑板;春夏秋冬的树木图片。

(三)活动过程

1. 观察图片,了解各个季节的树叶特点

(1)请幼儿在观察图片的基础上,讲述春天、夏天、秋天的树叶特征:图片上的树叶有什么不同?

(2)幼儿讨论后,教师小结:秋天,树叶从树上飘落下来,人们一般把它们叫作落叶。

2. 完整欣赏教学课件《落叶》,初步感受散文

(1)请幼儿完整欣赏教学课件,感受散文优美的语句和意境。

(2)提问:你看到了什么?听到了什么?心里有什么想法?

3. 分段欣赏课件,理解散文内容

(1)教师播放课件自开头至"翩翩起舞",提问:

春天,小树叶是什么样的?我们能做做"嫩芽"的样子吗?

夏天,小树叶怎么样了?我们也撑起一把大伞吧!

秋天的小树叶有什么变化?我们学一学小树叶搀着大树妈妈翩翩起舞的样子吧。

(师幼一起边看课件边朗诵一次)

(2)教师继续播放课件至"让您暖暖和和好过冬",提问:

一天,秋风吹来,小树叶怎么样了?它们是怎样告别大树妈妈的?你们能做一个翻动身子的样子吗?

小树叶飘呀飘,有的飘到了哪里?那里有什么变化?还有的呢?(分别请幼儿合作表现小树叶飘到屋顶上、小河里、草地上、大树妈妈脚下的情景)

它们好像对大树妈妈说了什么?"焐焐"是什么意思?(教师扮演大树妈妈,幼儿扮演树叶,表演小树叶给妈妈焐脚的情景)

(师幼一起边看课件边朗诵一次)

(3)教师播放课件至结束,提问:

小树叶最后飘到了哪里?它们怎么样了?它们心里在想些什么?

"惦记""盼望"是什么意思?你们惦记谁,为什么惦记?你们又盼望什么呢?(鼓励幼儿像散文那样表达)

(师幼一起边看课件边朗诵一次)

(4)请幼儿表达自己的欣赏感受:这篇散文里,你觉得哪些句子特别优美?(将幼儿讲到的句子用文中的语言重复,并鼓励幼儿跟随朗诵)

4.用语言、动作、表情等表现散文,体验情感

(1)播放教学CD,幼儿一边听一边跟随朗诵、表演。

(2)请幼儿扮演小树叶,教师扮演大树妈妈,边朗诵边表演(重点帮助幼儿体验亲情)。

(3)请幼儿分别扮演小树叶和大树妈妈,边朗诵边表演。

5.思考讨论,迁移作品经验

提问:小树叶还会飘到哪里?那个地方又会有什么呢?

评分标准参考如下:

(1)活动目标(共3分。认知、行为、情感各1分)

(2)活动准备(共2分。若在具体活动过程中用到但在活动准备环节没有体现扣1分)

(3)活动过程(共25分。选择能吸引幼儿注意力的导入方式4分,若导入方式不能充分引发幼儿兴趣,在不偏离主题的情况下可酌情给3分;②活动过程步骤清晰、注重幼儿主动探究18分,写出大致活动过程,在不偏离主题的情况下可酌情给10~12分;③结束环节能让幼儿保持愉快情绪并强化活动效果3分,若仅是对活动做最后总结可酌情给2分)

2018年江苏省淮安市经济开发区教师招聘考试幼儿园教育理论基础真题试卷(十四)

第一部分　教育公共理论

一、单项选择题

题序	1	2	3	4	5	6	7	8	9	10
答案	A	C	C	B	A	A	B	C	D	B

1.A 【解析】本题考查教学活动的本质。教学活动就其本质而言,是一种特殊的认识活动。

2.C 【解析】本题考查陶行知的生活教育理论。生活即教育是陶行知生活教育理论的核心。他认为,生活与教育是紧密相连、密不可分的。

3.C 【解析】本题考查加德纳的多元智能理论。美国心理学家加德纳提出了多元智能理论,他把智力看作是有待于环境和教育激活及培养的潜能,并把智力的本质看作是个体的实践能力和创造能力,而这种实践能力和创造能力是置于一定的文化环境之中的,具有明显的文化属性。

4.B 【解析】本题考查心理与行为的关系。心理学是研究心理现象及其发生发展规律的科学,心理现象又称心理活动。故B项说法错误。心理支配行为,又通过行为表现出来。从外部行为揣测内部心理过程,是心理学研究的一条基本法则。故A、D说法正确。由于每个人的气质类型不同,同样的心理活动,不同的人可能有不同的行为表现。故C项说法正确。

5.A 【解析】本题考查知觉的特性。知觉的选择性是指当面对众多的客体时,知觉系统会自动地将刺激分为对象和背景,并把知觉对象优先地从背景中区分出来。被清晰反映的刺激物叫知觉的对象,被模糊反映的刺激物叫知觉的背景。题干所述是知觉选择性的体现。

6.A 【解析】本题考查记忆力的培养。多种感官参与复习可以更好地提高记忆效果。因此,在复习时应尽量运用多种感官参与,要眼看、耳听、口读、手写相互配合,在头脑中构成它们之间的神经联系,形成记忆痕迹,以后遇到其中的一种刺激信息,就可以激活多种相关的记忆痕迹,提高记忆效果。

7.B 【解析】本题考查自主学习的特征。学习的自立

性、自为性和自律性是学习自主性的三个方面的体现，是自主学习的三个基本特征。其中，自立性是自主学习的基础，自为性是自主学习的实质，自律性是自主学习的保障。

8. C 【解析】本题考查教学过程的双边性规律。在教学过程中，充分发挥教师的主导作用，这是有成效的教学的普遍规律。教师是教学活动的领导者、组织者，是学生学习的指导者和学习质量的检查者，他能够引导学生沿着社会所期望的方向发展，使学生成为社会所需要的人才。

9. D 【解析】本题考查《中华人民共和国教师法》的内容。《中华人民共和国教师法》第三条规定，教师是履行教育教学职责的专业人员，承担教书育人、培养社会主义事业建设者和接班人、提高民族素质的使命。教师应当忠诚于人民的教育事业。

10. B 【解析】本题考查《基础教育课程改革纲要(试行)》的内容。《基础教育课程改革纲要(试行)》在"基础教育课程改革的具体目标"中指出，改变课程评价过分强调甄别与选拔的功能，发挥评价促进学生发展、教师提高和改进教学实践的功能。

二、多项选择题

题序	1	2	3	4	5
答案	ABD	ABC	BD	ABCD	BCD

11. ABD 【解析】本题考查教师职业道德规范的内容。教师职业道德规范的主要内容包括爱国守法、爱岗敬业、关爱学生、教书育人、为人师表和终身学习。

12. ABC 【解析】本题考查建构主义的学习理论。建构主义在学习观上强调学习的主动建构性、社会互动性和情境性三方面。其中学习的主动建构性是指学生能够主动地对已有知识经验进行综合、重组和改造，从而用以解释新信息，并最终建构属于个人意义的知识内容。

13. BD 【解析】本题考查马斯洛的需要层次理论。马斯洛的需要层次理论根据需要出现的先后及强弱顺序，把需要分成了七个层次，即生理需要、安全需要、归属与爱的需要、尊重需要、求知需要、审美需要和自我实现的需要。马斯洛对以上七种需要进行了进一步的区分，位于需要层次底部的四种需要被称为缺失需要，它们是个体生存所必需的，必须得到一定程度的满足。但是，这些需要一旦满足，由此产生的动机就会趋于消失。后三种需要是成长需要，它虽不是我们生存所必需的，但对于我们适应社会来说却有重要的积极意义。也就是说，缺失需要使我们得以生存，成长需要使我们能够更好地生活。

14. ABCD 【解析】本题考查《中华人民共和国义务教育法》的内容。《中华人民共和国义务教育法》第二条规定，国家实行九年义务教育制度。《中华人民共和国义务教育法》第五条规定，各级人民政府及其有关部门应当履行本法规定的各项职责，保障适龄儿童、少年接受义务教育的权利。《中华人民共和国义务教育法》第十四条规定，禁止用人单位招用应当接受义务教育的适龄儿童、少年。《中华人民共和国义务教育法》第三十九条规定，国家实行教科书审定制度。教科书的审定办法由国务院教育行政部门规定。未经审定的教科书，不得出版、选用。

15. BCD 【解析】本题考查《教育部关于全面深化课程改革落实立德树人根本任务的意见》的内容。《教育部关于全面深化课程改革落实立德树人根本任务的意见》指出，深化课程改革、落实立德树人根本任务具有重大意义。立德树人是发展中国特色社会主义教育事业的核心所在，是培养德智体美全面发展的社会主义建设者和接班人的本质要求。

第二部分　学科专业知识

一、单项选择题

题序	1	2	3	4	5	6	7	8	9	10
答案	B	C	A	D	D	B	A	D	A	C
题序	11	12	13	14	15					
答案	D	C	D	B	C					

1. B 【解析】本题考查左脑的相关知识。左脑具有显意识功能。它主要通过语言和逻辑来表达内心世界，负责理解文学语言以及数学计算。它与人的右半身神经系统相连。右脑具有潜意识功能。它主要通过情感和形象来表达内心世界，负责鉴赏绘画、欣赏音乐、欣赏自然风光，凭直觉观察事物，把握整体等。它与人的左半身的神经系统相连。如很小的幼儿能在一群人中辨认出一张脸，这就是右脑的功能。

2. C 【解析】本题考查格塞尔的双生子爬梯实验。著名的成熟论心理学家格塞尔的双生子爬梯实验，是说明生理成熟对学习技能的前提作用的有力例证。

3. A 【解析】本题考查维果斯基的最佳学习期限。维

果斯基认为，任何教学都存在最佳的时期。在最佳学习期内，实施相应的教学，才会对儿童的认知发展有更大的效果。

4. D 【解析】本题考查幼儿美的感受力。培养儿童对美的感受力就是培养他们对自然美、社会美和艺术美的较灵敏的感知能力和正确的理解评价能力以及相应的情感体验。题干中幼儿的话说明幼儿美的感受力在起作用。要培养孩子对美的感受力，应教给他们欣赏一些美术作品、歌曲、乐曲和文字作品，评价人们的道德行为等。培养孩子对美的感受力，主要是发展感官的感知能力，因为感官是感知美的基础。还应培养他们理解美，对美产生情感与反应的能力，培养他们对美的评价能力。

5. D 【解析】本题考查《3～6岁儿童学习与发展指南》的内容。《3～6岁儿童学习与发展指南》健康领域"身心状况"部分目标1"具有健康的体态"教育建议指出，保证幼儿每天睡11～12小时，其中午睡一般应达到2小时左右。午睡时间可根据幼儿的年龄、季节的变化和个体差异适当减少。

6. B 【解析】本题考查《3～6岁儿童学习与发展指南》的内容。《3～6岁儿童学习与发展指南》健康领域"身心状况"部分目标1"具有健康的体态"指出，5～6岁儿童身高和体重适宜。参考标准：男孩：身高：106.1～125.8厘米，体重：15.9～27.1公斤。

7. A 【解析】本题考查学前教育的原则。保教结合原则是我国幼儿教育中所特有的一条原则，可以说具有很强的中国特色。这一原则最早来源于中国共产党领导下的老解放区的幼儿教育工作中。

8. D 【解析】本题考查态度目标。描述态度目标的行为动词包括拒绝、认同、尊重、接受、同意、反对、欣赏、关注、讨厌等。

9. A 【解析】本题考查《幼儿园教育指导纲要（试行）》的内容。《幼儿园教育指导纲要（试行）》第四部分"教育评价"第八条指出，对幼儿发展状况的评估，要注意：明确评价的目的是了解幼儿的发展需要，以便提供更加适宜的帮助和指导。

10. C 【解析】本题考查《3～6岁儿童学习与发展指南》的内容。《3～6岁儿童学习与发展指南》科学领域"数学认知"部分目标2"感知和理解数、量及数量关系"指出，5～6岁儿童能用简单的记录表、统计图等表示简单的数量关系。

11. D 【解析】本题考查《幼儿园教育指导纲要（试行）》的内容。《幼儿园教育指导纲要（试行）》健康领域的指导要点指出，幼儿园必须把保护幼儿的生命和促进幼儿的健康放在工作的首位，树立正确的健康观念，在重视幼儿身体健康的同时，要高度重视幼儿的心理健康。

12. C 【解析】本题考查《幼儿园教育指导纲要（试行）》的内容。《幼儿园教育指导纲要（试行）》第三部分"组织与实施"第八条指出，环境是重要的教育资源，应通过环境的创设和利用，有效地促进幼儿的发展。

13. D 【解析】本题考查儿童的活动。儿童的学习是在活动中进行的。儿童通过对物体的操作和与人的交往发展认知、情感和个性，而不是坐着，只通过听或看教师说和做而发展。

14. B 【解析】本题考查社会环境和教育对心理发展的作用。"玉不琢，不成器"是指玉石不经雕琢，成不了器物。比喻人不受教育、不学习就不能有成就。这描述的是社会环境和教育对心理发展的作用。

15. C 【解析】本题考查福禄贝尔的教育贡献。福禄贝尔制作的玩具取名为"恩物"，意为"神恩赐之物"。"恩物"的基本形状是圆球、立方体和圆柱体，现在仍有很多幼儿园在使用。

二、名词解释

1. 学习品质

学习品质指个体在学习中形成，并在学习活动中表现出来的影响学习效果的稳定的心理倾向或个人特征，包括好奇心、主动性、坚持性、创造性、自信心、想象力等。

（共3分。在学习中形成1分，影响学习效果的稳定的心理倾向2分）

2. 最近发展区

最近发展区是指一种儿童无法依靠自己来完成，但可在成人和更有技能的儿童帮助下来完成的任务范围，也就是儿童能够独立表现出来的心理发展水平，和儿童在成人指导下能够表现出来的心理发展水平之间的差距。

（共4分。答出儿童无法依靠自己来完成2分，在成人和更有技能的儿童帮助下完成2分）

3. 具体形象思维

具体形象思维是指儿童依靠事物在头脑中的具体形象进行的思维，即依靠具体事物的表象以及对具体

形象的联想而进行的思维。

(共3分。依靠事物在头脑中的具体形象1分,对具体形象的联想2分)

三、填空题

1. 生活　行为
2. 运用　想说　有机会说
3. 空间知觉　时间知觉　运动知觉
4. 师德为先　幼儿为本　能力为重　终身学习
5. 身心状况　动作发展　生活习惯与生活能力
6. 投掷　钻爬与攀登　平衡
7. 陶行知
8. 交流　思维
9. 监护人　成年人
10. 家庭　社区

四、简答题(参考答案)

1. 简述幼儿园教师应具有的专业能力。

(1)环境的创设与利用;

(2)一日生活的组织与保育;

(3)游戏活动的支持与引导;

(4)教育活动的计划与实施;

(5)激励与评价;

(6)沟通与合作;

(7)反思与发展。

(共7分。完全正确得7分,少答或错答一条扣1分)

2. 幼儿游戏的本质是什么?

(1)把游戏看作是儿童的主体性活动,比以往任何一种游戏本质观都更能充分地概括出儿童在游戏中能动地驾驭活动对象的主体性特征,从而能够更加真正地说明游戏活动本身所固有的,决定其活动性质、面貌和发展的根本属性,较科学地揭示出游戏活动区别于人的其他活动的本质特征。

(2)游戏是主体性活动,也是因为主体性的本质特征,游戏才直观具体地表现为儿童的主动性、独立性和创造性活动。

(共5分。答出"主体性活动、主动性、独立性和创造性"等关键词可酌情给3~4分)

3. 应怎样通过环境的创设和利用,有效地促进幼儿发展?

(1)幼儿园的空间、设施、活动材料和常规要求等应有利于引发、支持幼儿的游戏和各种探索活动,有利于引发、支持幼儿与周围环境之间积极的相互作用;

(2)幼儿同伴群体及幼儿园教师集体是宝贵的教育资源,应充分发挥这一资源的作用;

(3)教师的态度和管理方式应有助于形成安全、温馨的心理环境,言行举止应成为幼儿学习的良好榜样;

(4)家庭是幼儿园重要的合作伙伴,应本着尊重、平等、合作的原则,争取家长的理解、支持和主动参与,并积极支持、帮助家长提高教育能力;

(5)充分利用自然环境和社区的教育资源,扩展幼儿生活和学习的空间,幼儿园同时应为社区的早期教育提供服务。

(共6分。完全正确得6分,答出"幼儿与周围环境之间的积极互动、教师态度和管理方式、家园合作、充分利用自然环境和社区的教育资源"等关键词酌情给3~4分)

五、论述题(参考答案)

请根据班级实际情况,分析在幼儿游戏活动中教师的指导策略是什么。

(1)游戏进行阶段的指导策略。游戏进行阶段的指导首先要建立在观察的基础上。观察是游戏进行过程中教师指导的前提和依据。教师应在充分、细致的观察基础上,准确地判断儿童游戏行为的意义,再进一步确定指导的必要性和具体方式。①可以在相等的时间里对每个儿童轮流进行观察、记录,以了解全体儿童的游戏情况;②也可以固定在某一地点,对该区域或主题游戏的情况进行持续的观察;③还可以预先确定一到两个儿童作为观察对象,对他们在游戏中的活动情况进行持续跟踪观察等。为了在观察中做到点面结合,也可将上述方法综合运用,以获取更为全面的信息,更好地为游戏指导服务。

在观察的基础上,如果教师认为有必要进行指导,可以根据教师在指导时介入游戏方式的不同,把游戏指导分为平行式介入法、交叉式介入法和垂直式介入法。在不同的介入方式中,教师有时与儿童同为游戏者,有时又作为游戏的旁观者。在介入后具体的指导行为上,根据采用媒介的不同,还可以把游戏指导划分为以语言为媒介的游戏指导和非语言的游戏指导。

(2)游戏结束阶段的指导策略。游戏结束阶段的教师指导离不开对游戏过程的细心观察。只有通过观察了解了儿童游戏的情况,才能确定需要引导儿童讨论的重点。在具体的指导过程中,教师可以采用不同的方式引起讨论。例如,可以采用类似"在刚才的游戏中,我看到……"的语言,把游戏中观察到的典型事例

描述展示出来供儿童讨论；也可以请一部分儿童先讲述游戏过程，在了解游戏大体情况后，对其中的某个问题进行深入的探讨；甚至还可以在指导过程中大胆与儿童互换角色，让儿童做游戏讲评的主持人。不过以上方式更多地需要借助语言，往往受制于儿童的语言表达能力，因而也可以采用其他方法，如让儿童以绘画的方式表达自己对游戏的感受等。

（共12分。答出“观察、平行介入法、交叉介入法、垂直介入法、以语言为媒介的游戏指导、非语言的语言指导、讨论探讨”等关键词可酌情给7～8分，没有结合班级实际情况扣2分，没有对游戏进行阶段与游戏结束阶段的指导进行区别扣2分）

2017年江苏省南通市如东县教师招聘考试幼儿园教育理论基础真题试卷(十五)

第一部分　公共知识

一、单项选择题

题序	1	2	3	4	5	6	7	8	9	10
答案	A	C	B	C	B	B	A	D	D	C

1. A 【解析】人类学习的过程，就是一个逐步认识的过程，对新领域、新东西的认识。有了认识与了解，那么就可以从事这个领域相关的事情了。人一生一直是一个认识和认知的过程，所以从本质上说教学就是一种认识活动。
2. C 【解析】夸美纽斯的《大教学论》提出了一套完整的教育理论体系，第一次把教育学从哲学中独立出来，完成了教育理论上有史以来的重大变革，开创了近代教育理论的先河。
3. B 【解析】陶冶教育法是通过创设良好的情境，潜移默化地培养学生品德的方法。让学校的每一面墙都开口说话正是利用了这样一种潜移默化的方式。
4. C 【解析】儿童身心发展的不均衡性要求教育工作者要抓住儿童发展的关键期，教育才能取得良好的效果。
5. B 【解析】班主任是全班学生的组织者、教育者和指导者，其有效工作的前提是全面了解学生。
6. B 【解析】我国正式实施的第一个现代学制是癸卯学制。1904年清政府以日本学制为蓝本，颁布了《奏定学堂章程》，这是我国第一个实际执行的现代学制，因为是旧历癸卯年，故称“癸卯学制”。
7. A 【解析】知觉的选择性是指当面对众多的客体时，知觉系统会自动地将刺激分为对象和背景，并把知觉对象优先地从背景中区分出来。根据题干描述反映的是知觉的选择性。
8. D 【解析】“平行教育影响”是苏联杰出教育家马卡连柯的一个著名的教育方法，是以集体为教育对象，通过集体来教育个人的教育方法，使教育者对集体和集体中每一个成员的教育影响是同时的、平行的。
9. D 【解析】再认是识记的事物再度呈现时仍能认识的心理过程。再认与回忆没有本质的区别，但比回忆简单、容易。再认要依靠与事物有关的线索进行提取，如事物的个别部分、特点、当时识记事物的情境等都可作为线索唤起对事物整体的记忆。
10. C 【解析】马斯洛认为自我实现的需要就是“人对于自我发挥和完善的欲望，也就是一种使他的潜能得以实现的倾向”。

二、判断题

题序	1	2	3	4	5	6	7	8	9	10
答案	×	×	×	√	√	×	√	√	×	√

1. × 【解析】“教育有法而教无定法”反映教师的劳动具有创造性。
2. × 【解析】教学评价是依据教学目标对教学过程及结果进行价值判断并为教学决策服务的活动，是对教学活动现实的或潜在的价值做出判断的过程。教学评价是研究教师的教和学生的学的价值的过程。教学评价一般包括对教学过程中教师、学生、教学内容、教学方法手段、教学环境、教学管理诸因素的评价，但主要是对学生学习效果的评价和教师教学工作过程的评价。
3. × 【解析】校园文化按照不同的层次和标准，可以细分成学校物质文化、学校组织和制度文化、学校精神文化，以及学校领导者亚文化、教师亚文化、学生亚文化、学校职工亚文化、课程亚文化和活动亚文化等。其中学校的精神或观念文化是校园文化的核心。
4. √ 【解析】《中华人民共和国未成年人保护法》第二十一条规定，学校、幼儿园、托儿所的教职员工应当尊重未成年人的人格尊严，不得对未成年人实施体罚、变相体罚或者其他侮辱人格尊严的行为。

5. √ 【解析】谈话法也叫问答法，它是教师按一定的教学要求向学生提出问题，要求学生作答，并通过问答的形式来引导学生获取或者巩固知识的方法。

6. × 【解析】提出“生活即教育，社会即学校”教育思想的教育家是陶行知。

7. √ 【解析】注意分配是指在同一时间内把注意集中到不同的对象上。根据题干描述，体现的是注意的分配。

8. √ 【解析】短时记忆是指一分钟以内的记忆。长时记忆是指从一分钟以上直到许多年甚至终身保持的记忆。长时记忆是对短时记忆反复加工的结果。也就是说，对短时记忆进行重复，短时记忆就会成为长时记忆。

9. × 【解析】再造想象是根据语言文字的描述或图形、图解、符号等非语言文字的描绘，在头脑中形成相应的新形象的过程。创造想象是指根据一定的目的和任务，不依赖现存的描述而独立创造出新形象的过程。创造想象具有独立性、首创性、新颖性。因此，飞机设计师在头脑中构成一架新型飞机的形象属于创造想象。

10. √ 【解析】多血质以反应迅速、有朝气、活泼好动、动作敏捷，但情绪不稳定、粗枝大叶为特征。题干中关于男生的表述属于多血质。

第二部分　学前教育

一、填空题

1. 游戏　保教
2. 情感　能力
3. 平等　合作
4. 合作者　引导者
5. 划一　横向
6. 后继　终身
7. 保护　主动
8. 社会　生活
9. 社会性　身心
10. 探究　异同

二、单项选择题

题序	11	12	13	14	15	16	17	18	19	20
答案	A	B	A	C	D	A	C	B	A	A

11. A 【解析】《幼儿园教育指导纲要（试行）》第三部分　第六条指出，教育活动内容的组织应充分考虑幼儿的学习特点和认识规律，各领域的内容要有机联系、相互渗透，注重综合性、趣味性、活动性，寓教育于生活、游戏之中。

12. B 【解析】《幼儿园教育指导纲要（试行）》社会领域的内容与要求中指出，充分利用社会资源，引导幼儿实际感受祖国文化的丰富与优秀，感受家乡的变化和发展，激发幼儿爱家乡、爱祖国的情感。

13. A 【解析】《幼儿园教育指导纲要（试行）》第四部分第四条指出，幼儿园教育工作评价实行以教师自评为主，园长以及有关管理人员、其他教师和家长等参与评价的制度。

14. C 【解析】《幼儿园教育指导纲要（试行）》健康领域的指导要点中指出，幼儿园必须把保护幼儿的生命和促进幼儿的健康放在工作的首位。树立正确的健康观念，在重视幼儿身体健康的同时，要高度重视幼儿的心理健康。

15. D 【解析】《幼儿园教育指导纲要（试行）》语言领域的指导要点中指出，幼儿的语言学习具有个别化的特点，教师与幼儿的个别交流，幼儿之间的自由交谈等，对幼儿语言发展具有特殊意义。

16. A 【解析】《3～6岁儿童学习与发展指南》指出，幼儿的学习是以直接经验为基础，在游戏和日常生活中进行的。

17. C 【解析】《3～6岁儿童学习与发展指南》健康领域“动作发展”部分目标2“具有一定的力量和耐力”指出，4～5岁幼儿能双手抓杠悬吊15秒。

18. B 【解析】题干所述内容属于《3～6岁儿童学习与发展指南》艺术领域中表现与创造部分的目标2“具有初步的艺术表现与创造能力”中4～5岁幼儿的发展目标之一。

19. A 【解析】《3～6岁儿童学习与发展指南》指出，要重视幼儿的学习品质。幼儿在活动过程中表现出的积极态度和良好行为倾向是终身学习与发展所必需的宝贵品质。为此，我们应充分尊重和保护幼儿的好奇心和学习兴趣，帮助幼儿逐步养成积极主动、认真专注、不怕困难、敢于探究和尝试、乐于想象和创造等良好学习品质。

20. A 【解析】《3～6岁儿童学习与发展指南》从健康、语言、社会、科学、艺术五个领域描述幼儿的学习与发展。

三、判断题

题序	21	22	23	24	25	26	27	28	29	30
答案	√	×	×	√	√	√	√	√	√	√

21. √ 【解析】《幼儿园教育指导纲要(试行)》第一部分总则第一条指出,为贯彻《中华人民共和国教育法》《幼儿园管理条例》和《幼儿园工作规程》,指导幼儿园深入实施素质教育,特制定本纲要。

22. × 【解析】《幼儿园教育指导纲要(试行)》指出,幼儿园应当与家庭、社区密切合作,与小学相互衔接,综合利用各种教育资源,共同为幼儿的发展创造良好的条件。

23. × 【解析】《幼儿园教育指导纲要(试行)》第二部分 教育内容与要求指出,幼儿园的教育内容是全面的、启蒙性的。

24. √ 【解析】《幼儿园教育指导纲要(试行)》语言领域的内容与要求中指出,培养幼儿对生活中常见的简单标记和文字符号的兴趣。

25. √ 【解析】《幼儿园教育指导纲要(试行)》科学领域的内容与要求中指出,提供丰富的可操作的材料,为每个幼儿都能运用多种感官、多种方式进行探索提供活动的条件。

26. √ 【解析】《3~6岁儿童学习与发展指南》说明部分指出,儿童的发展是一个整体,要注重领域之间、目标之间的相互渗透和整合,促进幼儿身心全面协调发展,而不应片面追求某一方面或几方面的发展。

27. √ 【解析】《3~6岁儿童学习与发展指南》健康部分指出,幼儿阶段是儿童身体发育和机能发展极为迅速的时期。为有效促进幼儿身体健康发展,成人应为幼儿提供合理均衡的营养,保证充足的睡眠和适宜的锻炼,满足幼儿生长发育的需要。

28. √ 【解析】《3~6岁儿童学习与发展指南》指出,忽视幼儿学习品质培养,单纯追求知识技能学习的做法是短视而有害的。

29. √ 【解析】《3~6岁儿童学习与发展指南》说明部分指出,幼儿的发展是一个持续、渐进的过程,同时也表现出一定的阶段性特征。

30. √ 【解析】《3~6岁儿童学习与发展指南》健康部分生活习惯与生活能力中的教育建议指出,鼓励幼儿做力所能及的事情,对幼儿的尝试与努力给予肯定,不因做不好或做得慢而包办代替。

四、简答题(答案要点)

31. 幼儿园艺术领域的目标有哪些?

(1)能初步感受并喜爱环境、生活和艺术中的美;

(2)喜欢参加艺术活动,并能大胆地表现自己的情感和体验;

(3)能用自己喜欢的方式进行艺术表现活动。

(共5分。完全正确得5分,少答或错答一条扣2分)

32. 实施《3~6岁儿童学习与发展指南》应把握哪四个方面?

(1)关注幼儿学习与发展的整体性;

(2)尊重幼儿发展的个体差异;

(3)理解幼儿的学习方式和特点;

(4)重视幼儿的学习品质。

(共5分。完全正确得5分,若仅答出“整体性、个体差异、重视幼儿学习品质”等关键词而缺乏完整表述可酌情扣1分)

五、案例分析题(答案要点)

33. 小班幼儿的独立性差,爱模仿别人。看见别人玩什么,自己也玩什么;看见别人有什么,自己就想要什么,所以小班玩具的种类不必很多,但同样的玩具要多准备几套,以防止幼儿为争抢玩具而发生攻击性行为。

(1)小A班老师为幼儿创设的活动材料种类少、数量多的环境,符合小班幼儿身心发展的特点和需求,所以小A班老师的做法比较合理。

(2)小B班老师为幼儿创设了丰富的活动环境,但种类多、数量少,因幼儿爱模仿的特点容易引发争抢行为,所以小B班老师的做法不合理。

(共10分。其中评价两位老师的做法合理与否2分,结合小班幼儿的特点进行说明8分,答出“独立性差、模仿性强、种类不必过多”等关键词可酌情给4~5分)

34. 教学重难点:

教学重点:理解诗歌的内容及诗歌中表现的春天的气息。

教学难点:能有感情地朗读诗歌,并尝试仿编诗歌。

(1)教学重点的实施方法

①活动实施前,教师可带领幼儿到户外去发现春天的变化,感受春天美丽的景色,积累丰富的感性经验。

②教师制作《春天》的多媒体课件，展示春天的色彩与声音，让幼儿对诗歌有具体、形象的认识与理解。

课件内容：

春天来了，春姑娘给我们送来了三本书：

第一本“彩色的书”。春天到了，黄色的迎春花、红色的桃花、绿色的柳叶、白色的梨花都相继开放了，到处都是五颜六色的，春天真漂亮！

第二本“会笑的书”。微风徐徐，春的气息扑面而来，小池塘里的水融化了，迎着阳光，水面波光粼粼；看，那一头，孩童们在自由自在地放着风筝，欢乐的声音传荡在整个草场上。

第三本“会唱的书”。看，小燕子在天上飞得好低啊，好像蹦一蹦就能抓住它似的，忽然，轰隆隆、轰隆隆……这是什么声音？原来是快要下雨了，快快躲到屋檐下来，小雨滴答滴答地下着，好凉快啊！不一会儿，雨停了，池塘边的小青蛙呱呱呱地叫着……

③教师通过提问“春天为什么是一本彩色的书?”“春天为什么是一本会笑的书?”“春天为什么是一本会唱的书?”来加深幼儿对诗歌的理解，感受春天的美丽。

(2)教学难点的实施方法

①教师引导幼儿观察、发现诗歌句子的结构特征。

②教师总结诗歌句子的结构特征。句子的前半部分是说春天是怎样的，然后围绕这个特征做解释。

③教师示范创编。

④幼儿自由创编，教师给予适当的评价与指导。

(共10分。分析重难点4分，其中重点和难点没有分开写扣2分，重难点分析不合理扣2分，答出“理解诗歌内容、感受春天气息、尝试仿编诗歌”等关键词酌情给2~3分。重难点的实施6分，其中没有分开描述重难点实施办法扣2分，实施方法与重难点分析不对应扣2分)

六、教学设计题(参考答案)

(一)活动名称

买菜(中班艺术活动)

(二)活动目标

(1)体验歌曲欢快的风格以及带来的愉快情绪。

(2)感受歌曲中的节奏，能够理解歌词。

(3)学习用说唱的风格有节奏地说菜名，并能接唱歌曲。

(三)活动准备

多媒体课件(图谱、《买菜》音乐)

(四)活动过程

1.谈话导入

师：小朋友，你们去菜市场买过菜吗？是和谁一起去的？你们在菜市场都见过哪些菜呢？(幼儿自由表达)

播放多媒体，幼儿欣赏理解歌词

(1)今天我也和奶奶一起去买菜了，我也好高兴，买了很多的菜，我买了什么菜呢？教师逐一按歌词的顺序出示图片。(萝卜、黄瓜、西红柿……)

(2)萝卜什么颜色的？黄瓜什么样的？西红柿什么颜色的？

(3)刚才我们是用唱的方法报菜名，接下来我不但用唱还要用说的方法来报菜名。请你听仔细哪些菜名是唱的，哪些菜名是用说的，它们的速度一样吗？

①唱：鸡蛋圆溜溜呀，母鸡咯咯叫呀。

②说：萝卜、黄瓜、西红柿。

教师小结：在唱的时候速度会慢一些，而说的时候速度就会快一些，下面小朋友自己练习说唱。

(4)幼儿练习说唱部分。

①幼儿用唱的方法报菜名。

②幼儿用说的方法报菜名。

③师幼合作，分别用说和唱的方法报菜名。

3.幼儿完整学唱歌曲，熟悉歌曲旋律

(1)教师完整演唱歌曲。

(2)教师带领幼儿学唱剩下歌词部分。

(3)师幼一起完整演唱歌曲。

(4)教师引导幼儿用轻快的歌声和快乐的表情表现歌曲。

(5)幼儿尝试独立演唱。

4.趣味演唱

(1)教师说明趣味演唱规则

师：你们唱得这么好，接下来我们先玩个接唱游戏吧！老师先唱，你们后唱，我唱完一句会突然停下来，当我的手指向你们，你们要马上接下去唱第二句，我唱一句你们唱一句，看谁唱得又快又准。最后一句咱们大家一起唱。

(2)幼儿开始趣味演唱活动。

(五)活动延伸

老师可将《买菜》的音乐、图谱投放到表演区，幼儿自由进行表演、创编。

评分标准参考如下：

(1)活动目标(共4分。缺少认知、行为、情感任意一方面的目标扣1分)

(2)活动准备(共4分。若在具体活动过程中用到但在活动准备环节没有体现扣2分)

(3)活动过程(共10分。选择能吸引幼儿注意力的导入方式2分,若导入方式不能充分引发幼儿兴趣,在不偏离主题的情况下可酌情给1分;②活动过程步骤清晰、注重幼儿主动探6分,写出大致活动过程,在不偏离主题的情况下可酌情给4~5分;③结束环节能让幼儿保持愉快情绪并强化活动效果2分,若仅是对活动做最后总结可酌情给1分)

(4)活动延伸(共2分。活动延伸环节具体可行并能渗透不同领域的教育2分,若仅是对活动的机械重复可酌情给1分)

江苏省教师招聘考试幼儿园教育理论基础精准对练试卷

江苏省镇江市教师招聘考试幼儿园教育理论基础精准对练试卷(十六)

第一部分 教育基础知识

一、单项选择题

题序	1	2	3	4	5	6	7	8	9	10
答案	C	D	B	C	D	C	D	B	A	B
题序	11	12	13	14	15					
答案	A	A	B	B	A					

1. C 【解析】教育活动中的教育者、受教育者与教育内容构成了教育中三对最为基本的矛盾:受教育者与教育内容的矛盾,受教育者与教育者的矛盾,教育者与教育内容的矛盾。在教育的诸多矛盾中,受教育者与教育内容这一对矛盾才是教育中的基本的、决定性的矛盾,因为它是教育活动的逻辑起点。

2. D 【解析】情境—陶冶教学模式是使学生处在创设的教学情境中,运用学生的无意识心理活动和情感,加强有意识的理性学习活动的教学模式。采用这一教学模式主要作用在于对学生个性的陶冶和人格的培养,通过设计某种与现实生活同类的意境,让学生从中领悟到怎样对待生活、认识自己和对待他人,提高学生的自主精神和合作精神。题干中,教师播放抗日战争时期的录像带、影视剪辑等是创设情境的表现。

3. B 【解析】个体身心发展的个别差异性,是指个体之间的身心发展以及个体身心发展的不同方面之间,存在着发展程度和速度的不同。人的先天素质、环境和教育以及自身的主观能动性的不同,决定了人的身心发展存在着个别差异。个体身心发展的个别差异性要求教育必须因材施教,充分发挥每个学生的潜能和积极因素,有的放矢地选择适宜、有效的教育途径和方法手段,使每个学生都能得到最大的发展。

4. C 【解析】塞尔曼将儿童友谊的发展分为五个阶段:第一阶段(3~7岁),这一时期的友谊关系还很不稳定。朋友只是一个玩伴,友谊就是一起玩,在这个时期,儿童还没有形成友谊的概念。第二阶段(4~9岁),单向帮助阶段。这个时期的儿童要求朋友能够服从自己的愿望和要求。如果顺从自己就是朋友,否则就不是朋友。第三阶段(6~12岁),双向帮助但不能共患难的合作阶段。儿童对友谊的相互性有了一定的了解,但仍具有鲜明的功利色彩。第四阶段(9~15岁),亲密的共享阶段。儿童发展了友谊的概念,认为朋友之间可以相互分享,友谊是随时间推移而逐渐形成和发展起来的。儿童的友谊关系开始具有一定的稳定性,但这一时期的友谊有强烈的排他性和独占性。第五阶段(12岁开始),是友谊发展的最高阶段。择友严密,建立的友谊能保持很长时间。题干中,大海和小刚一起学习、玩耍,并且拒绝其他人加入,体现了排他性,故选C项。

5. D 【解析】罗森塔尔效应又叫教师期望效应或皮格马利翁效应,即教师的期望或明或暗地传送给学生,会使学生按照教师所期望的方向来塑造自己的行为。题干中李老师对李兰的鼓励,使李兰成绩提升,这体现了罗森塔尔效应,故选D项。A项顺序效应指在实验中自变量的呈现顺序对因变量产生的影

响,不符合题意,排除。B 项安慰剂效应指病人虽然获得无效的治疗,但却“预料”或“相信”治疗有效,而让病患症状得到舒缓的现象,不符合题意,排除。C 项霍桑效应指由于研究对象意识到自己正在被研究而带来的方法上的人为效应,不符合题意,排除。

6. C 【解析】结构观察是研究者根据研究的目的,事先设计好观察内容和项目,印制好观察表格或卡片,在观察过程中严格按设计要求进行观察和记录。题干中的小王按照设计好的观察内容和项目对个案进行观察和记录属于结构观察。

7. D 【解析】道德行为技能也称道德行为方式,是在掌握一定道德行为知识的基础上,经过反复训练、长期实践而形成的相应活动方式。一定的道德行为技能的掌握是形成道德品质的重要标志,实践证明,有的学生由于没有掌握恰当的道德行为技能,导致出现动机与效果不一致的现象,甚至会“好心办坏事”。题干中的孩子“好心办坏事”,说明其道德行为相对缺乏。故本题选 D 项。具体内容参见谭顶良主编、桑志芹副主编的《高等教育心理学》。

8. B 【解析】奥苏贝尔根据新知识与原有认知结构的关系,将知识学习分为下位学习、上位学习和并列结合学习。下位学习又称类属学习,是一种把新的观念归属于认知结构中原有观念的某一部分,并使之相互联系的过程。原有观念在包容和概括水平上高于新学习的知识。题干中的学生原有的“动物”的知识的包容和概括水平高于新学习的“鸟”的知识,这种学习属于下位学习。

9. A 【解析】普雷马克原理,又称为“祖母法则”,它最早是由普雷马克提出的,指利用高频活动作为低频活动的有效强化物。简单地说,每个人都有一个强化等级,在强化等级中,处于较高一级的强化物比处于较低一级的强化物更容易引发操作行为,所以,处于较高一级的活动可以强化较低一级的活动。例如,教师在课堂中经常使用的“只要写完作业,就可以出去玩”“学完这个难点,我们就休息一下”等。题干描述的做法符合普雷马克原理。

10. B 【解析】情感陶冶法是指教育者自觉创设良好的教育情境,潜移默化地使受教育者在道德和思想情操等方面受到感染、熏陶的方法。主要包括人格感化、环境陶冶和艺术陶冶等。题干所描述的是情感陶冶法中的环境陶冶。

11. A 【解析】反射分为无条件反射和条件反射。无条件反射是无意识的本能行为,是先天的。条件反射是有意识学习得来的知识、技能、经验等,是后天经过学习才能得到的反射。根据条件刺激的特点,巴甫洛夫把大脑皮层的功能分为第一信号系统活动和第二信号系统活动。第一信号系统是用具体事物作为条件刺激而建立的条件反射系统,是人和动物共有的;第二信号系统是用语词作为条件刺激而建立的条件反射系统,是人类特有的,是人类和动物的条件反射活动的根本区别。虽然主人叫小狗的名字是以语言为中介,但对小狗来说,它并不是因为理解语言的意义而产生反应,而是将这种语言作为一种物理性刺激。故小狗听见主人叫它名字时,会跑到主人面前来,这种心理现象属于第一信号系统的条件反射。

12. A 【解析】再造想象是依据词语或符号的描述、示意在头脑中形成与之相应的新形象的过程。故学生头脑中呈现出《沁园春 · 雪》这首词中所描绘的相关景象属于再造想象。

13. B 【解析】实物直观指在感知实际事物的基础上提供感性材料的直观教学方式。例如,观察标本、演示实验、到工厂或农村进行实地参观访问等。教师组织学生实地参观属于知识直观中的实物直观。

14. B 【解析】自我中心性是前运算阶段的儿童所具有的一个特点。自我中心是指儿童往往只能考虑自己的观点,无法接受别人的观点,也不能将自己的观点与别人的观点协调。儿童还不能设想他人所处的情境,常以自己的经验为中心,从自己的角度出发来观察和理解世界。故选 B 项。

15. A 【解析】逻辑—数学智力是指数字运算与逻辑思考的能力以及科学分析的能力。科学家、数学家、会计师、工程师、电脑软件设计师等都具有很强的逻辑—数学智力。

二、多项选择题

题序	16	17	18	19	20
答案	ACD	ABC	ABCD	BCD	ACD

16. ACD 【解析】心理过程可分为以下三个方面：(1)认知过程；(2)情绪情感过程；(3)意志过程。

17. ABC 【解析】新课程倡导的学习方式包括自主学习、合作学习与探究学习。

18. ABCD 【解析】消极的心理应对方式主要表现为一些带有明显情绪性的行为反应，常见的主要有以下几种：(1)攻击行为；(2)逃避行为；(3)固执行为；(4)压抑行为。

19. BCD 【解析】教育合力是指学校、家庭、社会三种教育力量相互联系、相互协调、相互沟通，统一教育方向，形成以学校教育为主体，以家庭教育为基础，以社会教育为依托的共同育人的力量，使学校、家庭、社会教育一体化，以提高教育活动实效。

20. ACD 【解析】当代课堂教学改革倡导以问题为纽带的教学、化结果为过程的教学、以综合为导向的教学和研究性教学，也即在教学过程中多采用问题性教学、过程性教学、综合性教学和研究性教学。

第二部分 学科专业知识

三、单项选择题

题序	21	22	23	24	25	26	27	28	29	30
答案	B	D	C	C	A	B	D	C	D	A
题序	31	32	33	34	35	36	37	38	39	40
答案	C	B	C	B	B	C	B	D	D	A

21. B 【解析】中期目标即幼儿园小、中、大等各年龄班的教育目标。也就是说，在幼儿园教育总目标的指导下，对不同年龄班的儿童提出了不同的要求。如同样是培养良好的生活习惯，小班和大班的具体目标就不一样，小班需要培养幼儿愉快地进餐，正确地运用勺子，饭后擦嘴的习惯；而大班则要求培养幼儿饭后收拾干净的习惯。

22. D 【解析】维生素A与正常视力有密切关系，是维持暗视力所必需的物质。另外，维生素A也是维持上皮细胞的健全、生长发育和机体的免疫力所不可缺少的物质。维生素A严重缺乏会导致夜盲症和干眼病。

23. C 【解析】幼儿皮肤薄嫩，渗透作用强，一些物质易通过皮肤吸收进入体内。例如，有机磷农药、苯、酒精等可经皮肤被吸收到体内，引起中毒。

24. C 【解析】学前教育不属于义务教育，具有非义务性的性质。

25. A 【解析】杜威主张教育要以儿童为中心，基本方法是“从做中学”。

26. B 【解析】《幼儿园工作规程》第四十一条指出，幼儿园教师对本班工作全面负责，其主要职责如下：(1)观察了解幼儿，依据国家有关规定，结合本班幼儿的发展水平和兴趣需要，制订和执行教育工作计划，合理安排幼儿一日生活；(2)创设良好的教育环境，合理组织教育内容，提供丰富的玩具和游戏材料，开展适宜的教育活动；(3)严格执行幼儿园安全、卫生保健制度，指导并配合保育员管理本班幼儿生活，做好卫生保健工作；(4)与家长保持经常联系，了解幼儿家庭的教育环境，商讨符合幼儿特点的教育措施，相互配合共同完成教育任务；(5)参加业务学习和保育教育研究活动；(6)定期总结评估保教工作实效，接受园长的指导和检查。

27. D 【解析】幼儿的品德结构包括道德认知、道德情感、道德意志、道德行为。故道德理论不属于幼儿德育要素。

28. C 【解析】操作法是指儿童按照一定的要求和程序通过自身的实践活动进行学习的方法。

29. D 【解析】家长接待日是幼儿园安排一个固定的时间，由主管领导接待家长的来访，解答家长对园所及班级保育教育、管理等方面工作的疑问，听取家长的意见和建议，或设意见箱收集家长的意见，从而更好地改进和完善园所工作，拉近家园之间的距离。

30. A 【解析】陶行知创立了生活教育理论和教、学、做合一的教育方法，主张办适合中国国情的、省钱的、平民的幼稚园。陈鹤琴创立了“活教育”理论，主张办中国化、平民化、科学化的幼儿教育。张雪门在他几十年的幼教理论钻研与实践中，注重课程研究，逐步形成了“行为课程”的理论体系，成为我国幼儿教育中的一份宝贵遗产。三者都属于中国近代幼教的开创者。黄炎培是我国职业教育的创始人，与题目要求的幼教开创者无关，故选A项。

31. C 【解析】儿童是学习的主体，只有儿童积极参与、主动建构，课程才能内化为他们的学习经验，促进其

身心发展。发挥主体性原则,要尊重儿童人格、尊重儿童需要、激发儿童的主动性。贯彻主体性原则应注意:(1)准确把握儿童发展的特点和现状;(2)在活动之前还要善于激发学前儿童的学习兴趣和动机。

32. B 【解析】思考的合作者是指当教师面对幼儿的疑问一时也难以点拨时,则可以以合作伙伴的身份出现,共同探讨,共同成长。

33. C 【解析】思维是对事物概括的反映。思维不像感知觉那样只反映事物的个别属性或个别具体的事物,而是反映一类事物共同的本质属性,或事物之间的规律性联系。题干的描述反映了思维的概括性。

34. B 【解析】幼儿肠黏膜的发育较好,有丰富的血管和淋巴管,因此吸收功能比成人强。幼儿肠壁肌层及弹力纤维发育不完善,肠的蠕动功能比成人弱,容易发生肠道功能紊乱,再加上幼儿肠内各种消化液的质量差,所以幼儿的消化能力较差。故B项说法错误。

35. B 【解析】小班幼儿由于认知水平有限,对语言的理解能力也弱,还不能理解否定句、反问句等复杂语法结构的句子,因此教师在与幼儿交谈或者讲课中应避免使用这些语句。

36. C 【解析】我国心理学工作者对3~6岁幼儿语音的发展进行研究,总结出我国幼儿语音发展的特点如下:(1)幼儿发音的正确率随年龄的增长而提高,错误率随年龄的增长而不断下降;(2)3~4岁为语音发展的飞跃期;(3)对韵母发音的正确率高于声母;(4)大多数3岁以上幼儿对声母发音没有困难,部分3岁幼儿不容易发清辅音;(5)幼儿语音的正确率受教育条件、家庭环境和社会环境的影响;(6)语音意识逐渐发展起来,出现对语音的意识,开始能够自觉地、有意识地对待语音。

37. B 【解析】由于遗传及先天、后天环境的千差万别,儿童生理成熟的时间、速度等方面都存在个别差异。这些差异影响并制约着儿童心理发展的个别差异。例如,女孩的语言发展比男孩早,是和女孩的相应部分生理成熟较早有关。

38. D 【解析】生活制度和作息制度在儿童的时间知觉中起着极为重要的作用,幼儿常以作息制度作为时间定向的依据(如“早上是上幼儿园的时间”“晚上是看完动画片上床睡觉的时间”)。

39. D 【解析】幼儿教师的劳动任务的全面性体现在:在托儿所和幼儿园中,幼儿教师要全面负责儿童的整个活动,不仅照料儿童的生活起居,饮食睡眠,指导他们进行身体锻炼,关心他们身心的健康,还要指导他们开展游戏、学习、劳动、散步等各项活动,促进他们在智力、情感、社会性等方面的发展。

40. A 【解析】《3~6岁儿童学习与发展指南》健康领域中动作发展部分目标3“手的动作灵活协调”的教育建议指出,幼儿园在布置娃娃家、商店等活动区时,多提供原材料和半成品,让幼儿有更多机会参与制作活动。

四、判断题

题序	41	42	43	44	45	46	47	48	49	50
答案	×	√	×	×	×	√	√	√	×	×

41. × 【解析】运动量过大,比如长时间站立、行走或负重,会使脚底肌肉过于疲劳而松弛;运动量太小,经常不运动,脚底的肌肉、韧带得不到锻炼,也不会结实。所以为了使幼儿脚底的肌肉、韧带长结实,应选择运动量适宜的活动。

42. √ 【解析】《幼儿园教育指导纲要(试行)》第三部分组织与实施第八条指出,幼儿同伴群体及幼儿园教师集体是宝贵的教育资源,应充分发挥这一资源的作用。

43. × 【解析】幼儿的游戏以间接指导为主,但效果的好坏不是以直接指导和间接指导为区分。。

44. × 【解析】维生素D缺乏性佝偻病的症状有:(1)多汗、夜惊、烦躁、睡眠不安;(2)学前儿童经常因多汗摇头擦枕,致使枕部秃发;(3)骨骼病变。儿童期恐惧是一种心理卫生问题。它是指儿童对某些物体或情景产生过分激烈的情感反应;恐惧强烈、持久,影响正常的情绪和生活,特别是到了某个年龄本该不再怕的事,仍表现惧怕。题干中多汗、夜惊、烦躁、睡眠不安等表现是佝偻病的症状。

45. × 【解析】直观形象记忆法是应用形象代替语言、文字以提高记忆效果的方法。常见的直观形象法有图形形象法、物体形象法、数字形象法、字母形象法等。题干中运用的是直观形象记忆法。

46. √ 【解析】《幼儿园教育指导纲要(试行)》第三部分第五条指出,教育活动内容的选择应遵照本《纲

要》第二部分的有关条款进行，同时体现以下原则：(一)既适合幼儿的现有水平，又有一定的挑战性；(二)既符合幼儿的现实需要，又有利于其长远发展；(三)既贴近幼儿的生活来选择幼儿感兴趣的事物和问题，又有助于拓展幼儿的经验和视野。

47. √ 【解析】幼儿教师教育能力的高低，直接关系到教育任务能否完成以及幼儿园的办园质量。幼儿教师的教育能力主要包括确定教育内容的能力和选择教育策略的能力。

48. √ 【解析】《幼儿园教育指导纲要(试行)》第四部分“教育评价”中第二条指出，管理人员、教师、幼儿及其家长均是幼儿园教育评价工作的参与者。评价过程是各方共同参与、相互支持与合作的过程。

49. × 【解析】幼儿方位知觉的发展趋势是：3 岁辨别上下方位，4 岁开始辨别前后方位，5 岁开始能以自身为中心辨别左右方位，6 岁幼儿虽然能完全正确地辨别上下前后四个方位，但以左右方位的相对性来辨别左右仍然感到困难。

50. × 【解析】家长开放日指幼儿园定期或不定期地向家长开放，届时邀请家长来园观摩和参观幼儿园的活动。家长观摩或参加幼儿园的活动，可以从中具体了解幼儿园教育工作的内容、方法；可亲眼看到自己孩子在各方面的表现，得知孩子的发展水平与交友状况，特别是可以看到自己的孩子在与同龄幼儿相比较中显示出的优势与不足，从而有助于家长深入了解孩子，与教师合作有针对性地教育孩子。同时，家长在观摩与参与活动的过程中，还可以观察到教师的教养态度、教养方法、教养技能，领会教师的教育要求和方法，增进家长对幼儿园工作的认同感，从而更好地借鉴和改进家庭教育方法。

五、填空题

51. 现场实验　实验室实验　前实验　准实验　真实验　探索性实验　验证性实验

52. 门卫　房屋　设备　幼儿接送交接　活动组织　幼儿就寝值守　安全责任制　应急预案

53. 爱祖国　爱家乡　爱集体　爱劳动　爱科学

六、简答题(参考答案)

54. 幼儿进食的卫生要求有哪些？

(1)良好的物理环境；

(2)良好的心理环境；

(3)适当的进餐速度；

(4)进餐时不谈笑打闹；

(5)不强迫幼儿进食。

55. 简述幼儿从幼儿园进入小学，将面临哪些方面的转变。

(1)办学性质。小学是义务教育，有严格的教育要求，学校对学生学习成绩要进行考试、检查。

(2)教学内容。小学的教育内容是以符号为媒介的学科知识，其抽象水平相对较高，这种学习内容只有当学习者的思维具有一定的抽象、概括能力时才能理解和接受。

(3)教学方法。小学教师多采用演绎法，即教师教学生一些规律性的知识，然后用例题来证明此规律是正确的，这一过程与幼儿阶段的学习过程正好相反。

(4)主导活动方面。小学阶段的主导活动是各种学科文化知识的学习，以上课为主要的教学形式，教学方法相对固定、单一，有一定的家庭作业及必要的考试制度。

(5)作息制度及生活管理。小学的生活节奏快速、紧张；作息制度非常严格，每天上课时间较长；纪律及行为规范带有强制性；教师对儿童在生活上的照料明显减少。

(6)师生关系。小学阶段的师生接触主要是在课堂上，个别接触少，涉及面较窄。

(7)环境设备的选择与布置。小学教室的环境布置相对严肃，成套的课桌椅排列固定，教室内没有玩具，学生自由选择活动的余地较少。

(8)社会及成人对儿童的要求和期望。对小学生的要求相对严格、具体，家长对小学生具有很高的期望，儿童的学习压力大，自由少，要负担一定的社会责任。

56. 简述幼儿园以游戏为基本活动的目的。

(1)创造适宜的幼儿园生活和教育。幼儿园以游戏为基本活动，一方面固然是要满足幼儿游戏的需要，为幼儿创造适宜他们身心发展特点与需要的幼儿园生活，为幼儿能拥有快乐的童年生活做出积极的贡献；另一方面也要寓教育于游戏这种适宜幼儿身心发展特点与需要的活动之中，积极促进与引导幼儿的学习与发展，为幼儿终身的学习与发展奠定良好的素质基础。幼儿园以游戏为基本活动必须注重这两个方面目的的和谐统一，使幼儿园既成为

幼儿的生活场所,也成为幼儿的受教育场所。

(2)促进幼儿的主体性发展。幼儿园以游戏为基本活动,致力于创造以幼儿的主体性活动为特征的幼儿园教育活动体系,通过促进幼儿主体性的发展来带动幼儿身心各方面的发展,使幼儿在生动活泼、主动的学习中获得健康的发展。

57. 简述学前儿童发生气管异物时的正确处理方法。

(1)年龄较小的学前儿童,可将其倒提起来,使头低于臀部,拍背。

(2)年龄较大的学前儿童,可让其趴卧在成人腿上,头部向下倾斜,成人轻拍其后背。

(3)成人站在患者身后,用两手紧抱学前儿童腹部,迅速有力地向上勒挤。

(4)可用海式手法,救护者从后方抱住小儿的腰部,用一只手的空心拳顶住小儿腹部的尖突下二横指,另一只手按住空心拳的手,双手用力向里、向上冲击,促使横膈肌压缩肺,产生气流,将进入气管中的异物冲出。

(5)若仍不能取出,应立即送往医院处理。

58. 简述学前儿童的记忆策略。

(1)视觉复述策略。儿童在记忆过程中使用的一个最为简单的策略,就是将自己的注意力有选择地集中在所要记住的事物上,如不断地注视目标刺激,以加强记忆,这可以视为一种"视觉复述"。

(2)特征定位策略。儿童对目标刺激"贴上"某种特定的标签以便于记忆。

(3)复述策略。在记忆过程中,儿童不断重复需要记忆的内容,以便准确、牢固地记住这些信息。

(4)组织性策略。主体在记忆过程中将记忆材料按不同的意义组织成各种类别,编入各种主题,使它们产生意义联系,或对内容进行改组,以便于记忆的方法。

(5)提取策略。个体在回忆过程中,将贮存于长期记忆中的特定信息回收到意识水平上的方法和手段。

七、案例分析题(答案要点)

59. (1)培养幼儿的安全及自我保护意识。①可通过各种有趣的游戏让幼儿掌握一些关于安全的基础信息,如记住自己、父母、老师的姓名、家庭住址、电话号码以及所在幼儿园的名称;懂得保护身体各部分器官;能够熟练运用各种求救电话等。②要让幼儿掌握一些简单的安全技巧,在幼儿成长过程中,安全的责任要逐步从大人手中转交到孩子自己手中,我们再细心也无法预见到孩子可能面临的危险,而且即使预见到危险,也并不意味着能代替孩子避开危险,所以安全教育中最好的办法是让幼儿掌握一些避开、应对危险的技巧和方法。

(2)创设良好生活环境,培养幼儿良好的生活习惯。利用环境进行教育也是我们不能忽视的一种教育手段。因为环境可对幼儿进行生动、直观、形象而又综合性的教育。

(3)引导幼儿找出身边的安全隐患。在日常生活中要注重调动幼儿的主动性、积极性,让他们亲自参与到安全教育之中。如让幼儿亲自找一找身边(室内、室外)哪些地方容易发生危险,怎样想办法消除这些危险,教师和幼儿一起设计标志,并把它们贴到适当的位置上。

(4)利用生动的生活和游戏活动,增强幼儿处理紧急情况的能力。幼儿总会遇到某些紧急情况,缺乏社会生活锻炼的机会是幼儿不会正确应对危险的原因之一。因此,教师可设计一些角色扮演游戏或实景演习来帮助幼儿掌握一些躲避、处理危险的简单方法,学会独立处理问题。

江苏省南通市教师招聘考试幼儿园教育理论基础精准对练试卷(十七)

第一部分　教育基础知识

一、单项选择题

题序	1	2	3	4	5	6
答案	B	D	A	B	B	C

1. B 【解析】教书育人的师德规范要求教师不以分数作为评价学生的唯一标准。题干中的班主任按学生的分数给学生排名次,并把名次作为安排座位和评优推先的唯一标准,这种做法是以分数作为评价学生的唯一标准,违反了教书育人的师德规范。

2. D 【解析】综合实践活动是一门以学生的经验与生活为核心的实践性课程。综合实践活动是新的基础教育课程体系中设置的必修课程。

3. A 【解析】古代雅典在西方最早形成体育、德育、智育、美育和谐发展的教育,教育内容比较丰富,教育方法也比较灵活,教育目的是培养有文化、有修养和多种才能的政治家和商人。

4. B 【解析】在著作《教育漫话》一书中,洛克详细论述了绅士教育的内容(即体育、德育和智育)及方法。

5. B 【解析】马卡连柯指出:教师要影响个别学生,首先要去影响这个学生所在的集体,然后通过集体和教师一道去影响这个学生,便会产生良好的教育效果。这就是著名的“平行教育原则”。即教育者要把集体教育和个别教育有机地结合起来。

6. C 【解析】个体身心发展同一方面在不同年龄阶段的发展速度和不同方面的发展水平都是不平衡的。所以教育要把握施教的关键期或最佳期,视时而教、及时施教。

二、判断题

题序	7	8	9	10	11	12
答案	×	√	√	×	×	×

7. × 【解析】个体身心发展的互补性是指机体一方面的机能受损甚至缺失后,可通过其他方面的超常发展得到部分补偿。题干所述体现了个体身心发展的互补性。

8. √ 【解析】广义的教育者指对受教育者的态度、知识、技能、思想、品德等方面起到教育影响作用的人。

9. √ 【解析】教师因本职工作的伟大而感到光荣的道德情感是自豪感。

10. × 【解析】荀子是有关教育目的的社会本位论的代表人物。社会本位论认为教育的目的是为社会培养合格的成员和公民,使受教育者社会化,社会价值高于个人价值,教育质量和效果可以用社会发展的各种指标来评价。题干中从“礼”出发,对人进行教化,即通过教育来教化民众,培养社会公民,这一观点注重教育的社会价值,体现了社会本位论的观点。

11. × 【解析】教育法律关系发生以后,如果法律关系的构成要素改变了,法律关系也随之变更。

12. × 【解析】《中小学班主任工作规定》第十六条规定,班主任在日常教育教学管理中,有采取适当方式对学生进行批评教育的权利。

三、简单题(参考答案)

13. 教育过程中偶发事件的处理方法有哪些?

(1)沉着冷静面对;(2)机智果断应对;(3)公平民主处理;(4)善于总结引导。

四、抄写题

14. 苏联教育理论家苏霍姆林斯基提出,没有自我教育就没有真正的教育。这样一个信念在我们的教师集体的创造性劳动中起着重大的作用。

第二部分　学科专业知识

五、填空题

15.《世界图解》　《母育学校》

16. 爱幼儿

17. 3　保育和教育

18. 联合游戏

19. 象征期　图式期

20. 音乐欣赏活动　打击乐演奏活动

六、单项选择题

题序	21	22	23	24	25	26	27	28	29	30
答案	A	C	D	A	C	C	C	C	B	C
题序	31	32	33	34	35	36	37	38	39	40
答案	C	B	B	C	D	D	C	D	B	C

21. A 【解析】幼儿园班级管理指班级保教人员充分利用幼儿园的人、财、物、时间、信息等资源,以班级为单位,通过计划、组织、实施、总结等环节,实现育人的目标。

22. C 【解析】评价蛋白质的营养价值应从“量”和“质”两个方面进行。量就是看食物蛋白质的绝对含量,食物中蛋白质含量愈高,则营养价值愈高。质就是看食物中必需氨基酸的种类是否齐全,必需氨基酸的相互比例是否合适。

23. D 【解析】1927 年 11 月,在陶行知领导下,由张宗麟协助筹措在南京郊区创办南京燕子矶幼稚园。该园是中国第一所乡村幼稚园,又是陶行知的生活教育理论试用于幼稚教育领域的试验田。办园宗旨在于研究和试验如何办好农村幼稚园的具体方法,以便在全国农村普及。

24. A 【解析】幼儿记忆发展的特点包括:(1)无意记

忆占优势，有意记忆逐渐发展；(2)记忆的理解和组织程度逐渐提高；(3)形象记忆占优势，语词记忆逐渐发展；(4)幼儿记忆的意识性和记忆方法逐渐发展。

25. C 【解析】格塞尔的成熟势力发展理论简称为成熟论，其主要观点是：儿童的发展是一个顺序模式的过程，这个模式是由机体成熟预先决定和表现的。成熟是一个由遗传因素控制的有顺序的过程，是机体固有的过程。

26. C 【解析】个性的社会性是指一个人在社会中生活，受到周围环境和人际关系的影响，形成对世界、社会、劳动、他人、自己的认识和观点。这些个人的认识和观点的形成反映着社会集团的意识形态和各种社会关系，如生产关系、政治关系、团体关系、家庭关系等。一个人在社会生活中交往越广泛，社会关系也就越复杂和越深刻，他的精神世界也就越丰富。

27. C 【解析】生殖系统在出生头 12 年里几乎没什么发育，到青春期迅速发育，并很快达到成人水平。

28. C 【解析】德国的福禄贝尔是教育史上第一个系统研究游戏的价值并尝试创建游戏实践体系的教育家。他认为，游戏是儿童内部存在的自我活动的表现，是一种本能性的活动。他将游戏的本质归结为生物性。

29. B 【解析】游戏是幼儿进行社会交往的起点，并为幼儿提供了大量交往的机会，使幼儿逐步学会了认识自己和同伴，并能正确地处理自己和同伴之间的关系。在角色游戏中，幼儿通过对同伴关系的处理，提高了社会交往能力，加快了幼儿的社会化进程。

30. C 【解析】精细动作是指小肌肉动作，如画画、剪纸、玩积木、翻书、穿珠子等。粗大的动作是指活动幅度较大的动作，也是大肌肉群的动作，包括走、跑、跳、踢等。双手接球属于大肌肉群的动作。

31. C 【解析】分离焦虑是孩子与其依恋对象分离时产生的一种消极的情绪体验。初入幼儿园的幼儿常常有哭闹、不安等不愉快的情绪，这是因为幼儿产生了分离焦虑。

32. B 【解析】《3～6 岁儿童学习与发展指南》科学领域科学探究中目标 2“具有初步的探究能力”指出，4～5 岁幼儿能通过简单的调查收集信息。

33. B 【解析】麻疹是一种由麻疹病毒引起的急性呼吸道传染疾病，具有高度传染性。故 A 项正确，B 项错误。人类对麻疹普遍易感，麻疹患者以学前儿童居多。临床上以发热、结膜炎、上呼吸道炎及皮疹为主要表现，以发病 2～3 天后颊黏膜出现麻疹黏膜斑(费－科氏斑)为特征。一般在发热 3～4 天后出现皮疹，皮疹先见于耳后发际，逐渐波及额部、面部，然后自上而下，急速蔓延全身，最后到四肢。

34. C 【解析】儿童的语言模仿有四种不同的方式：即时的、完全模仿；即时的、不完全模仿；延迟模仿；创造性模仿。延迟模仿是指幼儿从各种途径自然而然地接受语言，不立即模仿说出，只是隔一段时间后，或在类似情境出现时，才模仿说出相似的语言。

35. D 【解析】儿童在 2～3 岁的时候，掌握代名词“我”，是儿童自我意识萌芽的最重要标志。

36. D 【解析】幼儿初期对自己或别人的评价带有依从性，往往都是成人评价简单的复述。

37. C 【解析】在幼儿园歌唱活动中，教师要有意识地在引导幼儿在歌唱的同时，为他们提供有利于培养创造性的活动和机会，以发展幼儿的创造力。其活动形式一般有创编动作和创编歌词两种。

38. D 【解析】亲社会行为的发展是幼儿道德发展的核心问题。

39. B 【解析】儿童的性别概念主要包括三种成分：性别认同、性别稳定性和性别恒常性。性别认同是指对自己和他人的性别的正确认识。性别认同出现的年龄较早，大致在 1.5～2 岁。性别稳定性是指对自己的性别不随其年龄、情境等的变化而改变这一特征的认识。儿童的性别稳定性一般在 3～4 岁的时候就出现了。性别恒常性是指对人的性别不因为其外表(如衣着打扮等)和活动的变化而改变的认识。

40. C 【解析】家庭教育的随机性体现在不受时间和空间的限制，可随时随地对孩子进行教育。

七、判断题

题序	41	42	43	44	45	46	47	48	49	50
答案	×	×	×	√	√	√	×	×	√	√

41. × 【解析】《3～6 岁儿童学习与发展指南》健康领

域中“身心状况”部分目标3具有一定的适应能力的教育建议指出，幼儿每天的户外活动时间一般不少于2小时，其中体育活动时间不少于1小时，季节交替时要坚持。

42. × 【解析】剧烈运动后不宜马上喝大量的开水。饮入大量的水分会影响横膈膜的运动，水分大量进入血液也会增加心脏的负担。但是，因为运动时大量出汗，失水和盐较多，会出现头晕、眼花、口渴等症状，严重时会晕倒，所以最好喝少量淡盐水。

43. × 【解析】《幼儿园教育指导纲要(试行)》语言教育领域内容与要求指出，应利用图书、绘画和其他多种方式，引发幼儿对书籍、阅读和书写的兴趣，培养前阅读和前书写技能。

44. √ 【解析】课程游戏化不是幼儿园课程改革的唯一路径(是实现幼儿园课程改革的重要手段之一)。课程游戏化不是把幼儿园所有的活动变成游戏，而是要确保儿童的自由游戏时间，自由、自主、愉悦和创造的游戏精神要渗透到幼儿园所有的活动中来。

45. √ 【解析】《3~6岁儿童学习与发展指南》科学领域指出，成人要善于发现和保护幼儿的好奇心，充分利用自然和实际生活机会，引导幼儿通过观察、比较、操作、实验等方法，学习发现问题、分析问题和解决问题。

46. √ 【解析】档案袋评价，又称为“文件夹评价”，是指收集儿童在学习过程中有代表性的作品和典型的表现记录，以儿童的现实表现作为判断儿童学习质量依据的评价方法。这种评估活动从多种渠道收集资料，旨在提供有关学生学习的实际水平的各种材料，重视儿童发展的过程，能从多角度、多侧面来判断儿童的优点和发展可能性，为描绘每个儿童的学习情况剖面图和发展过程提供了真实而详细的资料。

47. × 【解析】鼻是呼吸系统的主要器官，肺是气体交换的场所。

48. × 【解析】幼儿各肌肉群的发育是不平衡的。支配上、下肢的大肌肉群发育较早，1岁左右会走，3岁时上、下肢的活动更加协调，5岁时下肢肌肉发育较快，肌肉的力量和工作能力都有所提高。而小肌肉群如手指和腕部的肌肉群发育较晚，3~4岁还不能运用自如，往往不会很好地拿笔和筷子，5岁以后这些小肌肉群才开始发育，能比较协调地做一些较精细的动作。

49. √ 【解析】从出现一般传染病所共有的发热、头疼、疲乏、食欲缺乏等症状后到开始出现传染病所特有的明显症状，这段时期称为前驱期。由于前驱期患儿仅有一般性症状，故易被忽视和误诊。如果起病急可不出现前驱期，传染病在前驱期已具有传染性。

50. √ 【解析】依恋是指婴儿寻求并企图保持与另一个人亲密的身体与情感联系的倾向。

八、简答题(参考答案)

51. 简述蒙台梭利的教育思想。

(1)幼儿自我学习的法则；

(2)重视教育环境的作用；

(3)教师的作用；

(4)幼儿的自由和作业的组织相结合的原则；

(5)重视感觉教育。

52. 学前儿童为什么容易发生意外事故？

(1)保教人员安全意识不强，安全措施落实不到位；

(2)幼儿缺乏生活经验，安全观念淡薄；

(3)幼儿运动系统发育不完善，平衡功能较差；

(4)托幼机构的客观环境因素。

九、案例分析题(参考答案)

(1)①案例中王老师充分尊重幼儿游戏的氛围和游戏中的想象、探索、表现、创造。当幼儿提出游戏里没有小朋友扮演交警时，王老师没有立即停止游戏进行指导和说明，而是保持游戏的氛围，运用言语解决了这一问题，保证了幼儿游戏的积极性，同时也提高了幼儿游戏的自主性，保证了游戏的正常进行和游戏功能的实现。②王老师在看到幼儿游戏进程受阻的情况下才介入，同时以舞台管理者的角色介入游戏，积极地帮助幼儿为游戏做准备，并随时为正在进行的游戏提供帮助。没有破坏游戏进程，更没有控制游戏进程，在充分尊重幼儿游戏自主性的前提下保证游戏的顺利进行。(言之有理即可)

(2)如何指导幼儿开展角色游戏：

角色游戏前期准备：丰富幼儿的生活经验，提供适合的场所以及丰富的游戏材料，提供充足的游戏时间。

角色游戏过程中的现场指导：鼓励和启发幼儿按照

自己的意愿自主确定游戏主题；教会幼儿分配游戏角色；观察、参与幼儿游戏，尊重幼儿个体差异性，给予适宜的指导。

角色游戏结束环节的指导：愉快地结束游戏，培养幼儿对游戏的兴趣；引导幼儿收拾游戏材料和场地，培养幼儿良好的习惯；评价游戏，丰富幼儿的游戏经验，提升游戏水平。

十、活动设计题（参考答案）

（一）活动名称

沙包乐（大班体育活动）

（二）设计意图

"沙包"是我国传统民间体育游戏活动中的一种游戏材料，游戏参与者通过投掷、夹跳、顶沙包等方式不仅可以锻炼其手臂的力量，同时也可以让其协调能力、反应能力、平衡能力得到发展。因此，玩沙包在幼儿园中运用得比较广泛。《3～6岁儿童学习与发展指南》健康领域将培养幼儿"具有一定的平衡能力，动作协调、灵敏与具有一定的力量和耐力"作为学习与发展目标。大班幼儿有了玩沙包的一些经验（如能单手将沙包向前投掷一定的距离等），为了让幼儿对沙包这一游戏材料有更进一步的兴趣和认识，能够自己探索出沙包的多种玩法，从而设计了本次教学活动。

（三）活动目标

(1)探索将沙包夹在两脚间向前掷包的动作，锻炼幼儿的协调运动能力；

(2)主动尝试练习，发现问题，并积极表述自己的解决方法；

(3)积极参与竞赛游戏，与同伴一起体验胜利的快乐。

（四）活动准备

经验准备：幼儿已有玩沙包的经验。

物质准备：沙包人手一个。

（五）活动重难点

重点：促进幼儿协调运动能力的发展。

难点：对运动的协调性、控制能力的掌握。

（六）活动过程

1. 准备部分

幼儿排成4列，站在相对应的垫子上做热身运动。

上肢动作——下蹲动作——踢腿动作——体侧动作——跳跃动作。

2. 开始部分

(1)自由玩沙包，拓展沙包玩法

师：今天我们要用沙包锻炼身体，请小朋友先自己一个人玩沙包，看谁能玩得和别人不一样。

（幼儿自由探索玩沙包，教师观察指导）

师：谁来说一说你是怎样玩的？（抛、接、头顶着走平衡木、投掷……）

(2)学习新玩法，双脚夹沙包跳

（听口令，幼儿站成两排横队，面对面站）

①教师示范讲解。

师：刚才小朋友们用许多方法玩沙包，我有一种用脚来玩沙包的新方法，你们想不想学一学？

（教师示范讲解，将沙包放在地上，用双脚夹住，然后用力跳起，将沙包抛向前方，强调要在跳起时用力抛出沙包，这种玩法叫"夹包跳"）

②幼儿练习，教师观察指导

③请两名幼儿做示范（一强一弱），教师帮助幼儿掌握动作要领。

师：把沙包放在脚的什么部位最好？在什么时候抛出沙包？跳得高好还是跳得低好？

（教师小结：用双脚紧紧夹住沙包，要夹在前脚掌处，跳起时用力向前抛出，要跳高一些）

④幼儿练习，教师指导。

(3)游戏：投石进河

（听口哨声，幼儿呈四路纵队）

师：今天我们学会了一个新本领——夹包跳，下面我们来玩游戏"投石进河"，每四个小朋友为一组，轮流跑到"河边"，将沙包放在横线上，用夹沙包跳的方法投进"河里"，一定要在投进后才可以跑回，回来后拍下一个小朋友的手，击掌后下一个小朋友才可以出发，最先投完沙包的那一组为冠军。

（小朋友开展竞赛，教师观察指导。教师总结小朋友的竞赛情况）

3. 结束部分

师：今天我们学习了一种沙包的新玩法，请小朋友想一想，夹包跳除了可以向前抛，还可以向什么地方抛？你们可以再想一些新的玩法，咱们下次再玩。

（教师和幼儿一起收拾整理材料）

江苏省常州市教师招聘考试幼儿园教育理论基础精准对练试卷(十八)

一、填空题

1. 德国　福禄贝尔　教材　玩具
2. 物质环境　精神环境
3. 游戏　集体　小组　个别活动
4. 语言游戏　动作技能游戏　想象游戏　交往游戏　表演游戏
5. 掌握数的顺序　掌握数的实际意义　掌握数的组成
6. 3～6

二、单项选择题

题序	1	2	3	4	5	6	7	8	9	10
答案	A	C	D	A	D	D	C	D	B	A
题序	11	12	13	14	15					
答案	B	A	A	A	B					

1. A　【解析】中班表演游戏的特点包括:能独立进行角色分配,但角色更换意识不强,进入游戏过程较慢;嬉戏性强,目的性弱,计划性差;一般性表现为主,以动作为主要表现手段。
2. C　【解析】生长发育的功能指标是指身体各系统、各器官在生理功能上可测出的各种量度,呼吸系统常用的指标是肺活量和呼吸频率;循环系统常用的指标是心率、脉搏和血压;运动系统常用的指标为握力和背肌力。
3. D　【解析】造成我国幼儿园与小学不衔接的原因主要包括学前阶段与小学阶段的不同教育特点和幼儿身心发展的阶段性与连续性规律,A、B 两项属于学前阶段与小学阶段的不同教育特点,C 项属于幼儿园和小学不衔接的根本原因。D 项不属于造成我国幼儿园与小学不衔接的原因。
4. A　【解析】卢梭主张教育要顺应自然,要培养“自然人”,提出了自然主义的教育理论,这一理论贯穿于其代表作《爱弥儿》之中。
5. D　【解析】《3～6 岁儿童学习与发展指南》科学领域指出,幼儿的思维特点是以具体形象思维为主,应注重引导幼儿通过直接感知、亲身体验和实际操作进行科学学习,不应为追求知识和技能的掌握,对幼儿进行灌输和强化训练。
6. D　【解析】主体在记忆过程中将记忆材料按不同的意义组织成各种类别,编入各种主题,使它们产生意义联系,或对内容进行改组,以便于记忆的方法,称为组织性策略。题干中明明对图片上的内容进行分类后再记忆,是运用组织性策略的表现。
7. C　【解析】幼儿数概念的形成经历口头数数→给物说数→按数取物→掌握数概念四个阶段。数概念发展水平最低的应为口头数数,唱数即我们常说的口头数数,故本题选 C 项。
8. D　【解析】A 项、B 项、C 项缺少碳水化合物。故 D 项正确。
9. B　【解析】幼儿情绪的易受感染与暗示有关,如新入园的幼儿哭着要妈妈,会引起已经适应幼儿园生活的其他幼儿也跟着哭;有一个孩子笑,其他幼儿也会莫名其妙地跟着笑,如果老师问“你为什么笑”,幼儿往往会说“不知道”,或者指别人说“他也笑”。这些现象在小班较为明显。幼儿晚期,孩子情绪的稳定性会逐渐增强,但仍受家长和教师的感染。所以家长和教师在幼儿面前必须控制好自己的不良情绪。
10. A　【解析】合理膳食和适量运动是预防肥胖的关键所在。肥胖症的治疗原则是减少摄入热能性食物和增加机体对热能的消耗,使体内过剩脂肪不断减少,从而达到体重减轻的目的。主要采取饮食疗法与运动疗法结合治疗。故答案选 A 项。
11. B　【解析】幼儿教师劳动对象的主动性主要表现为:在幼儿教师对儿童施加影响的教育过程中,儿童既是“教”的客体,又是“学”的主体。儿童不是消极被动地接受教师的教育影响,而是通过自身的内部作用来主动选择和接纳外界的影响,形成自己的经验和知识结构,发展自己的思想感情。
12. A　【解析】幼儿想象夸张的原因包括:(1)由于认知水平尚处于感性认识占优势的阶段,因此往往抓不住事物的本质。(2)情绪对想象过程有影响。他感兴趣的东西、他希望的东西,往往在其意识中占据主要地位。他感兴趣的东西,就拼命地去夸大,甚至有时自己也信以为真。(3)幼儿想象在认知中的地位。(4)想象表现能力的局限。
13. A　【解析】张雪门的主要著作有《幼稚园教育概论》《新幼稚教育》《幼稚园的课程》《幼稚园的研

究》《幼稚园组织法》等，对丰富和提高幼儿教育理论，做出了很大的贡献。

14. A 【解析】个体思维的发展遵循直观行动思维、具体形象思维、抽象逻辑思维的顺序。

15. B 【解析】行动研究法是一种适应小范围的教育改革的探索性研究方法，是研究者为科学地解决教育活动中的实际问题，在对问题诊断分析的基础上来拟订和实施行动计划的一种循环研究的程序性方法。

三、判断题

题序	1	2	3	4	5	6	7	8	9	10
答案	×	√	×	√	×	√	×	×	×	×

1. × 【解析】儿童性别角色的认知经历了四个发展阶段，对于幼儿而言，主要经历了前三个阶段的发展：(1)知道自己的性别，并初步掌握性别角色知识(2～3岁)；(2)自我中心地认识性别角色(3～4岁)；(3)刻板地认识性别角色(5～7岁)。

2. √ 【解析】《幼儿园教师专业标准(试行)》中专业知识维度幼儿保育和教育知识领域的基本要求指出，幼儿教师要"熟知幼儿园的安全应急预案，掌握意外事故和危险情况下幼儿安全防护与救助的基本方法"。

3. × 【解析】在活动任务相同的情况下，注意的对象排列有规律时，注意的范围就要大些，而排列没有规律的，注意范围就小些；注意对象颜色相同时注意范围大些，颜色多杂时注意范围就小些。

4. √ 【解析】在弗洛伊德提出的人格发展的五个阶段里，处于性器期(3～6岁)的儿童以异性父母作为性欲对象，男孩产生恋母情结(俄狄浦斯情结)，女孩产生恋父情结(厄勒克特拉情结)。

5. × 【解析】退缩行为是指孩子表现胆小、害怕、孤独、退缩，而无精神异常的一种行为障碍。

6. √ 【解析】对幼儿园来讲，在时间上要把幼小衔接工作贯穿于幼儿园教育的各个阶段而不仅仅是大班后期；在内容上要涉及幼儿发展的各个方面而不仅仅是知识准备；在人员上要包括幼儿园全体人员、家长及有关成人而不仅仅是大班老师。

7. × 【解析】幼儿阶段身体的发育和机能的健全发展是其他一切发展的基础。因此，幼儿园教育要把幼儿身体的健康发展放在首位。

8. × 【解析】攻击性行为是一种以伤害他人或他物为目的的行为，是一种不受欢迎但却经常发生的行为。攻击性行为最大的特点是其目的性。

9. × 【解析】游戏化的活动并不是真正意义上的游戏。如游戏化的劳动，是以游戏的形式进行劳动，但并不意味着劳动与游戏等同，也并不意味着游戏化的活动就是游戏。

10. × 【解析】"点心"应以低脂肪、低热量为宜，不吃甜食和油煎炸的食物，着重补充维生素C，如半个苹果、一个橘子、几片水萝卜。

四、简答题(参考答案)

1. 简述如何针对幼儿的气质特征采取适宜的教育措施。

(1)对于容易兴奋的儿童，要教会他们自制，午睡先醒时要安静地躺着，养成安静、遵守纪律的习惯；(2)对于行动畏怯的儿童，要多肯定他们的成绩，培养他们的自信心，激发他们活动的积极性；(3)对于热情活泼、难于安静下来的儿童，要着重培养他们专心工作、耐心做事的习惯；(4)对于反应迟缓、沉默寡言的儿童，要鼓励他们多参加集体活动，引导他们多与同伴交往，教给他们各种活动技能和工作方法。

2. 简述学前教育的特殊原则。

(1)保教合一的原则；

(2)以游戏为基本活动的原则；

(3)教育的活动性和直观性原则；

(4)生活化和一日活动整体性的原则。

3. 简述皮亚杰儿童认知发展的四个阶段。

(1)感知运动阶段(0～2周岁)；(2)前运算阶段(2～7周岁)；(3)具体运算阶段(7～11周岁)；(4)形式运算阶段(11～15周岁)。

五、综合题(参考答案)

1. 游戏是幼儿的基本活动。试分析在幼儿的游戏活动中，教师起什么样的作用，创设幼儿园游戏环境有哪些要求。

(1)教师的作用：①为游戏开展做好充分的前期准备，包括激发幼儿游戏的兴趣，丰富其相关经验，提供适宜的游戏材料，安排布置游戏场地等；②细致观察幼儿在游戏中的各种行为，了解幼儿在游戏中的表现，如游戏中的同伴关系，游戏的持续时间、专注

程度,幼儿与材料的互动关系,等等;③根据上述观察的情况,结合幼儿的特点,适时、适度、适当地参与幼儿游戏,促进游戏顺利开展,帮助幼儿拓展和丰富游戏情节,提升游戏水平;④组织幼儿结束游戏,整理游戏材料,引导幼儿分享经验,提升游戏水平,酌情对幼儿开展游戏的情况进行总结。

(2)要求:①具有安全性。安全性主要包括心理安全和身体安全两方面。心理安全是指幼儿获得充分游戏活动的机会,让幼儿感到自己在集体中是受尊重、受欢迎的;充分尊重幼儿的自由和个性,让幼儿在游戏中有自由感、被许可感,能够按照自己的经验和愿望进行游戏。身体安全主要是指游戏场所便于通行和玩耍;游戏的玩具材料摆放安全可靠、牢固结实,没有导致幼儿摔倒、碰撞、刺伤等危险的因素存在;室内空气保持新鲜,并有充足的采光,设备要定期清洗消毒、保持卫生;户外游戏场地里的大型体育器械等要定期检查、修理,最好有草坪、沙地及土质地。②具有丰富的刺激性。为激发幼儿的好奇心和求知欲,游戏环境必须具有丰富多彩的特点,既要是幼儿所熟悉的,又要能引起他们主动、积极探索,以刺激他们去发现问题、解决问题,激发他们从游戏中学习和寻求有用的知识经验,同时还应给幼儿提供学习的机会,让他们成为环境中的主探索者,促进其想象力和创造力的发展。③具有可参与性。游戏环境的创设必须适合幼儿的发展水平和多种兴趣,同时还要考虑个别幼儿的个体差异,尽量为每个幼儿提供可能发展的空间,为他们顺利开展游戏提供条件。如在已创设好的环境中,要提供两个待用区、放置一定数量的未成型玩具,以适合和满足不同幼儿的需要,让每个幼儿都能真正参与、融入游戏环境中去。④注意教育性和可控性相结合。游戏环境的教育性是指教师在教育目标的指引下将各种条件加以优化、合理组合,把教育意图渗透在游戏环境中,创设与教育相适应的良好环境。可控性指教师有效地调整环境中的各要素,维持环境的动态平衡,使它始终保持在最适合幼儿发展的状态。注意将游戏环境中的教育性和可控性相结合,可以帮助教师随时根据教育和幼儿发展的需要创设最适宜的游戏环境。

2.(1)《3~6岁儿童学习与发展指南》语言领域小班幼儿倾听与表达的目标包括:①认真听并能听懂常用语言;②愿意讲话并能清楚地表达;③具有文明的语言习惯。案例中小苏没有做到认真听,不能听懂常用语言,不愿意讲话,不能清楚地表达。

(2)如果我是陈老师,我的教育建议:①多给幼儿提供倾听和交谈的机会;②引导幼儿学会认真倾听;③对幼儿讲话时,注意结合情境使用丰富的语言,以便于幼儿理解;④为幼儿创造说话的机会并体验语言交往的乐趣;⑤引导幼儿清楚地表达。

江苏省淮安市教师招聘考试幼儿园教育理论基础精准对练试卷(十九)

一、填空题

1. 自然实验法　实验室实验法
2. 3
3. 1~2
4. 自我中心言语
5. 巴布金反射
6. 夸美纽斯
7. 非正式量具测量
8. 自我体验　自我调节

二、单项选择题

题序	1	2	3	4	5	6	7	8	9	10
答案	A	C	D	A	D	B	B	D	D	A

1. A 【**解析**】婴幼儿代谢旺盛,需消耗较多的氧气,因此只能通过加快呼吸频率来满足生理需要,年龄越小,呼吸频率越快。

2. C 【**解析**】幼儿园主题活动是建立在对儿童已有经验和活动过程的学习状况有充分了解的基础上而展开的。幼儿园主题活动的计划不能是死板的,教师要细致考虑到与主题有关的各种可能性,在活动中要及时捕捉儿童活动的信息,并及时做出反应,调整计划。题干中老师的做法反映了幼儿园主题活动的特点是富有弹性的计划。

3. D 【**解析**】语义记忆又称语词逻辑记忆,是个体对以各种有组织的知识为内容的记忆。语义记忆是以语词所概括的事物的关系以及事物本身的意义和性质为内容的记忆。例如,概念、定理、公式和规则等。

4. A 【**解析**】矫治儿童的口吃时,首先要消除环境中的各种不良因素,避免周围人对儿童的嘲笑和模仿,要消除儿童对口吃的紧张心理,树立信心,鼓励儿童

主动练习，大胆地说话，自由地呼吸，放松与说话器官相关的肌肉。

5. D 【解析】学前儿童的思维常根据自己的生活经验来进行。例如，学前儿童把热水倒入鱼缸中，问他为什么时，他说，老师说了喝开水不生病，小鱼也应该喝开水。学前儿童是从他自己的具体生活经验去思维的，而不是按老师的逻辑推理进行思维。

6. B 【解析】生长发育是儿童特有的能量消耗，幼儿对能量的需求与生长发育速度成正比。

7. B 【解析】格塞尔认为支配儿童心理发展的首要因素包括成熟与学习。格塞尔认为学习需要一定的成熟作为基础，某机能的生理结构未成熟之前，学习训练是不能进行的，只有在达到足以使某一行为模式出现的发育状态（成熟状态）时，训练才能奏效。“同卵双生子爬梯”实验论证了成熟论的观点。

8. D 【解析】学前儿童掌握的各种概念中以实物概念为主。在实物概念中，又以掌握具体实物概念为主，即以掌握基本概念为主。随着学前儿童年龄的增长，到幼儿晚期，他们开始能够掌握一些生活中常见的抽象概念，但学前儿童对这类概念的掌握也离不开事物的形象和具体活动的支持。选项中的“桌子”“椅子”“床”对幼儿来说是具体的实物概念，幼儿容易掌握，但“家具”是抽象的概念，幼儿较难掌握。

9. D 【解析】幼儿观察的发展，表现在观察的目的性、持续性、细致性和概括性等方面都在逐渐完善。儿童观察概括性的提高主要体现在：幼儿初期，只能观察到个别对象或事物的表面现象，看不出事物之间或者事物各个部分之间的联系，得到的是零散、孤立的现象，这些不系统的信息使幼儿无法知觉到事物的本质特征。中晚期幼儿能够有顺序地进行观察，能够观察到事物之间的联系，从而获得了对事物各个部分及各部分之间关系的比较完整的系统的印象，观察的结果也接近符合事物的本来面目，因此能比较顺利概括出事物的本质特征。题干的描述说明幼儿观察概括性的提高。

10. A 【解析】幼儿大脑皮质活动的优势原则是指兴趣能促使“优势兴奋”状态的形成，人们对感兴趣的事物，往往表现为特别专注，对其他出现的无关刺激则可“视而不见”“听而不闻”。

三、判断题

题序	1	2	3	4	5	6	7	8	9	10
答案	×	×	×	√	×	×	√	×	×	√

1. × 【解析】《3～6岁儿童学习与发展指南》指出，要理解幼儿的学习方式和特点。幼儿的学习是以直接经验为基础，在游戏和日常生活中进行的。

2. × 【解析】《3～6岁儿童学习与发展指南》健康领域生活习惯与生活能力目标3的教育建议指出，幼儿园应定期进行火灾、地震等自然灾害的逃生演习。

3. × 【解析】晨检中“问”是指儿童入园时，询问家长，了解儿童在家的健康状况，如食欲、睡眠、大小便、精神等，以及有无传染病接触史。

4. √ 【解析】分类既是儿童学习科学的一种方法，也是儿童需要发展的一项重要技能。在学前科学教育中，常用的分类类型有挑选分类、二元分类、多元分类三种。

5. × 【解析】从频率上看，4岁之前，攻击性行为的数量逐渐增多，到4岁最多，之后数量就逐渐减少。

6. × 【解析】幼儿的耳蜗的感受性较强，对噪声敏感，他们基膜纤维的感受能力较成人强，所以听觉比成人敏锐。因此，要防止幼儿受噪声的影响，平时成人与幼儿讲话声音要适中，不要大喊大叫，家电的声音勿开得太响；教育幼儿听到过大的声音要张嘴、捂耳，预防强音震破鼓膜，影响听力。

7. √ 【解析】《3～6岁儿童学习与发展指南》艺术领域指出，幼儿艺术领域学习的关键在于充分创造条件和机会，在大自然和社会文化生活中萌发幼儿对美的感受和体验，丰富其想象力和创造力，引导幼儿学会用心灵去感受和发现美，用自己的方式去表现和创造美。

8. × 【解析】表演游戏的基本原则是游戏性先于表演性，游戏性与表演性应统一。

9. × 【解析】好奇心是儿童学科学的内在动机和原动力。

10. √ 【解析】幼儿认识空间方位，体现出由近及远逐步扩展的趋势。即先只限于判断自身范围的位置，再是确定与自身靠近的空间物体的方位定向，最后才能确定与自身较远的空间方位定向。

四、名词解释

1. 保教结合原则

保教合一的原则，也称保教结合或保教并重，指对幼儿保育和教育要给予同等的重视，并使两者相互配合。

2. 幼儿美育

幼儿美育是美育的一部分,是根据幼儿身心特点,利用美的事物和丰富的审美活动来培养幼儿感受美、表现美的情趣和能力的教育。

3. 转折期

转折期是指在儿童心理发展的两个阶段之间,有时出现的心理发展在短时期内急剧变化的情况。

4. 角色游戏

角色游戏是指学前儿童以模仿和想象,通过扮演角色,创造性地反映周围现实生活的一种游戏,又称想象性游戏。

五、简答题(参考答案)

1. 简述活动中影响幼儿注意稳定性的因素。

(1)注意的对象新颖、生动,形象鲜明;(2)活动的游戏化;(3)注意与幼儿操作活动的结合;(4)幼儿的身体状况。

2. 简述影响学前儿童心理发展的因素。

(1)客观因素:①遗传因素;②生理成熟因素;③社会因素。

(2)主观因素:①儿童心理本身内部的因素是儿童心理发展的内部原因;②儿童心理的内部矛盾是推动儿童心理发展的根本原因或动力。

3. 遵循发展适宜性原则包含哪几层含义?

(1)教育设计、组织、实施既符合儿童的现实需要,又有利于其长远发展。

(2)教育设计、组织、实施既适合儿童的现有水平,又有一定的挑战性;教育活动内容的安排与要求、活动过程的推进应循序渐进。

(3)教育必须促进儿童体、智、德、美诸方面全面发展。

(4)为每个儿童着想,关注个体差异。

4. 简述幼儿运动系统的保育要点。

(1)培养幼儿各种正确的姿势,防止脊柱和胸廓畸形;

(2)合理组织户外活动和体育锻炼;

(3)供给足够的营养;

(4)衣服、鞋帽应宽松适度。

六、论述题(参考答案)

1. 试述实施幼儿体育应注意的问题。

(1)注重幼儿身体素质的提高。影响幼儿体质强弱的因素有很多,如遗传、疾病、营养状况、生活环境条件、体育锻炼等,其中,科学的、适合于幼儿的体育活动是增强幼儿体质最积极、最有效的因素之一。幼儿园体育应以增强幼儿体质为核心,全面、综合地为幼儿有一个强壮、健康的身体创造条件。

(2)重视培养幼儿对体育活动的兴趣和态度。体育活动的功能必须通过幼儿自身的积极参加才可能实现,实施体育必须重视培养幼儿的兴趣和积极态度,另外体育活动的难度、趣味性以及活动的设备条件等也是教师要特别关注的。

(3)专门的体育活动与日常活动相结合。专门组织的体育活动是增强幼儿体质的有效途径,但并不是唯一的途径。因为幼儿园体育的某些目标,仅靠体育锻炼是不能完成的,还必须结合日常生活中的培养和训练。因此要实现体育的目标,必须通过多种途径,重视日常生活中的体育。

(4)注意体育活动中教师的指导方式。在不同的体育活动中,教师与幼儿相互作用的方式也不同,因此,教师在组织幼儿体育活动时,应采用不同的指导方式。

2. 试举例说明如何运用感知规律制作幼儿直观教具。

(1)运用对比的规律制作教具。感知的规律告诉我们,对象与背景差别愈小,感知就越模糊。因此,在绘制图表、制作教具或准备实验时,应力求使对象与背景在颜色色调、线条粗细、形状大小、材料性质及内容等方面有明显的差别,使知觉对象重点突出、形象鲜明,这样才易被清晰地感知。

(2)运用被感知事物的强度律制作教具。被感知的事物或需要接受的信息(包括语言、文字符号等)必须达到一定的强度才能被感知以至获得清晰的感知。所以,被感知的对象必须在其环境、背景中的相对强度要大。因此,直观教学要考虑到直观教具的颜色、大小、声音的强度等,以使幼儿能够清晰地感知。例如,呈现给幼儿的图片、挂图要色彩鲜明,篇幅大小适中,线条粗细安排合理。

(3)运用知觉的活动律制作教具。一般来说,变动的对象比静止的对象容易引起感知,吸引我们去注意观察。教师应多采用活动教具、活动卡片、活动画报、活动模型及电影、电视、录像、幻灯片、录音、唱片、广播等现代化的视听工具。例如,在图形、表格的教学中,使用符号在图上移动(如粗大的红色箭头的移动),能吸引幼儿的注意,易引起感知。

(4)根据知觉的组合律制作教具。凡是空间上接近、时间上连续的事物,都易于构成一个整体而被我们

清晰地感知。在制作和使用模像与直观教具、绘制挂图时,要线条明晰,行距适中,颜色分明,周围最好不要附加类似的线条或图形,并注意拉开距离或加上不同的色彩。

七、活动设计题(参考答案)

(一)活动名称

可爱的小娃娃(中班艺术活动)

(二)设计意图

日常生活中,幼儿比较喜欢玩橡皮泥,根据幼儿的年龄特点,满足幼儿玩橡皮泥的兴趣,因此设计了此次活动,激发幼儿的创作欲望,满足幼儿个体差异的个性化创作。

(三)活动目标

(1)会用搓圆、压扁、搓条等技能,表现泥娃娃的特征;

(2)尝试为泥娃娃进行不同的装饰;

(3)感受泥工活动的乐趣。

(四)活动重难点

重点:会用搓圆、压扁、搓条等技能,表现泥娃娃的特征。

难点:为泥娃娃进行不同的装饰。

(五)活动准备

橡皮泥、小胡萝卜块、豆子等可装饰材料、《泥娃娃》儿歌音频,提前做好的泥娃娃,泥娃娃图片。

(六)活动过程

1. 开始部分

幼儿欣赏泥娃娃的画面,听《泥娃娃》儿歌,感受歌曲带来的气氛和快乐,引入活动。

2. 基本部分

(1)出示教师制作的泥娃娃,引发幼儿兴趣。

(2)学做泥娃娃。

①请幼儿观察泥娃娃的基本形状及组成部分,思考泥娃娃的鼻子、嘴巴等用何种形状、材料制作,教师总结制作方法。

②装饰材料的使用介绍,观看泥娃娃图片,想一想可以为泥娃娃做哪些装饰(帽子、围巾、手套……)以及泥娃娃的动作可以有哪些(做游戏、滑雪、扫雪……)

③请幼儿仔细欣赏装饰效果及材料,思考自己想要制作的装饰品。

(3)幼儿操作,教师巡回指导。

鼓励幼儿大胆创作,指导幼儿将泥娃娃的身体和头搓圆。

3. 结束部分

展览作品,幼儿互相欣赏,教师总结点评。

(七)延伸部分

请幼儿在休息时,与好朋友互相介绍自己的泥娃娃。

江苏省常州市教师招聘考试幼儿园教育理论基础精准对练试卷(二十)

一、填空题

1. 无意记忆　有意记忆
2. 认知　情感　行为技能
3. 鼻　咽　喉　气管　支气管
4. 挫折
5. 个体差异
6. 视敏度　颜色视觉

二、单项选择题

题序	1	2	3	4	5	6	7	8	9	10
答案	B	C	B	A	D	A	C	A	C	B
题序	11	12	13	14	15	16	17	18	19	20
答案	B	A	A	D	D	B	B	C	A	A
题序	21	22	23	24	25					
答案	C	D	C	C	C					

1. B　【解析】斜视是指由先天或后天的因素导致的眼外肌协调运动失常,双眼不能同时注视同一物体。故本题选 B 项。

2. C　【解析】题干的表述说明幼儿的独立性、生活自理能力对入学后的适应影响很大。在培养幼儿对小学生活的适应性方面,应注意培养幼儿的独立性。

3. B　【解析】平行式介入法指教师在幼儿附近,和幼儿玩相同的或不同材料和情节的游戏,目的在于引导幼儿模仿,教师起着暗示指导作用。交叉式介入法是指教师以角色的身份参与游戏,以游戏情节需要的动作、语言来引导幼儿游戏的发展。题干中叶老师以角色的身份参与游戏,并通过语言指导游戏的发展,属于交叉式介入法。材料指引法是通过教师为幼儿提供材料,引发游戏的兴趣,促进游戏的延续和提升的方法,题干中并未涉及游戏材料。垂直介入法是指教师以旁观者的身份对儿童游戏进行言语

（建议、询问、评论等）或非言语（如手势、眼神、表情、动作等）的指导。一般用于幼儿游戏中出现攻击性、违反游戏规则、损害玩具等行为时，教师以教师的身份进行直接的干预。垂直式介入的方式明确而直接，但是常常存在武断、强迫、命令等不恰当行为，极易干扰、破坏儿童游戏的气氛，所以不易多用。

4. A 【解析】好的空间设计应该适应儿童的身形和能力，以便于他们自由运动，并在没有成人帮助的情况下自主实现活动目标。在教室里放置一些与幼儿高度相适宜的图书架、能够看懂的信息栏等，属于创设助长能力的环境。

5. D 【解析】《幼儿园工作规程》第十三条规定，入园幼儿应当由监护人或者其委托的成年人接送。如果孩子的父母忙，可以将孩子交给父母委托的其他人接，同时要与孩子的父母联系确认。

6. A 【解析】学前教育的目标是教育目的在学前教育阶段的具体体现，是对培养幼儿规格的要求，是对学前教育最终结果的反映和预期。它制约着学前教育任务的确定和学前教育内容的选择。

7. C 【解析】情感沟通法是指通过激发和利用师生间或幼儿间以及幼儿对环境的情感，以引发或影响幼儿行为的方法。题干中老师运用了情感沟通法。

8. A 【解析】为人师表要求教师要坚守高尚情操，知荣明耻，严于律己，以身作则。题干中林老师的行为明显有悖于为人师表的教师职业道德规范。

9. C 【解析】行为的典范性是指教师的品德和行为对学生的思想品德的形成与行为具有榜样作用。教师职业道德的典范性是由教师劳动的示范性决定的。教师要以身作则、为人师表，这是教师职业道德区别于其他职业道德的显著标志。

10. B 【解析】好的饮食习惯的内容包括：（1）按时定位进食，食前有准备；（2）细嚼慢咽，专心进餐；（3）饮食定量，控制零食；（4）不偏食，饮食多样；（5）注意饮食卫生和就餐礼貌。幼儿教师要培养幼儿各种有利于消化吸收的进食行为，告诉幼儿要细嚼慢咽每一口饭菜。

11. B 【解析】感觉对比是同一感受器接受不同的刺激而使得感受性发生变化，分为同时对比和相继对比。题干中刘老师先呈现静态的反映儿歌内容的背景图，随后在背景图上呈现动态的反映儿歌内容的指偶表演。彼此间的相互作用使得幼儿的感受性发生变化，其行为符合感知规律中的感觉对比。

12. A 【解析】埃里克森的人格发展阶段理论认为，基本的信任感对基本的不信任感的冲突阶段（0～1岁）的发展任务是发展对周围世界，尤其是对社会环境的基本态度，培养信任感。

13. A 【解析】题干中的观点认为，在特定的环境中，经由教师的教育，可以将孩子成功地塑造成各种自己期望的样子，忽视了遗传的作用。

14. D 【解析】幼儿晚期（5～6岁），孩子情绪的稳定性会逐渐增强，但仍受家长和教师的感染，所以家长和教师在幼儿面前必须控制自己的不良情绪。

15. D 【解析】高路迁移需要个体有意识地将某种情境中学到的抽象知识应用于另一种情境。幼儿将先前学到的绘画技能应用到另外一种情境（美工活动）中去，这时候发生的迁移是高路迁移。

16. B 【解析】学前教育与初等教育相衔接，为幼儿上小学以及终身学习打基础，是基础教育的重要组成部分，是学校教育与终身教育的奠基阶段。学前教育对于促进个体早期的全面健康发展、巩固和提高义务教育质量与效益、提升国民素质、缩小城乡差距、促进教育和社会公平具有重要价值，这是学前教育基础性的体现。

17. B 【解析】《幼儿园管理条例》第六条规定，幼儿园的管理实行地方负责、分级管理和各有关部门分工负责的原则。国家教育委员会主管全国的幼儿园管理工作；地方各级人民政府的教育行政部门，主管本行政辖区内的幼儿园管理工作。

18. C 【解析】在儿童的亲社会行为中，合作行为最为常见，其次为分享行为和助人行为，安慰行为和公德行为较少发生。

19. A 【解析】根据《幼儿园工作规程》第一条的规定，为了加强幼儿园的科学管理，规范办园行为，提高保育和教育质量，促进幼儿身心健康，依据《中华人民共和国教育法》等法律法规，制定本规程。

20. A 【解析】4岁以下儿童基本上不能分类；5～6岁是儿童处于由不会分类向开始发展初步分类能力的过渡时期；6岁以后，儿童开始逐渐摆脱具体感知和情境性的束缚，能够依物体的功用及其内在的联系进行分类，说明他们的概括水平开始发展到一个新的阶段。

21. C 【解析】“吃熟食、喝开水、勤洗手、晒衣被”是针对幼儿的手足口病进行的预防措施。

22. D 【解析】华盛顿儿童博物馆的格言通过对比主要强调了最后一句“我做了就理解了”，这句话说明

只有经过动手操作才能有更深刻的认识,说明教师应该重视儿童的主动操作。

23. C 【解析】夸美纽斯编写了世界上第一本图文并茂的儿童读物《世界图解》,该书被誉为“儿童插图书的始祖”。

24. C 【解析】3 岁以前是幼儿学习口头语言的重要阶段,乳牙的正常萌出、不过早缺失,有助于正常发音和幼儿口齿伶俐。营养和阳光、适宜的刺激、避免外伤、漱口和刷牙有利于乳牙的健康。

25. C 【解析】幼儿园教学活动的广泛性是指幼儿园教学活动渗透在幼儿园一日生活各项活动之中。

三、名词解释

1. 视敏度

视敏度即视觉敏锐度,是指人分辨细小物体或远距离物体细微部分的能力,也就是人通常所称的视力。

2. 核心课程

核心课程是指围绕社会问题来组织内容,目的在于通过课程使儿童获得完整的生活经验,增强儿童对生活的适应性。

3. 横向迁移

横向迁移是指幼儿把已学到的知识经验推广到其他内容和难度相类似的情景中。

四、简答题(参考答案)

1. 幼儿园中,男孩倾向于一起玩追逐游戏,女孩倾向于一起玩穿珠子的安静游戏,请简述影响幼儿性别角色行为的因素。

(1)生物因素对幼儿性别行为有一定的影响。(2)父母的行为对幼儿性别角色和行为起着引导、被模仿和强化的作用。(3)大众媒体的强化。(4)教学环境。(5)模仿与扮演游戏。

2. 简述现代幼儿教师的角色。

(1)教育者;

(2)公共关系的协调者;

(3)幼儿游戏的伙伴;

(4)幼儿的第二任母亲,也是幼儿的知心朋友;

(5)既是学前教育实践者,也是学前教育理论的研究者和建构者。

3. 简述学前儿童社会教育的内容及作用。

内容:(1)自我教育活动;(2)人际交往教育活动;(3)社会环境与社会规范认知活动;(4)多元文化教育活动。

作用:(1)促进学前儿童的完整发展;(2)促进学前儿童积极地社会化;(3)实现社会文化的延续与发展,为社会培养合格公民。

4. 简述现代儿童观的内容。

(1)儿童是人,具有与成年人一样的人的一切基本权益,具有独立的人格;

(2)儿童是一个不断发展的整体,应尊重并满足儿童各种发展的需要;

(3)儿童的发展具有个体差异性;

(4)儿童具有巨大的发展潜能,在适当的环境和教育的条件下,应最大限度地发展儿童的潜力;

(5)儿童具有主观能动性;

(6)男女平等,不同性别的儿童应享有均等的机会和相同的权益,受到平等的对待。

五、论述题(参考答案)

结合幼儿园教育活动实际,论述如何丰富幼儿空间方位识别的经验。

(1)正确理解和运用方位词。正确理解和运用方位词是认识空间方位关系的基础与前提,教师注意鼓励幼儿用相应的语言来表达空间方位。例如,认识上下,教师请幼儿想一想自己的上面有什么。让幼儿摇摇头,以获得对这些部位的感知,使词的获得建立在直接感知的基础上,突出“上面”这个词。在每次活动中通过提问让幼儿描述自己对空间方位的感知,学习相应的方位词。

(2)以动作、实际行动探索空间关系。幼儿对空间方位的感知、理解,需要通过实际的尝试与体验来获得。要充分利用幼儿的身体动作,如教师指示:“把皮球举过头顶;把皮球放在下面,用脚踩住皮球。”总之,要以幼儿在实际空间中的移动、观察,体验空间感。

(3)观察、预测和描述物体的空间关系,引发幼儿的冲突与讨论。幼儿对空间概念的理解从根本上说是他们对物体之间关系主动探索的结果,是他们克服自我中心并学习从别人的立场上思考问题的结果。

(4)利用生活场景丰富幼儿空间方位识别经验,引导其运用空间方位解决问题。教师要利用幼儿的生活情境,丰富幼儿空间方位的识别经验。如和幼儿一起识别熟悉的场所的位置(超市在家的旁边,邮局在幼儿园前面);对于大班幼儿,可让其绘制简单的路线图。

图书反馈

重磅！真题重奖征集！

「凡提供当年度考试真题者，根据真题完整度，可获得0~500元现金奖励。」

具体请联系QQ:1831595423

（温馨提示：所提供真题须是当年度考试真题，且真实有效。最终解释权归山香教育所有）

亲爱的考生：

感谢您对山香教育的信任和支持，您的建议是我们前进的动力！为进一步提高图书质量，我们特向全国各地的考生开展有奖反馈活动。

❶ **凡通过研发部QQ提供山香图书错题反馈者，均能获得价值99元的山香网课《高频考点》（基础版）大礼包1份。**

❷ **凡通过图书反馈链接提供山香图书意见反馈者，可获得价值299元的山香网课《高频考点》（豪华版）超级大礼包1份。**

¥99 大礼包

¥299 超级大礼包

联系方式：400-600-3363　　研发部QQ：1831595423

招教网
招考资讯抢先知晓

山香官网
一站式考编服务平台

山香网校
线上学习方便快捷

图书订正链接
全面勘误及时更新